현대총유론

진인진

GENDAI SOUYURON JOSETSU

Copyright © Takayoshi Igarashi 2014

Korean translation rights arranged with Bookend Publishing Co., Ltd.

through Japan UNI Agency, Inc., Tokyo and Korea Copyright Center Inc., Seoul

이 책은 (주)한국저작권센터(KCC)를 통한 저작권자와의 독점계약으로 진인진에서 출간되었습니다.
저작권법에 의해 한국 내에서 보호를 받는 저작물이므로 무단전재와 복제를 금합니다.

목 차

한국어판 서문　　　　　이가라시 다카요시　　　　　_7

서문
현대총유론의 범위　　　　　이가라시 다카요시　　　　　_19

제1장 이념과 제도　　　　　_37
현대총유법의 제창　　　　　이가라시 다카요시　　　　　_39

제2장 역사와 평가　　　　　_63
현대총유론의 역사적 위상과 현재적 의의　　　　　다카무라 가쿠토　　　　　_65

현대적 총유 시스템을 구축하는 농촌의 도전
- 사회학적 총유론과 국가법과의 접점을 찾아서　　　　　히로카와 유지　　　　　_85

커먼즈의 계보와 그 확장
- 현대총유론으로 가교하기 위한 시도　　　　　모기 아이이치로　　　　　_102

제3장 학술적 교류 _119

일본에서 커먼즈의 토대
- 인류학적 고찰 아키미치 도모야 _121

자연총유론의 현재와 미래
- 후쿠시마 제1원자력발전 동시다발사고로부터 생각하다 무로타 다케시 _138

현대총유론에 부쳐
마가렛 A. 매킨
- 커먼즈에서 온 메시지 _156

제4장 현대적 전개 _163

토지소유권 절대성의 전환
- 현대총유론의 전제로서 다케모토 도시히코 _165

교외도시의 세대교체와 총유
아쓰시 하기와라 _185

도시·마을 만들기에서 토지 공동관리의 시도
노구치 가즈오 _207

전원도시와 현대에서 총유의 도시공간
와타나베 쇼도 _226

세계유산과 총유
- 이와미의 실험 사이토 마사미 _244

후기	이가라시 다카요시	_263
필자 소개		_266
역자 소개		_270
역자 후기	최현	_271

한국어판 서문

이가라시 다카요시

시작하며

1980년대, 끝을 모르고 팽창하던 시대 속에서 E. F. 슈마허는 한없는 인간의 욕망이 정작 인간사회를 파괴한다고 날카롭게 지적했다. 그는 『작은 것이 아름답다』에서 인간 중심의 경제학(불교경제학)을 주창하며 "물적 자원 중 가장 위대한 것은 뭐니뭐니해도 토지다. 그 사회가 토지를 이용하는 방식을 보면 그 사회가 나아갈 방향의 끝을 상당 정도로 예측할 수 있다"고 말했다. 그는 주로 농지·농업 그리고 생태의 문제를 주목했지만, 토지의 과잉이용에 따른 생물의 살육은 인간의 파괴로 이어지니 "대지 위 인간의 모든 영위는 건강, 아름다움, 영속성이라는 삼대 이상"을 지향해야 한다고 역설했다.

토지 이변

그로부터 40년이 흘렀다. 세계는 고도의 기술력과 정보력으로써 매년, 매일 끊임없이 변화를 거듭하고 있다.

1945년, 제2차 세계대전의 공습으로 일본은 대부분의 도시가 파괴되어 폐허가 되었다. 그러나 현재, 전쟁의 상처는 모두 아물고, 대도시에는 초고층 건물이 들어서고, 초고속 교통수단으로 매일 수백 만명이 이동하고, 거리에는 상품이 넘쳐나고, 전세계의 정보를 집에서 구할 수 있는 사회가 되었다. 이를 보면 편리함과 기능성을 추구하는 인간의 욕망이 산출한 '진보'란 정체되는 것임을 깨닫는다.

슈마허의 '관찰'에 따르면 현대도시 역시 토지를 이용하는 방식에 좌우된다. 그런데 일본은 헌법 29조 '소유권의 보장'으로 토지를 누구에게 처분하고 어떻게 이용하고 얼마나 이익을 올리든 기본적으로 '자유'인 '절대적 소유권'의 국가다. 토지는 일본에서 고도경제성장의 토대가 된 자원이었다. 도시의 진보는 '거기서 살고 생산하던 토지'를 '시장을 통해 유통시키고 변화시키는 가장 비싼 상품'으로 바꿔놓았다. 그리고 이것이 도시의 역동적인 변화를 초래했다. 그런데 최근, 토지에서 전에 없던 '이변'이 일어나고 있다. 그리고 그 이변은 일본뿐 아니라 가까운 미래에 한국과 중국에서도 나타날 것으로 예상된다.

그 이변은 지금껏 가장 비싼 상품이던 토지가 '방치'되는 양상으로 눈에 들어오기 시작했다. 지방도시의 상점가에서는 가게들이 줄줄이 문을 닫았다. 그러더니 농촌, 중산간 지역으로 (65세 이상의 주민이 마을 인구의 절반 이상을 차지하는) '한계집락'이 확산되었다. 급기야 대도시의 주택단지나 아파트단지가 일거에 폐허가 되자 '위기상태'로 인식되었다.

그 이변은 왜 일어났는가. 경기가 쇠퇴하거나 토지가 없어도 되는 새로운 산업이 급속히 출현해서가 아니다. 인간에게 토지란 영원히 불가결하다는 사실은 전혀 변하지 않았다. 그런데도 이변은 왜 일어났는가. 단적으로 말하자면 '인구감소' 때문이다. 다음 그림1을 보자.

그림1 　일본의 인구

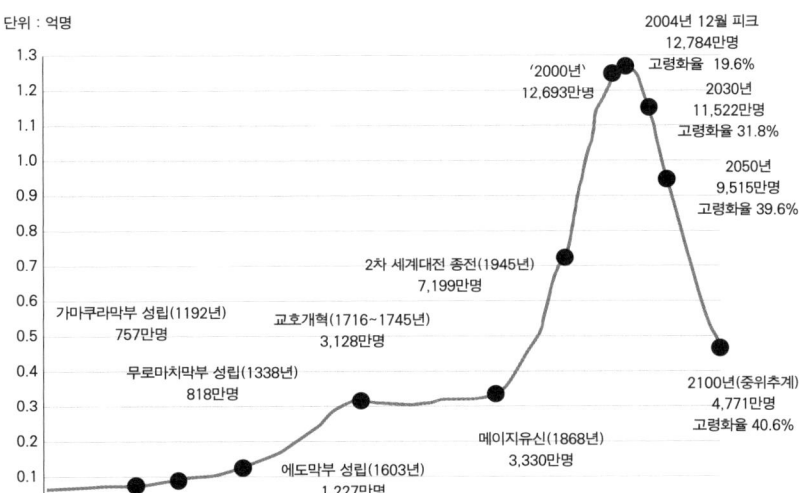

출처 : 国土交通省 国土計画局 작성 「国土の長期展望」에서

일본은 1945년 패전 무렵 인구가 약 7,000만 명이었다. 그러던 것이 2000년에는 1억 3,000만 명이 되었다. 55년간 두 배 가까이 늘어난 것이다.

그러나 2004년을 정점으로 급속히 인구감소 사회로 들어섰다. 앞으로 15년 후인 2030년에는 1억 1,000만, 2050년에는 9,500만, 그리고 2100년에는 에도시대에 가까운 4,000만 명이 될 것으로 예상된다.

즉 80년 동안 현재의 약 3분의 1 수준으로 줄어든다. 그리고 또 한 가지, 인구감소와 더불어 고령화에 주목해야 한다. 표가 보여주듯 2050년에는 65세 이상의 고령화 비율이 전체 인구의 약 40%에 육박한다. 저출산과 고령화는 정말이지 심각한 문제가 아닐 수 없다.

노는 땅과 빈 집의 증가는 무엇을 뜻하는가(2013년 기준으로 820만호가 빈 집이다). 필요 없어서 방치되는 것이 아니다. 그것은 사람들의 생활, 삶의 방식과 밀접히 연관된 문제다. 그것은 '진보' 내지 '번영'과는 거리가 먼 빈곤, 가정과 지역의 붕괴, 고독사, 무연사회無緣社会의 도래를 시사한다. 여기에 대응하기에는 의료·요양 시설이 절대적으로 부족하니 사회보장비용을 크게 올리는 수밖에 없다. 이는 국가의 운영 방식에 커다란 영향을 미칠 뿐 아니라 국민 한 사람 한 사람의 생활에도 어두운 그림자를 드리울 것이다.

이러한 인구의 추세는 실로 단순한 결론에 이른다. 일본 전후의 대단한 성공체험(독일에 견줄만한 기적적인 부활), 다시 말해 '진보'란 개개인의 노력, 기술의 발전, 그리고 국가의 정책만큼이나 '인구의 증가'(팽창사회)에 기대고 있었다. 그런데 그 성공체험은 가령 도로, 댐, 매립지 등의 성공유산을 아무도 이용하지 않는데 유지하느라 비용만 드는 '애물단지'로 바꿔놓고 있다.

그렇다면 우리는 '축소'하는 새로운 사회에 대응하기 위해 지금까지의 사고, 삶의 방식, 그리고 시스템을 전면적으로 전환해야 한다. '현대총유론'은 바로 본질적인 패러다임의 전환을 위해 제출되었다.

토지와 생활

곰곰이 생각해보면 "토지를 이용하는 방식을 보면 그 사회를 알 수 있다"는 슈마허의 말은 무척 함축적이다. 먼저 거시적으로 말하자면 사회체제의 선택과 연관되어 있다. 영국의 정치학자 존 로크는 '시민정부론'을 내세워 군주나 교회의 권력자와 함께 인민이 소유의 주체가 되어야 한다고 주장했다. 농민은 노동의 대가로서 토지소유권을 획득했으며, 이는 봉건사회를 타파하고 근대사회가 탄생하는 데 크게 기여했다. 또한 근대사회가 자본주의와 사회주의로 갈린 것도 개인과 국가 가운데 토지소유권을 누가 갖는지가 기로였다. 당연한 이야기지만 이는 미시적으로 보자면 사람들의 생활방식과 긴밀하게 연관된다.

봉건시대로부터 근대에 이르기까지 사람들에게 토지는 무엇보다도 '생활과 생산의 장'이었다. 농업, 어업, 임업을 떠올리면 그 의미가 무엇인지는 금새 알 수 있다. 지역주민은 공동으로 무언가를 생산하고 이것을 팔아 수익을 나눴다. 그런데 왜 '공동'이었을까. 이들 산업의 내실을 보면 알 수 있다. 농업, 어업, 임업을 영위하고 그로써 생활의 양식을 얻으려면 그 기반이 되는 길을 내고 하천을 정비해야 한다. 재해도 막아야 한다. 또한 품종이나 토지를 개량해 생산을 늘리고 난획을 금해 자원을 보전해야 한다. 그리고 무엇보다 군주나 국가가 명하는 '과세'에 대처해야 한다. 이것들은 모두 혼자서는 안 되고 함께 해야 한다.

이러한 공동성을 물적으로 보장한 것이 고전적 의미의 '토지(자원) 총유'다. 여기서 토지는 모두가 공동으로 소유하고 이용한다. 분할해서는 안 되며 지역을 떠나면 권리를 잃는다. 이것은 이른바 '커먼즈'와도 통하는 소유형태라고 할 수 있다. 더욱이 이러한 총유적 이용은 근대 이전의, 게다가 도시 바깥에서 제1차 산업을 하며 살아가는 자들 사이에서만 나타나는 것이 아니다. 근대 이후에도 그리고 대도시에서도 '카지정鍛治町', '다이쿠정大工町'처럼 '직인職人'이 모여 일하고 생활하는 장소가 있었다는 사실을 상기해두자. 그곳은 생활과 일이 하나가

한국어판 서문 **11**

되고 동업자와 함께 지내는 공간이었다. 일본의 에도시대, 이러한 직인 지역에는 집주인이 따로 있었고 직인들은 방을 빌려쓰는 일종의 다가구주택 '나가야長屋: 2층이내의 장방형 공동주택'에 살았다. 공동 우물을 쓰고 기능을 겨루고 또한 서로 돕는 상호관계는 농밀한 것이었으며, 토지와 집들은 총유로서 이용되었다. 이러한 토지의 소유·이용 방식은 신들의 나라인 오키나와 신사, 불당을 정점으로 하는 '지나이정寺内町'에서도 확인되고 있다.

　메이지유신, 나아가 제2차 세계대전을 거치며 일본의 근대화와 도시화는 급속히 진전했다. 사람들의 생활양식에 초점을 맞추자면 도시화는 토지와 업(농업, 어업, 임업)에서 사람들을 떼어내 공업화·산업화·정보화·서비스와 물류의 발달에 동반해 사람들을 도시에 침투시켰다. 기업은 제1차 산업용 토지를 공업용지, 사무실, 호텔, 판매시설 등 제2, 제3차 산업용 용지로 전환시켰다. 그리고 업무나 주거용 용지를 확보하려는 경쟁은 토지가격을 올리고 토지소유의 개별화(시장화와 상품화)를 가속시켰다. 도시화는 이렇게 확산되었다. 그로써 예로부터의 고전적 총유는 쇠퇴하고 해체되었다.

　이러한 도시화 과정에서 일본은 유럽, 미국의 도시들과 달리 도쿄로의 일극 집중과 지방도시의 과소라는 '국토문제'를 발생시켰다(이 현상은 유럽, 미국에서는 보이지 않으며 오로지 한국에서만 공통적으로 관찰된다). 그 요인으로 유럽, 미국에서는 토지의 소유야 어떻든 간에 토지의 이용에는 '건축의 부자유'라는 엄격한 제약을 뒀지만, 일본은 토지소유권에 대해 거의 무제한의 자유를 보장해왔음을 다시금 지적해둬야겠다. 이는 물론 자본의 논리와 결탁한 결과다.

현대총유론

현대총유론은 이러한 현상에 맞서고 돌파구를 열기 위한 사상으로서 탄생했다. 따라서 이것은 고전적 총유를 부활시키려는 것이 아니라 새롭게 만들어내려는 것임을 유념해주길 바란다. 현대총유론의 발상은 이러한 것이다.

사람은 혼자서 살아갈 수 없다. 태어나서 죽을 때까지 부모로부터 시작해 학교, 직장, 서클 그리고 병원, 요양원을 거치며 어떠한 의미에서 그때그때 타인과 이어지다가 생애를 마친다. 나아가 사람들은 인간 사회뿐 아니라 자연과 이어지고, 살아있는 자만이 아니라 죽은 자와도 이어져 살아간다. 현대총유론은 그 밑바탕에서 사람은 다른 존재와의 관계없이는 살아갈 수 없음을 근거로 삼고 있다. 거기에는 '공존'이 있으며, 이를 지속하고자 서로 돕는 '공조'가 있다. 이는 지역과 시대를 넘어 보편적이다. 그러나 현대에는 다른 존재와의 관계가 더없이 옅어졌다. 특히 도시에서는 산업과 정보의 발전에 따라 다른 존재와의 관계를 수단으로 삼은 나머지 주거지나 사회와의 관계조차 매우 옅어졌고 결국 급속히 해체되고 있다. 그리고 이처럼 위태로운 현상은 다시금 거시적으로 말하자면 '근대'의 파생물이다. 따라서 현대총유를 구축하려면 이러한 '근대'와 정면으로 맞서지 않을 수 없는 것이다.

1. 봉건제 붕괴 후 출현한 '근대'는 제도적으로는 국가(권력분립)와 국민(기본적 인권)이라는 '양자관계의 국가통치구조'로서 구축되었다. 이 구조는 이론적으로는 일단 국민=개인의 '자립'을 전제로 하며 그 위에 각국의 역사와 지리조건에 따라 민주제나 공화제 같은 국가상이 정해졌다고 여겨진다.

그런데 이러한 근대국가의 전제가 되는 '개인의 자립'을 주창한 자는 근대철학의 아버지로 불리는 프랑스의 철학자 데카르트다. 존 로크가 '토지소유권과 개인의 자립'을 내세우기에 앞서 데카르트는 자립의 전제로서 '자아', 즉 "코기토 에르고 숨(Cogito, ergo sum, 나는 생각한다. 고로 나는 존재한다)"을 확립하고 이것이 근대적 인간의 출발점이 되었다. 이러한 근대적 인간의 확립은 이후 인간사회와 자연사회의 단절, 인간관계의 개별화, 개인의 인권 존중이라는 형태로 합리화되고 진화해 유럽 근대사상의 통념이 되었다. 그 성과가 국가의 통치구조를 이루었던 것이다.

2. 국가와 개인이라는 양자관계 아래서 가령 회사, 조합, 서클, 직능조직과 같은 중간적 조직은 사회적으로 그 기능이 중요함에도 불구하고 본질적으로는 통치구조 안에 들어가지 못했다. 그러나 다양하고 민주적인 사회를 형성하고 유지하려면 이들 중간조직이 활발히 활동해야 하며, 특히 국가와 개인이 위기에 빠졌을 때(저출산, 고령화는 이 위기를 재촉한다) 중간조직의 효용은 더욱 중요해진다. 총유 주체 역시 이 중간조직의 한 축이라고 말할 수 있겠다. 더구나 이것은 해당 지역을 지키겠다는 명확한 목적을 기반으로 지역에 밀착해 계획부터 사업까지를 맡는다는 점에서 여느 중간조직에는 없는 소중하고도 긴박한 특색을 지닌다.

3. 마을 만들기에서는 타자와의 관계가 무척 중요하며, 그 지역이 개성과 자치를 유지하는 데는 자연과 인간의 관계 속에서 자라난 '문화'가 결정적이다. 이처럼 타자와의 관계를 중시하고 자

연을 포함한 문화의 형성과 지속이 반드시 필요하다는 관점에서 데카르트 식의 근대 개인주의와 결별하지 않으면 안 된다.

4. 마을 만들기를 어떻게 할 것인가. 그 의사결정은 재산의 많고 적음에 상관없이 토지소유권자(그 밖에 전문가나 지자체를 포함해도 좋다)를 중심으로 '1인 1표'라는 형태로 전원이 참가한다. 물론 결정사항의 성질과 중대성, 신속성 등에 따라 다수결로 의사를 결정하는 경우도 있겠는데, 그 방법은 정관 등에 미리 기재한다. 총유 참가자는 땅에서 멀어지면 그 권리도 잃는다. 권리 포기에 따른 대가나 보상은 받겠지만 토지소유권의 분할은 인정되지 않는다. 이것이 공유와의 본질적 차이다.

5. 마을 만들기에서는 주택의 건설, 인프라의 보수 등에 막대한 비용이 들어간다. 이러한 사업비는 보통 국가나 지자체가 '예산'을 수립해 도로, 학교, 병원 등 개별사업을 맡아왔다. 그러나 앞으로 해당 지역에 고유한 것이라면 총유 주체가 직접 나서야 한다. 총유 주체는 그 지역에 가장 걸맞는 형태로 종합적 구상을 수립한다. 그리고 사업을 통해 '이익'을 확보하고, 그 이익의 일부를 참가자에게 배분하고, 나머지는 지역의 지속가능성을 위해 남겨둔다. 마을 만들기는 고령자나 그 밖의 사회적 약자를 지역의 일원으로서 인지하며, 그들에게 적합한 노동과 대가 그리고 교육, 요양 등의 서비스를 제공한다.

6. 이러한 총유 주체의 활동은 전국에서 일률적이지 않다. 이것은 서서히 그리고 조건을 갖춘 다음에야 자발적으로 수행된다. 앞

서 살펴본 '근대'의 개념은 일본에서 국가와 국민의 쌍방에 강고하게 심어져 있다. 특히 토지소유권의 절대성은 확고하게 정착해 있다. 이는 단순하게 '근대의 산물'이 아니라 조상전래, 가장 값나가는 자산, "정들면 고향"이라는 관념도 얽혀 있어 소유자는 토지를 좀처럼 포기하려 하지 않는다. 늘어나는 노는 땅과 빈 집은 그 귀결이기도 하다. 따라서 현대총유도 갑자기 토지소유권의 총유화를 지향하는 것이 아니라 개별적인 토지소유권은 그대로 유지하되 이를 임차해 공동이용하는, 즉 '소유와 이용'을 분리하는 데서 시작해야 하며, 다른 방법도 배제해서는 안 된다.

7. 현재 이러한 발상은 일부 지역에서만 공유되어 있다. 그러나 앞의 표에서 예상되는 일본 사회의 구조전환, 즉 팽창형 사회에서 축소형 사회로의 전환은 사람 간의, 그리고 사람과 자연 간의 '결합'을 급속히 강화해갈 것이다. 축소형 사회에서 사람은 홀로 살아갈 수 없음을 실감하고 있기 때문이다. 이로써 지금까지의 골격이었던 '국가와 개인의 양자관계'는 '국가와 개인 그리고 중간조직'이라는 삼자관계로 변화할 것이다. 이 삼자관계는 인구감소로 설령 지자체가 소멸하더라도 그 지역에서 총유공동체는 존속하는 형태로 실증될 것이다.

마치며

현대총유를 전개하려면 개개인의 의식변혁과 더불어 지금껏 근대를 떠받쳐온 질서, 즉 '팽창'을 지향하는 도시법, 국가의 시점에서 국토를 디자인하는 국토법, 그리고 관료가 무책임하게 정하는 도로법 등 공공사업의 '제도개혁'이 불가피하다.

현대총유론은 아직 완결된 체계를 갖추고 있지 않다. 앞으로 사상과 제도를 변혁해야 한다는 의미에서 현대총유론은 '운동론'이자 '동적' 개념이다. 전국 곳곳에서 행해지는 다양한 실험을 양식으로 삼아 현대총유론은 조금씩 '풍요로운 가치', 즉 슈마허가 말한 '건강, 아름다움, 영속성'이라는 인류 본래의 가치를 실현해나갈 것이다.

2016년 4월 봄

저자들을 대표하여
이가라시 다카요시

서문
현대총유론의 범위

이가라시 다카요시

시작하며

'현대총유론'(함께 토지·해면·삼림 그리고 도시의 지역자원을 이용하고 그 혜택이 지역의 모든 주민에게 돌아간다)을 제시하고 또 가다듬어야겠다고 마음먹은 계기는 동일본대지진이었다. 사실 총유법 주장은 이미 존경하는 벗 노구치 가즈오野口和雄와 하기와라 준지萩原淳司가 쓴 『도시계획법개정 총유론의 제언』이라는 형태로 제기된 바 있다. 그들은 이 책에서 도시계획의 패러다임을 바꿀 것을 주장했다. 그러나 이번 대지진은 현대총유론이 결코 도시계획에 국한되지 않고 일본의 모든 사람이 앞으로 살 길을 모색하는 데서 무척 중요하며 이를 위해

선 법률을 만들어야 한다는 것을 시사해주었다. 물론 그 법률은 토지 이용만이 아니라 사업도 아우르는 내용이어야 한다.

이번 대지진은 저출산고령화 사회로 접어든 일본, 그 중에서도 저출산고령화를 선도하는 농어촌지역에서 발생했다. 지진과 해일 그리고 원전사고. 이처럼 '천년에 한번'이나 있을 법한 전대미문의 재난이었으니 부흥에 애를 먹으리라는 것은 예상할 수 있었다. 그래서 정부도 '부흥회의'를 열어 구체적 복구계획을 모색했다. 정부로부터 자문을 요청받은 부흥회의는 부흥7원칙(특히 시정촌과 지역을 부흥의 주체로 상정했음을 주목해야 한다) 등 부흥의 근본철학을 총리대신에게 제시했다. 총리대신은 이를 기초로 19조엔 예산 배정(이후 아베 정권기에 5조엔 추가), 사령탑인 부흥청 설치, 일괄예산, 특구 창설 등 새로운 정책을 차례차례 내놓았다. 한편 중앙정부뿐 아니라 자치단체, 기업 그리고 시민도 지원에 열정적이었다. 일본뿐 아니라 타국도 지원에 나섰다. 이러한 일련의 흐름 가운데서 시대상을 새롭게 포착하는 키워드가 '유대絆'다. 결국 재해지를 부흥하려면 사람과 사람, 사람과 자연 그리고 사람과 신의 관계가 관건이며, 그 관계가 좋지 않다면 부흥도 회의적이다. 이러한 맥락에서 나는 부흥회의에 검토위원으로 참여해 '현대총유론'과 '현대생존권'을 부흥정책으로 채택할 것을 주장했다.

불행히도 재해지에서는 유대와 정반대의 현상이 일어났다. 재난 이후 많은 사람이 현내·외의 가설주택, 민간임대주택 등으로 뿔뿔이 흩어져 살아야 했다. 사고원전 부근의 사람들은 강제로 퇴거당했다. 지진이 있은 지 삼년이 지났는데도 집으로 돌아가지 못한 자들이 30만 명에 이른다. 이 수치는 유대가 파괴되었음을 가장 또렷하게 보여주지만, 여기서 그치지 않는다. 현지에서는 침수 또는 오염된 지역과 그렇지 않은 지역이 선 하나로 갈렸고, 그 분리는 주택 보장이나 여러 수당 등을 결정할 때 차별의 근거가 되었다. 또한 어업과 농업 지역, 나아가 공업 지역과 상점가 등에서 그나마 재건할 수 있었던 사람과 아직껏 일어서지 못한 사람 사이에는 하늘과 땅만큼의 차이가 나 있다. 재해지에서 잔해는 거의 치워졌고 도로 등 사회간접자본도 정비되었지만, 꼭 필요한 주택은 없고(2013년 10월 현재 재해를 입은 세 개 현에서 방재주택에 입주한 사람은 1%에 그쳤고 앞으로의 전망도 어둡다) 사람들 대부분이 돌아오지 않았다. 지진 직후 잔해에 파묻혔던 마을보다 잔해는 치웠으나 광활한 '아무도 없는 풍경'이 유대 단절의 비극을 직접적으로 웅변하고 있다. 물론 정부와 자치단체는 방조제 건설, 구획정리 그리고 고지대 이전 등을 통해 주민을 돌려보내는 데 전력을 기울이고 있다. 그러나 여러 사정으로 인해 사람들이 돌아오기까지는 아무리 적게 잡더라도 수년이 걸릴 것이다. 이 시간은 연로한 사람들에게 극복하기 힘든 장애다. 젊은이들에게도 이 지연은 학교에 다니는 것도 일을 구하는 것도 이제는 예전으로 돌아갈 수 없다는 체념을 낳고 있다.

숨을 조금 고르며 시야를 일본 전체로 넓혀 본다면, 피해 지역의 이러한 상황은 일본 전체의 미래를 계획하는 데도 중대한 의미를 가질 것이다. 2020년 올림픽 개최도 있고 하니 도쿄는 당분간 일본 도시의 주역일 것이다. 그런데 지금도 저출산고령화로 쇠퇴하는 그 밖의 도시와 농촌은 도쿄가 청년·기업·정보 등의 에너지를 빨아들이는 바람에 쇠퇴가 더욱 빨라지고 있는 것은 아닌가. 재해지는 이러한 일본의 미래를 암시하고 있다.

'근대'의 한계

이러한 현상을 어떻게 이해해야 하는 것일까? 이러한 사태는 왜 발생하는 것일까? 저출산고령화라는 말은 이에 대한 가장 단순명쾌한 답변의 하나다. 그런데 그 문제는 왜 해결되지 않는가(저출산고령화에는 부정적인 측면뿐만 아니라 긍정적인 측면도 있다)를 묻는다면 여기에서부터 논자마다 대답은 달라진다. 출생률을 끌어올리는 것 또는 그를 위한 환경을 조성하는 것 등은 매우 구체적인 것이다. 그런데 이 문제는 그러한 인과관계를 넘어 보다 깊은 곳에 원인이 숨어 있다. 단순히 출생률의 문제가 아닌 것이다. 다시 말해 출생조건 또는 그 후의 노동조건이 개선되더라도 아이가 늘지 않는 데는 철학적·사상적 원인이 자리하고 있다. 나는 그 중 하나가 이른바 '일본의 근대'(유럽이나 미국과 상대적으로 이질적인 근대)가 아닌가라고 생각한다. 그렇다면 '일본의 근대'의 문제란 무엇인가? 이 물음을 둘러싸고 철학·사회학·경제학 등 다양한 학문영역에서 연구가 진행되었고 그 가운데는 무척 설득력 있고 매력적인 것도 있다. 하지만 여기서 그것들을 총괄해 다루지는 않겠다. 대신 헌법을 바탕으로 일본 전체의 질서를 형성하는 법학을 기반으로, 특히 이 책의 주제인 '현대총유'에서 핵심을 차지하는 소유권에 초점을 맞춰 '일본의 근대'를 살펴보겠다.

일본에서 법은 헌법을 정점으로 법률과 조례라는 형태로 엄격하게 위계화되어 있다(이것이 중앙집권의 최대근거다). 이 체계 아래서 헌법의 가치관에 위배되는 법은 '위헌'으로서 존재할 수 없다. 모든 법률과 조례는 헌법의 가치관에 따라 구성된다. 도시계획법·건축기준법과 같은 도시법은 헌법 29조, 즉 절대적 소유권을 전제로 하되 공공복지의 필요에 따라 제한하기 위한 것으로 제정되었다. 이를 다시 커다란 헌법 질서 속에서 말하자면 다음과 같은 구조가 될 것이다.

헌법은 주지하다시피 국민을 주권자로 하는 질서의 근간이다. 그 국민 한 사람 한 사람에게는 '근대'의 가치관을 나타내는 인권이 빛나는 별처럼 새겨져 있다. 국민은 누구든 행복추구권을 정점으로 표현의 자유(국가로부터의 자유), 참정권(국가로의 자유), 최저생활보장(국가에 대한 자유)을 향유할 수 있다. 이 범주에서 말하자면, 토지소유권의 자유는 확실히 '국가로부터의 자유'의 일부를 구성한다고 하겠다. 이러한 인권을 보장받는 국민들이 선거로 선출한 의원으로 구성되는 국회가 최고유일의 입법기관이 되며, 이를 정점으로 행정(내각총리대신)과 사법(최고재판소장관)이라는 이른바 '삼권분립'의 질서가 형성된다. 여기에 자치단체를 더해 일본에서는 '통치구조'라고 부른다. 다만 이 구조에는 본래 주권자여야 할 국민이 선거를 거쳐 '통치되는 측', 즉 피통치자로 떨어진다는 근본모순이 있음을 유념해야 한다. 다만 '근대'라는 각도에서 이 구조를 대강 개괄한다면, 과거 메이지시대의 '지배받는 신민'에서 '근대적 개인'으로 상승해 지위가 확립된 것이야말로 근대의 상징이며, 이를 영원히 이어가야 한다는 것이 근대의 특징이었다.

그리고 이 가치관은 전후 일본의 부흥에 두 가지 큰 기여를 했다. 첫째 천황, 봉건적 지주, 군부 같은 봉건적·절대적 체제가 와해되는 데 결정적 힘을 발휘했다. 둘째, 그것이 전후 일본의 자본주의와 강력히 결합해 고도성장에 기여했다. 다나카 가쿠에이田中角栄의 일본열도개조론은 '전후의 인구증가'를 뒷받침한 일본의 근대국가 형성, 특히 경제적 기반의 확립에 크게 기여했으며 일본의 급속한 도시화를 이끌었다. 토지소유권도 이러한 일본적 근대화의 전형적 상징 가운데 하나다. 농민은 소작농에서 해방되어 토지소유권자가 되고, 도시 근교의 농민은 버블로 졸부가 되었다. 농민은 더 이상 약자가 아니며, 특히 도시 근교의 농민은 매년 소득순위표에 이름을 올리는 부르주아지가 된 것이다. 그러나 1990년 버블을 정점으로 이 상황이 뒤바뀌어 일본은 디플레이션에 빠져들고 정체 경향이 차츰 굳어갔다. 그 와중에 '근대적 인간'은 고립되어 공중 분해되기 시작했다. 이것이 일본을 덮친 불행이었다. 부모가 자식을 죽이고 자식이 부모를 죽인다. 매해 3만 명 넘는 사람이 자살한다. 가정도 지역도 점점 불확실하고 불안해진다. 이렇게 무연사회無緣社會가 세상을 뒤덮는다. 하지만 처음에는 생생하고 끔찍했던 '고독사'도 이제는 일상다반사가 되어 별스럽지 않게 여겨진다.

여기서 한 가지 문제는 이러한 추세와 국민주권 내지 근대적 인권은 어떻게 결합되느냐에 있다. 이 대목에서 몇 가지 논리의 틀을 구축해보고자 하는데, 단적으로 나는 '근대' 자체를 지양Aufheben하지 못하는 이상 문제는 해결되지 않으리라고 본다. 문학적으로 말해 '고독사'는 근대적 개인의 확립에 따르는 '어둠'이다. 이 현상과 마주한 국가 그리고 자치단체는 국민의 생존권 보호에 더욱 힘을 써야 할 것이다. 생활보호도 강화해야 한다. 하지만 국가와 자치단체가 쓸 수 있는 재원과 인력은 한정되어 있으며, 보호책의 유효성은 제한적이다. 어떻게 혼자 죽게 두지 않을 것인지가 아니라 죽지 않게 할 것인가, 다시 말해 곤궁한 사람들에게 살아갈 희망을 줄 것인가는 인권을 넘어선 보다 심원한 문제이며, 국가와 자치단체만이 아니라 부모와 자식, 이웃과 친구, 그 밖에 의사, 자원봉사자, 시민단체가 힘을 모아내야 할 일이다.

근대적 개개인의 인권은 이에 적대적인 독재권력의 횡포에 맞선 저항장치로 기능할 때 특히 빛을 발한다. 또한 생활이 구렁텅이에 빠졌을 때 생존권 보장은 실질적으로 개개인의 생활을 떠받친다. 그러나 독재권력이 상대화된 뒤라면 그저 권력 비판만으로는 부족하다. 최고권력자인 총리대신도 지방자치단체장도 애초 자신이 뽑았기 때문이다. 투표소에 가지 않는다면 비판할 자격 역시 없다고 해야 하지 않을까? 최저생활 보장으로 이야기를 옮긴다면 충분치는 않더라도 연금과 양로 제도가 상당 수준 갖춰졌다. 그러나 당사자가 의식적으로 참여하지 않는다면, 그로 인한 빈곤은 다른 누구의 탓도 아닌 바로 자신의 탓이 된다. 기본적 인권에 초점을 맞춘다면, 표현의 자유에는 행사하지 않은 자유도 포함되며 그 결과 독재가 생겨난다면 이는 자신이 감당해야 할 문제다. 생활보장도 세금체납이 증가하고 빈곤층이 늘어나면 결국 국가도 손쓸 수 없게 된다. 즉 그 활용과 비활용은 국가 내지 다른 누군가가 아닌 바로 자신이 책임져야 할 문제다.

고독사하는 사회, 연대가 사라진 사회를 어찌해야 하는가? 소유권 방기와 한계취락 증가. 이것이 소수에 불과하다면 중앙정부와 자치단체에 책임을 묻는 것으로 족할 수 있다. 하지만 전국적 추세라면 중앙정부와 지방자치단체의 책임이라고 비판한들 소용이 없다. 중앙정부와 개인이라는 이항대립 구조에서 이해되어온 근대의 법질서는 일정한 경제적 풍요의 확보, 정보의 발달 가운데서 '성숙'했는데, 그 성숙이 어느덧 거꾸로 양자의 쇠퇴를 초래하고 이윽고 양자가 함께 붕괴되는 방향으로 나아가고 있는 것은 아닌가? 나는 저출산고령화 사회의 도래란 바로 이러한 사태와 마주한 것이라고 느낀다. 따라서 현대총유론의 사상이란 국가와 개인이라는 이항대립을 기초로 하는 근대법에 어떤 중간항을 삽입해 근대의 쇠퇴를 막고 미래로 향하는 길을 모색하는 것이다.

그렇다면 이 중간항이란 무엇일까? 좁게는 가족, 조금 넓게는 지역, 또는 직장·회사·클럽·○○회처럼 일단 사람이 모인 집단을 떠올려보자. 이러한 다양한 집단과 조직은 다양한 회의·사업·놀이·노동·스포츠·취미활동·공동작업을 한다. 여기서 형성되는 질서는 '국가와 개인'의 구도와는 다르다. 순수하게 공적이지도 완전히 개인적·

사적이지도 않은 질서가 생겨나고 작동한다. 이것들은 국가와 개인 사이에서 국가로부터도 개인으로부터도 상대적으로 독립해 있으며, 활발히 기능한다면 국가와 개인의 약점을 보완하고 나아가 유익한 자극을 줄 수 있기에 내가 중간항으로 생각하는 것이다. 현대총유론을 제창하는 것도 이와 연관되어 있다.

현대사회 모델

나는 호세이대학 명예교수인 정치학자 마쓰시타 게이이치松下圭一의『전후 정당의 발상과 그 맥락』(동경대학출판회 2004)에 나오는 근대의 역사적 분류로부터 근대화의 한계와 미래의 방향에 관한 지구적 수준의 시사를 받았다. 거기에 내가 '시민정치'의 항목을 덧붙인 것이 표1이다.

표1 '마쓰시타 이론'과 '시민의 헌법·시민의 정부'

사회구조		농촌형사회 → 과도기(근대화) → 도시형사회			
유형	전통적 정치	1형	2형	3형	시민정치
통치기구	지배국가	절대국가	경제국가	복지국가	통치기구의 소멸-시민의 정부
정책	공납·징발· 치안·군사	국가통일	경제성장	복지·도시· 환경	분권화· 국제화·문화화
정치이론	전통적 정치이론	일원통일형 (국가통치)	이원대립형 (계급투쟁)	다원중층형 (대중정치)	분절정치
헌법		일본제국헌법 (메이지헌법)	일본헌법 (쇼와헌법)		시민의 헌법 (헤이세헌법)
기초자		이토히로부미이 노우에카오라	GHQ		국민
국가관		야경국가	복지국가· 민주주의국가		(분절) 개성국가
기본적 인권		제한적 자유권 제한적 참정권	자유권(국가로 부터의 자유) 생존권(국가로 의 자유) 참정권(국가에 의 참여)		아름다운 도시를 창조할 권리 등 제4의 인권 (국민이 주체) 의 보장과 발전

마쓰시타는 사회구조로서 농촌형 사회, 다음으로 과도기인 근대화, 끝으로 도시형 사회를 배치했다. 말하자면 정치적인 시기구분이다. 그는 농촌형 사회를 전통적 정치로 상정하고(에도시대 후기로 볼 수 있을 것이다), 근대를 생성기로부터 성숙기까지 1, 2, 3형으로 구분했다. 여기에 나는 근대화 4형으로 '시민정치'를 두었다. 다만 4형을 뭐라 명명할지를 결정하기란 쉽지 않다. 이 근대를 두고서는 제2차 세계대전 이전의 '근대의 종언'과 달리, 특히 1992년 버블 붕괴 이후 새삼스럽게 모든 영역에서 '탈근대post-modern'가 거론되기 시작했다. 건축계에서는 '해체deconstruction'가 운위되고, 학문적으로는 보다 궁리해야겠지만 감각적으로는 마쓰시타가 상정한 근대조차 넘어선 분위기가 눈에 띄게 되었다. 이를 이른바 '근대'와는 구분해 '현대'라고 부를 수도 있겠지만, 현대라고 하면 아무래도 지금을 가리키는 것 같고 또 언제까지 이어질지 알 수 없는 까닭에 시기구분으로 적당치 않다. 고민 끝에 근대의 연장을 뜻하지는 않는다는 의미에서 임시로 이렇게 명명했음을 밝혀둔다.

이것을 횡축으로 하여 마쓰시타는 종축에 근대의 정치를 분석하기 위한 도구적 개념인 통치기구·정책·정치이론·헌법(기초자)·국가관을 두었다. 이를 '전통적 정치'인 지배국가, 공납·과세·치안·군사, 전통적 정치이론(예를 들면 유학)과 '근대화 3형'인 복지국가, 복지·도시·환경, 다원중층형, 일본헌법 등과 비교해 보면 메이지 이후 백수십 년의 일본 근대사회 변천이 보일 것이다. 앞서 내가 근대 통치기구, 이항대립 모델이라 불러두었던 것도 근대화의 2형에 자리 잡고 있어 그 맥락을 보다 명확히 포착할 수 있겠다.

그런데 문제는 이러한 '근대화 3형'과 내가 보탠 '시민정치'의 차이다. 나의 문제의식은 마쓰시타가 고려했던 2000년 무렵까지의 정치·

경제·사회적 상황과는 결정적으로 다른 상황이 전개되고 있다는 데서 비롯된다. 그 중 하나가 '지구화'의 진전으로 이것은 정치·경제·사회의 세계적인 일체화와 국가(주권)의 상대화를 촉진하고 있다. 따라서 저출산고령화는 전통적 정치 이후 지금껏 아무도 고려하지 못했던 다른 차원의 커다란 문제가 되었다. 인구만 가지고 이야기하면, 일본 인구는 앞으로 백년간 지금의 1억 2천만 명에서 3분의 1로 감소할 것이다. 또 65세 이상의 고령자가 전체 인구의 40%를 넘어설 것이다. 이런 사태에는 국가와 인권이라는 이항구도로 도저히 대처할 수 없다. 결국에는 정권을 잡는 정당이 어디든 간에 1,000조 엔이 넘는 부채를 떠안게 된다. 일본은 사실상 당장 무너져도 이상할 게 없는 위험구역에 들어섰다(현재 소비세를 올리고 있지만 이것으로는 결코 충당할 수 없다). 근대 3형의 연장으로 이 사태를 파악할 수는 없으니 질적으로 다른 단계에 들어섰다고 생각한 것이다. 그리하여 '시민정치'라는 새로운 시기구분과 형태를 구상했는데, 이것을 종축의 키워드로 접근한다면 통치구조로서 '시민의 정부'에 해당된다. 이것은 권력이 시민을 통치한다는 개념이 엷어지고 시민이 때로는 통치자가 때로는 피통치자가 되는, 다시 말해 양자가 고정되지 않고 유동적으로 상호 교대하는 이미지다.

그리고 정책과 관련해 말하자면, 근대화 3형의 복지·도시·환경을 바탕으로 분권화·국제화·문화화가 진전된다. 간단히 말해 일본의 정체성은 머잖아 '일본문화의 구축'이 된다. 또한 정치이론의 각도에서 보자면, 근대화 3형의 다원중층형으로부터 '분절정치', 즉 일인 내지 집단이 상대적인 독립·자치권을 갖고 이를 네트워크화하는 사회를 구성하게 된다. 현대총유도 이것의 중요한 일부다. 한편 나는 헌법도 현 헌법을 기초로 하되 지구화와 인구감소사회에 조응하는 방향으로, 가령 각국 주권을 상대화한 EU헌법 같은 동아시아공동체의 헌법을 시민이 주도적으로 구상해야 한다고 본다.

이 중에서 이 책의 주요 관심사인 소유권과 총유의 관계를 살펴본 것이 표2다. 일본에서 소유권이 절대적 소유권으로 확립된 것은 근대화2형의 시기다. 경제국가에 해당되는 이 시기에 도시는 수직적·수평적으로 확대되고, 토지소유는 농지와 단독주택이었던 것에서 아파트가 점차 등장한다. 덧붙여 사업은 국가와 자치단체가 수행하는 '공공사업'이 중심이다. 근대화3형은 복지국가다. 이것은 말하자면 고령화 사회의 도래를 알리고 있다. 도시는 도쿄 등 대도시로의 집중 경향이 여전하지만 인구감소의 조짐이 나타나기 시작해 분산과 축소가 과제로 설정된다. 토지소유는 절대적 소유권과 공유이고, 현대적 총유는 아직 구체적 모습을 드러내지 않는다. 다만 도시계획법과 각종 행정법에서 주민참여와 정보공개 등이 당연시되고 공공사업에도 국가뿐 아니라 자치단체와 시민이 참여하기 시작한다. 그리하여 근대화3형 이

표2 역사구분과 도시계획

사회구조	농촌형사회	→	과도기(근대화)		→	도시형사회
유형	전통적 정치	1형	2형		3형	시민정치
통치기구	지배국가	절대국가	경제국가		복지국가	통치기구의 소멸-시민의 정부
도시의 형태		수평적 확대	수평적·수직적 확대		분산과 축소	아름다운 도시
토지소유권의 개념	봉건적 토지소유	절대적 토지소유권	절대적 토지소유권		절대적 토지소유권	상대적 토지소유권
토지소유권의 형태		개인소유	개인소유와 공유		개인소유와 공유	총유
도시계획		도쿄시구 개정조례	구도시계획법		신도시계획법	지구계획법
주체		천황과 국가	국가와 자치단체		자치단체와 시민	시민과 정부
사업		도시개조	공공사업		공공사업의 축소	시민사업

후, 즉 '시민의 정치' 단계에 이르면 질적 변화를 보이게 된다. 총유에 논점을 맞추자면, 입회권은 '전통적 정치'의 단계로부터 근대화1형으로 옮겨간 이후 절대적 소유권은 계속되면서도 아파트·공유가 나타나 근대화1형으로부터 3형에 걸쳐 구분소유법으로 발전한 것이다. 덧붙여 '제1장 현대총유법의 제창'에서 다룰 재산구財産區도 바로 근대화1형에서 도입된 전통적 정치의 산물이며, 조합법은 근대화2형부터 시민정치로 도입되어 비약적으로 발전한다. 그 중에서도 '현대총유법의 제창'에서 언급할 노동자 생산협동조합 worker's collective은 분절정치·자치를 체현하고 현대총유론의 사업부문을 수용한 것이라고 평가할 수 있다. 이렇듯 소유권의 절대성은 상대화되고, 공공사업도 국가와 자치단체 중심의 대형 사업에서 시민이 기존 시설의 수리 등을 맡는 사업으로 중심이 옮겨가게 된다.

각 논문의 개요 소개

이러한 문제의식에 비추어보건대, 그리고 현대총유론의 각도에서 보건대 이 책의 각 논문은 각자가 따로 집필한 것이지만 신기하게도 현대총유론을 무대로서 공유하고 있다.

제1장 이념과 제도
이가라시 다카요시 '현대총유법의 제창'

제2장 역사와 평가
다카무라 가쿠토 '현대총유론의 역사적 위상과 그 현재적 의의'
히로카와 유지 '현대적 총유제도를 구축하는 농촌지역의 시도'
모기아이 이치로 '커먼즈의 계보와 그 확대'

제3장 학술적 교류

아키미치 도모야 '일본 커먼즈의 토대'
무로타 다케시 '자연 총유론의 현재와 미래'
마가렛 맥킨 '커먼즈에서 온 메시지'

제4장 현대적 전개

다케모토 도시히코 '토지소유권의 절대성으로부터의 전환'
하기와라 쥰지 '교외지역의 세대교체와 총유'
노구치 가즈오 '토지·마을만들기에 있어서 토지공동관리 시도'
와타나베 가쓰미치 '전원도시와 현대에 있어서 총유의 도시공간'
사이토 마사미 '세계유산과 총유—이와미의 실험'

각 논문을 꿰뚫는 관점

여기 모인 논문들은 자연·사람·신의 관계성(일체성·병렬성)이라는 관점에서 에너지·바다·산림·농지·도시·농촌에서 드러나는 '총유'를 주목하고 있다. 즉 각 논문은 각 공간(분야)에서 일어나는 문제들에 접근하는 이론적 전제로서 '현대총유'를 강하게 의식하고 있다. 다만 대도시의 초고층빌딩가 같은 사례는 연구대상으로 다뤄지지 않았다. 이 경우 개인소유권이 확고해 서로 협력하는 총유는 기대하기 어렵다고 생각하겠지만, 도쿄의 오오테마치大手町, 마루노우치丸の内, 유라쿠초有楽町의 초고층빌딩가는 일부 상장기업의 집합체인 '오오, 마루, 유'(정식명은 오오테마치·마루노우치·유라쿠초 지구 마을만들기 협의회)가 '초고층빌딩 총유'라고도 할 이론과 실천을 이끌고 있음을 밝혀두고 싶다.

제1장 개요

이가라시의 논문은 메이지 민법의 공유와 총유 각각의 발전상황을 검토한 다음 재산구와 조합에 관한 법 이론으로부터 현대총유법의 핵심 부분을 끄집어낸다. 아울러 현대총유법의 특징인 사업과 관련해 민주주의와 사업의 충돌 문제를 생협조합의 실천 속에서 조명한다. 그리고 법과 사업의 발전 가운데서 현대총유론이라는 이념을 실현하려면 '총유법'만으로는 충분치 않고 총유와 관련된 개별법 전체를 제정·개정해야 한다는 입장을 피력한다.

제2장 개요

현대총유론과 전통적 총유 및 커먼즈에 관한 이론적 분석·정리·제언이 중심이다.

 다카무라의 논문은 오토 폰 기르케^{Gierke} 등을 재검토하면서 일본의 토지소유권은 입회권과 커먼즈에 관한 고전적 이해와 일본적 해석의 오류에서 비롯되었음을, 즉 지금껏 '총유론'이 국가에 맞서는 개념인 '사권'으로 간주되어왔던 잘못을 지적한다. 그로써 '현대총유론'이 '총유'가 원래 가지고 있는 공법적·조직법적 요소를 되살려내려 한다는 점에서 '총유론'의 본래 의미에 충실하다는 점을 밝히고, '현대총유론'에 특히 도시의 토지·공간의 과소이용이라는 새로운 문제의 해결을 위한 도구적 개념이라는 현대적 의미를 부여하려고 시도한다.

 히로카와의 논문은 우선 최근의 사회학적 총유론부터 농촌사회학·농업경제학 분야의 총유론까지를 개괄한 후 시즈오카현 이토시 이케구池区의 입회지 사례에 주목한다. 관광사업의 활성화를 위한 입회권의 변형 과정에서 배양된 조직운영의 주체·방법을 '주식회사', '권리능력 없는 사단'처럼 근대법을 활용하면서 독자적인 '이케 시스템'

을 일군 사례를 검토하고 이를 현대총유법과 결부시켜야 할 필요성을 역설한다.

모기의 논문은 북미를 기반으로 하는 기존 커먼즈론의 계보를 밝히는 한편 입회 연구에서 출발한 오늘날 일본의 커먼즈론을 평가하고 있다. 아울러 도시공간을 커먼즈로 파악한 경제학자 우자와 히로후미의 사회적 공통자본론을 소개한다. 또한 입회 관련 분쟁과도 연관되어 있는 가이노 미치타카^{戒能通孝}에 주목해 가이노가 입회 연구에서 시민주권을 기반으로 하는 노동권과 사회보장의 권리와 닿아있는 '생존권 법리'를 함께 사고했다는 점에서 오늘날의 현대총유론에 시사하는 바가 크다고 강조한다.

제3장 개요

제1장, 2장이 토지·공간을 중심으로 현대총유론의 이론 구축과 실천을 논한다면 제3장은 현대총유론에 살을 붙여 에너지·우주·바다·인간·신 등을 중요한 부분으로 끌어오고 있다.

아키미치의 논문은 "바다는 권리의 다발이자 분쟁의 역사"라는 경험을 바탕으로 바다가 만인의 것이며 누구나 이용할 권리를 가진다는 관점에서 출발한다. 그리고 이번 지진 피해를 계기로 어민이 바다를 공동으로 이용하고 그 이익을 공동으로 나눈다는 새로운 커먼즈를 정립하고, 최종적으로는 '성지^{聖地}' 이미지를 다시 불러일으킬 필요성을 강조한다.

무로타의 논문은 후쿠시마 제1원자력발전소 사고처리 과정에서 발생한 핵오염폐기물 중간저장시설과 관련해 도쿄전력으로부터 소유지를 빼앗아 국유지로 만들려는 움직임을 다루고 있다. 전부터 산업폐기물과 처리장 같은 혐오시설을 다른 사람에게 떠넘기려는 움직임이 있었지만, 이제 궁극의 혐오물질인 폐기장을 둘러싸고 소유권의 역설paradox이 발생하기 시작했다는 것이다. 또한 마쓰모토 후미오松本文雄는 누구나 인식하지 않으면 안 되는 중요한 문제가 인간활동도 자연순환의 일부라는 것이라고 했는데, 무로타는 이러한 새로운 관점에서 자연총유론을 모색할 필요가 있다고 하면서 앞으로 총유론은 이 방향으로 확장되어야 한다는 점을 시사하고 있다.

마가렛 맥킨의 논문은 입회의 운영 가운데 상호신뢰의 시스템이나 환경과 사회의 지속가능성을 담보하는 메커니즘이 마련되고 있는 사례를 들어 현대총유에도 중요한 시사점을 제시한다. 맥킨은 2009년 노벨경제학상을 수상한 엘리노어 오스트롬Elinor Ostrom과 함께 북미의 커먼즈를 주도해온 학자다. 특히 오스트롬이 일본 입회임야에서 공용자원의 특성을 발견한 대목은 전적으로 맥킨의 연구에 의거했다.

제4장 개요

제4장은 농지를 비롯한 토지 문제, 도시와 농촌의 문제를 해결하는 데 총유적 방법을 도입하려는 시도를 분석하고 있다.

다케모토의 논문은 농지를 중심으로, 특히 전후 농지개혁에서 시작해 토지기본법·도시계획법을 거쳐 최근의 농지법·농업진흥지역정비법·농업경영기반강화촉진법까지를 살펴보며 '토지소유권의 절대성'에서 '토지이용의 우선'으로 원칙을 전환할 필요가 있다고 설명한다.

하기와라의 논문은 고도성장기에 대도시 부근에서는 인구가 늘었지만 이후 건설된 주택단지, 교외 등에서는 세대교체에 따른 폐허화가 진행 중이라서 마을의 지속이 어렵기 때문에 현대총유적 접근이 필요하다고 제언한다.

노구치의 논문은 도시부의 마을 만들기를 두고 '수세'와 '공세'의 관점에서 구획정리지 공동경영과 농촌주택단지, 재개발 등의 실례를 분석해 어느 경우든 '협동이용'을 지향하지 않는다면 미래의 전망이 없다고 강조한다.

와타나베의 논문은 총유의 전형이라고도 할 하워드의 렛치워스와 조합의 시조라고 불리고 세계유산으로도 등록된 뉴라나크 등을 검토한다.

끝으로 사이토의 논문은 '세계유산'으로 등록된 시마네현島根県 오타시太田市를 사례를 소개한다. 과소화의 전형인 '이와미긴잔石見銀山'에서 지역의 명망가가 전재산을 바쳐 마을을 지켰다는, 말하자면 일인총유의 사례를 소개해 마을의 지속가능성에 대해 시사점을 제공한다.

이상의 각 논문은 근대화3형에서 시민정치로 넘어가는 과도기에 등장한 시도들에 관한 고찰로 읽을 수 있을 것이다.

마치며

지구화와 저출산고령화, 재정위기는 어느 것이든 일본사회에 직접적으로 파급된다. 최근 가령 아베노믹스나 올림픽유치 같은 것들로 이 추세를 어찌해보려 하고 있지만 2-30년이라는 시간대에서 보자면 결국 일시적 처방에 불과하다. 이 점이 바로 마쓰시타의 근대화3형과 다른 모형을 강구해야 할 결정적 이유다. 그때 일본사회는 어떻게 될 것인가. 제각기 해체되어 흩어지고 말지, 참고 견뎌내 새로운 사회로 전환할 수 있을지는 중간조직이 활력 있는 '시민정치'를 만들어내는지 여부에 달려있으며, 가까운 시험대가 되는 것이 이번 동일본 대지진의 극복일 것이다. 앞서 말했듯이 재해지에서는 연대가 깨져 사람과 사람의 관계, 그리고 사람과 자연의 관계, 사람과 '신'의 관계를 회복하고 다지는 일이 결코 쉽지 않을 것이다.

이런 상황일수록 새겨들어야 할 말이 "사람은 혼자서는 못 산다"는 것이다. 그래서 여기저기서 공동작업이 시작되었다. 가설주택의 추첨 입주를 물리쳐낸 공동입주, 고기잡이를 위한 자력 건설, 상점가의 통합적 재건, 주택과 상점을 일체화한 공동주택, NPO에 의한 어업 재건, 조합에 의한 농업 재생 등 이 책이 제기하는 '현대적 총유'를 다양한 주체와 방법으로 실천하고 있는 것이다. 우리는 거기서 희망을 본다.

거기에는 중앙정부의 수직적 행정과 자치단체의 중앙정부 의존체질을 넘어선 새로운 구조가 있다.

거기에는 토지·바다·농지 등의 재해지 지역자원을 제대로 활용해 이익을 모두에게 나누려는 이익환원의 사상이 있다.

거기에는 자기 힘으로 마을을 재생하겠다는, 중앙정부와 자치단체가 갖지 못한 열정과 자세가 있다. 이것들이 '시민정치'라는 분절정치 또는 분권과 문화, 새로운 인권의 맹아이며, 이것이야말로 근대화4형의 원형을 이룬다고 말할 수 있다. 그리고 이것들은 저출산고령화 사회를 살아가는 사람들에게 삶의 모델이 되어줄 것이다.

나는 이 논문들과 그 어우러짐을 '현대총유론'이라 부르고자 한다.

제1장
이념과 제도

현대총유법의 제창

이가라시 다카요시

시작하며

현대총유의 사업(시민사업)이 눈에 띨 정도가 되었다. 재해지에서 복합맨션 건설, 상점가 혹은 어업과 농업의 재건 등. 이러한 사업의 특징은 재난 피해자(토지소유권·어업권 등을 가진 사람)가 주축으로 조합·주식회사 또는 NPO 등의 조직을 만들어 재해지를 벗어나 현지에 없는 사람 혹은 고령으로 일할 수 없는 사람에게서 토지소유권·농업권·어업권 등의 권리를 빌려(차지권) 상점가·농업·어업 등을 재건(토지, 해면의 공동이용, 생산·가공과 영업)한다는 데 있다. 이 사업에는 어업·농업에 종사할 수 없게 된 사람들도 회계·영업·가공 등 '다른 형태'의 일로 참여할 수 있다. 젊은 세대(지역주민 또는 자원봉사자)도 여기에 참가해 서서히 사업을 일으켜내고 있다.

물론 피해지역에서만 있는 일은 아니다. 가령 버블 붕괴 이후 관광객 감소와 고령화 등으로 호텔과 별장이 폐허가 되는 등 위기가 현실화된 나가노현의 관광지에서도 총유가 대응책으로 부상했다. 폐허가 된 곳을 철거하고 호텔 등을 재건하는 일이 당면한 긴급과제였는데, 관광지의 미래를 결정적으로 좌우할 '마을만들기'를 고려한다면 토지 소유자들의 개별적 이용으로는 '한계'가 뚜렷해 전체적으로 공동이용하면서 새로운 관광지 만들기에 나선 것이다. 그런데 모든 일이 순조로울 수만은 없어서 사업이 진행되며 몇 가지 문제점도 나타났다.

왜 현대총유법이 필요한가?

지역의 붕괴 현상은 왜 일본 도처에 발생하는가? 물론 급속한 지구화와 저출산고령화, 그리고 20년간 이어진 디플레이션이 중요 요인이며, 이를 지적하기란 어렵지 않다. 문제는 어째서 제대로 대처하지 못했는가다. 국토계획 또는 도시론의 시각에서 보자면, 원인의 하나는 긍정적이든 부정적이든 간에 토지이용 방법을 개별 소유권자의 자유(무제한의 자의)에 맡겨온 데 있다.

시장경제에서는 '법칙적'으로 강한 것이 이기고 그렇지 않은 것은 도태된다. 도쿄 한 곳으로만 집중된 조건에서 지방, 특히 삼림·농지·한계취락은 시장의 낙제생이다. 그런데 유일한 승자인줄 알았던 도쿄에서도 약육강식의 현실이 눈앞의 위협으로 다가오고 있다. 시장에서 버림받은 곳은 여지없이 빈 땅, 빈 방이 되어가고 있다. 또한 시장에서 멀리 떨어져 피해를 보는 지역의 경제에 지진이 다시 타격을 입혔다. 구획정리 명령을 내린들 복구가 더딘 것은 건축·토목 작업(둑 높이기,

사회간접자본 정비 등)이 곤란해서기도 하겠지만 기본적으로는 시장으로부터 버려진 탓이다.

여기에 파괴된 마을을 누가 복구해야 하는가라는 '주체'의 문제가 있다. 일본에서는 도로·고속철도·댐 등의 대형공공사업을 정부와 자치단체가 맡는데 거기에 투자되는 비용과 인원이 어마어마하다. 그 기술력과 추진속도는 세계에서도 최고수준이라고 할 것이다. 하지만 피해자 한 사람 한 사람이 살아갈 집을 마련하고 일을 구하는 일은 원칙적으로 '개인부담'이다. 정부와 자치단체는 개인의 재산 형성에 세금을 쓸 수 없다는 이유로 예산을 배정하지 않는다. 재해지에서의 구획정리, 방조제와 도로 건설 같은 눈부신 대형공공사업에 비해 주택(그리고 일상생활에 필요한 양로시설·학교·병원 등) 건설이 더디다는 것은 공적 재건과 개인적 재건의 제도적 격차를 보여준다. 마을의 황폐화는 시장경제의 압도적 우위, 그리고 이러한 주체의 문제와 결부되어 있는 것이다.

일본열도개조론과 전원도시론

이를 해결하려면 임기응변식 대책이 아니라 근본적 치료법을 만들어내야 한다. 그 최선책이 국토정책 또는 도시정책의 수정이다. 과거 이러한 궤도수정에 매진한 시도로서 나는 「국토강인화 비판」 등의 논고를 통해 다나카 가쿠에이田中角栄의 일본열도개조론과 도시정책대강, 그리고 미완으로 끝난 오히라 마사요시大平正芳의 '전원도시론'을 소개한 바 있다.* 두 사람은 정치적 활동시기가 겹치는 동지였다. 그러나 국토

---

* 五十嵐敬喜, 『國土強靭化批判: 公共事業のあるべき「未來モデル」とは』, 岩波ブックレット, 2013.

계획·도시계획의 방향은 정반대였다. 다나카는 고도경제성장을, 오히라는 저성장을 배경으로 하고 있어 '대형공공사업 대 안정된 삶'이라는 대립구도가 형성된 것이다. 글에서 내가 강조한 것은 이처럼 입장을 완전히 달리했던 두 사람 모두 가장 곤란을 겪은 것이 '토지소유권' 문제였다는 사실이다.

다나카 측에서 보자면 개발에서 가장 큰 난제였다. 다나카의 '일본열도개조론'은 개발붐으로 인해 지가가 폭등한다면 상당한 제동이 걸려 정권 자체가 약화될 수 있었다. 한편 오히라의 '전원도시론'은 그 모델이라 할 영국 에버니저 하워드의 렛치워스 사례(제4장)에서 알 수 있듯이 '토지의 공동이용'이 가능해야 성립한다. 개개인이 토지소유권의 자유를 내세워 임의로 개발하는(혹은 개발하지 않는) 토지소유제도에서 '전원도시'는 환상에 불과하다. 이리하여 정반대의 국토개조론을 제시한 양자가 역방향에서 절대적 토지소유권을 공히 문제로 삼았던 것이다.

이에 대한 하나의 해결책으로 내가 제창한 것이 "토지를 함께 이용하고 수익을 함께 나눈다"는 총유의 현재적 해석인 '현대총유론'이다. 이것은 탁상공론이 아니다. 앞서 확인했듯 농업과 어업, 또는 상점가와 주택에서 총유의 이러한 '원리론'은 실천되고 있다.

'현대총유법' 제창

나는 이 원리론에 입각해 '현대총유법'을 제창하고자 한다. 이를 위해 다음과 같은 사실을 확인하고 이를 전제로 현대총유법을 둘러싼 여러 쟁점을 검토하겠다.

우선 저마다 총유에 나설 때 이를 위한 법적 도구로서 마을만들기 공사, 주식회사 또는 조합과 비영리조직 같은 형태로 총유주체를 만들고 있다. 그 다음 토지의 이용방법으로는 토지(농지)소유권자·어업권자로부터 임차해 지대를 지불하고 있다. 그 사업은 어디까지나 건축기준법과 도시계획법 또는 농지법과 어업법 등에 따라야 한다. 대체로 이처럼 현행법의 틀 안에서 진행된다는 점에서 이를 '근대법'적 총유로 볼 수 있을 것이다.

물론 이로써 상당한 성과를 올릴 수 있다. 따라서 굳이 새롭게 현대총유법을 제창할 필요가 있느냐는 의견도 당연히 나온다. 그러나 이른바 '근대법'을 활용하는 방식으로는 한계 역시 뚜렷하다.

첫째는 주체와 관련된 문제다. 주식회사 등의 조직은 총유의 본질인 '공동이용과 공동배분'에 취약하다. 주식회사는 영리 추구가 목적이니 비영리를 원칙으로 하는 총유주체와는 근본적으로 다르다. 한편 최근 유행하는 조직인 NPO는 시민이 주체라는 점에서 총유와 닮은 구석이 있지만 어디까지나 비영리인 까닭에 사업 참여자에게 수익을 배분하는 총유와는 다르다고 봐야 한다. 뒤에서 살펴보겠지만 조합이 총유에 가장 적합할 것이다. 그러나 조합도 현재의 일상적 어감에서는 농협·노동조합처럼 비대한 조직과 독점적 속성이 떠오르니 우리가 생각하는 총유사업과는 거리가 멀다고 할 수 있다. 그리하여 이러한 주체의 문제를 명확히 하는 것이 첫 번째 과제다.

둘째는 사업을 할 때 규칙^{rule}의 문제다. 현대총유에서는 토지소유권을 그대로 두고 토지의 이용권을 분리해 사업을 진행하는 것이 일반적인데, 빈 땅이나 빈 집, 한계취락, 그 밖에 폐가가 된 아파트와 아파트단지 등이 늘어나자 마을만들기의 관점에서 그것들을 철거해 이용권(경우에 따라 소유권도)을 수용하거나 재이용할 필요가 생겨났으며, 이를 위해서는 신탁, 자기소유 등도 고려하지 않을 수 없다.

또한 이 사업은 건축기준법과 도시법 내지 어업법과 농지법 같은 기존의 틀로는 실시할 수 없음을 보여주는 사례들이 속출하고 있다. 간단히 말해 인구감소가 진행되는 도시에서는 여러 논자의 주장처럼 컴팩트시티화가 필수적이다. 종래의 구획은 폐지되고 고밀도의 혼합적 토지이용이 요청되는 것이다. 그 경우 구획, 용도지역처럼 합리주의·근대주의적 관점에서 제도화된 현행의 도시법은 질곡으로 작용할 것이다.

아울러 농지법과 어업법은 현실에서 농업과 어업에 종사하는 사람들을 위한 것이니 주식회사 등은 함께하기가 어렵다. 여러 사업의 6차화, 즉 단일한 사업주체가 생산부터 가공·판매까지를 일괄적으로 수행하겠다는 관점과는 상충한다. 나는 이 지점을 근대총유의 한계로 본다. 그리고 이를 극복하겠다는 것이 현대총유법을 제창한 직접적 동기다.

입회권과 커먼즈의 차이

이에 더해 기존의 총유를 감싸고 있는 부정적 분위기도 그냥 넘어가서는 안 되겠다. 이를 타파하기 위해 현대총유법을 최대의 무기로 삼아야 하는 것이다.

총유라고 했을 때 보통 떠올리게 되는 것은 다음과 같은 메이지 민법의 규정이다.

> 263조. 공유의 성질을 가진 입회권에 대해서는 각 지방의 관습에 따르고 그 밖에는 이 절의 규정을 적용한다.
> 294조. 공유의 성질을 갖지 않는 입회권에 대해서는 각 지방의 관습에 따르고 그 밖에는 이 장의 규정(지역권)을 준용한다.

민법에서 총유의 중심은 입회권이다. 그로 인해 총유 전체에 대한 법학적 이해도 가령 "단체적 구속이 강한 공동소유의 한 형태. 단체의 구성원에게는 공동소유 목적물에 대한 지분 처분권이 없고, 관리 처분권은 모두 단체에 귀속되며, 각 구성원에게는 목적물을 사용·수익할 권한만이 있다"(『콘사이즈 법률학용어사전 コンサイス法律学用語辞典』, 산세이도 三省堂)라며 권리의 성격을 명기하는데, 그 배경에 있는 것이 에도시대 이래의 관행인 '입회권'이다.

따라서 '총유'를 거론하면 "새삼스럽게 왜 입회권인가?"라며 처음부터 반문이 나오는 것이다. 그러나 현대총유는 그런 게 아니다. 이 점에 대해서는 서문을 통해 일본 근대국가 속에서 차지하는 법적 위치를 조망해두었다.

끝으로 총유는 서양사회의 '커먼즈 commons'를 유용한 것이 아니냐는 반응이 있다. 확실히 총유와 커먼즈는 토지의 공동이용이라는 점에서 공통점이 있다. 그러나 커먼즈는 '커먼즈의 비극'이 시사하듯 목초지·산림·바다처럼 자연과 가까운 영역에서의 토지이용이 주요 연구 대상이다. 현대총유처럼 '도시'를 주요 대상으로 삼지는 않는다.

현대총유는 국토·도시의 재생을 위해 계획을 세우고 사업을 추진하는데 개별 사안보다는 국토계획 전체에 관한 계획과 사업의 개혁에 역점을 둔다. 이에 비해 커먼즈는 입회·목축·어업 등을 통한 수익, 또한 그와 관련된 도로·공원이나 일부 공익시설과 같은 개별 현상에 초점을 맞추는 것 같다.

또한 커먼즈에서 '마을산 里山: 사토야마'은 중요 영역으로서 마을산에서 생겨난 규칙을 수정해 그것의 좋은 점을 현대에도 통용시키려 하고 있다. 그러나 현대총유는 거기서 그치지 않고 더 나아가 주변의 빈 땅이나 빈 집, 폐가 등을 총유주체가 취득해 현대적으로 재생시키기 위해 공동이용과 강제수용을 포함하는 정책과 법을 어떻게 만들어갈지를 고민한다.

그리고 끝으로 현대총유는 커먼즈보다 개방적이고 유연하다는 점을 강조해두고 싶다. 커먼즈는 일정한 지역이나 범위에서 영위하는 생활이 주요 대상이다. 하지만 현대총유는 현대뿐 아니라 미래의 도시도 포괄하며 그 내용 또한 광범위하다. 주택·상점·농업·어업·교육·사회보장 등 간단히 말해 도시적 생활의 모든 것이 대상이며, 사람들은 여러 총유에 참여해 다양한 일을 한다. 거기서는 중앙정부와 자치단체라는 공적 섹터, 또는 시장과 기업, 나아가 NPO 같은 민간 섹터에서는 해결하지 못하는 여러 문제가 주제로 부상할 가능성이 크다. 따라서 공동이용으로 얻어진 수익은 참여자만이 아니라 총유대상지역 바깥으로도 배분되어 공적 섹터가 보조금·지혜·인력을 지원할 수 있게 된다.

이처럼 현대총유는 다양한 의미와 쟁점을 산출하는데, 민법의 총유 규정은 물론 정기차지권定期借地權 같은 '근대법'으로는 이를 도저히 끌어안을 수 없다. 따라서 이에 대처할 수 있는 새로운 현대적 총유법을 모색해야 하는 것이다.

그런데 현대총유법을 탐구하려면 법학적 접근의 가능성과 한계를 먼저 짚어봐야 한다. 일본의 법질서는 헌법을 정점으로 하는 법체계 아래서 조금도 어긋남이 없는 '정합성'을 갖춰야 한다. 일본에는 현재 대략 1,700개가 넘는 법률이 있는데, 기존 법률로 대응할 수 있는 대상에는 새로운 법을 만들 수 없다. 따라서 현대총유법을 제창하려면 유사 법률을 참조해 헌법의 체계적 질서 속에서 기존의 것들과는 다른 필요성과 정당성을 입증해내야 한다. 이러한 문제의식에서 현대총유법을 제창하기 위해 요구되는 법적 전제와 그 개혁 방향을 둘러싼 논점들을 정리해보자.

민법의 공유와 총유 그리고 그 발전

총유를 말할 때 가장 문제가 되는 지점은 '총유=입회권=구관습=봉건적 질서'라는 도식이다. 그래서 이를 법적으로 어떻게 극복할지를 고민하는 데서 시작해보자.

일본에서 총유의 원시적 규정인 민법이 제정된 것은 1896년의 일이다. 당시 일본은 세이난전쟁(1876년)을 거쳐 국내의 혼란을 극복하고 근대 국가의 구축기에 들어선 참이었다. 그 효시가 된 것이 이토 히로부미가 주도해 기안한 "제1장, 만세일계의 신인 천황"으로 시작되는 1889년의 '대일본제국헌법·메이지헌법' 제정이다. 그 후 1894년에 청일전쟁에서도 승리하자 헌법을 구체화하는 민법·형법 등 여러 법을 제정하기 시작했다.

이 중 민법은 시민적 규칙에 관한 것이다. 거기서는 봉건적 주종관계를 넘어 시민의 평등이 관철되어 토지소유권도 "소유자는 법령의 제한을 벗어나지 않는 범위에서 자유롭게 소유물을 사용, 수익 및 처분을 할 권리를 지닌다"(206조)라는 규정이 마련되었다. 이것이 바로 절대적 소유권, 즉 자유롭게 사용·수익·처분할 권리의 사법적 근거다. 또한 이것은 한 사람의 소유를 다루고 있지만 여러 사람이 하나의 소유권을 지니는 '공유'에 관한 규정과 '총유'에 관한 규정(법령상 '총유'라고 직접 언급된 것이 아니라 입회권과 한데 묶여 간접적으로 규정되어 있다)도 내포하고 있다.

총유의 규정은 뒤에서 재산구를 다룰 때 자세히 검토할 테지만, 소유관계가 늘 문명하지만은 않았던 에도시대의 토지소유권을 두고 '공公'이라고도 '사私'라고도 말하기 어려운 중간적 토지이용이 있었음을 인정한 위에서, 그 상징인 '입회'의 경우 소유 내용을 반드시 '공'과 '사'로 구분하지 않고 '관행'에 맡긴 것이었다고 말할 수 있을 것이다.

그런데 내가 처음 주장한 현대총유도 토지에 관해서라면 이 메이지민법의 총유에 기초를 두고 있다. 하지만 입회권을 부활시키겠다는 것이 내 의도는 아니었다. 이를 분명히 하고자 메이지민법의 총유를 '고전적 총유', 나의 주장을 '현대총유'로 구분해 현대총유의 법적 제정을 제언한 것이다.

법학적으로 말해 다음의 검토는 '법의 발전'이라고도 할 수 있을 텐데, 이것은 메이지민법의 공유와 현대의 구분건물소유법의 관계와 유비해 생각해볼 수 있을 것이다.

공유와 구분건물법

메이지민법은 '공유'와 관련해 앞서 살펴본 단독소유권에 대한 수정으로 지분권(247조, "각 공유자는 공유의 전부를 그 지분에 따라 사용할 수 있다")과 공유물 변경(251조, "각 공유자는 다른 소유자의 동의를 얻지 못한다면 공유물에 변경을 가할 수 없다"), 또한 관리와 그 부담(252조, "공유물의 관리에 관한 사항은 앞 조의 경우를 제외한다면 각 공유자가 보유한 지분의 가격에 따라 과반수로 정한다. 다만 보존행위는 각 공유자가 할 수 있다"), 분할(256조, "각 공유자는 언제든 공유물의 분할을 청구할 수 있다. 다만 5년을 넘기지 않는 기한 동안에는 분할하지 않는다는 계약을 방해할 수 없다") 등을 규정하고 있다.

공유의 전형인 공동주택에 관한 내용을 살펴보자면, 이는 '나가야長屋'밖에 없던 시대를 살아갔던 사람들의 권리관계를 규정한 것으로, 이 정도 규칙이라면 일단 공유 문제에 대처할 수 있겠거니 여겼던 것이다. 하지만 시대가 바뀌고 나가야는 어느덧 초고층 아파트로 변모했다. 초고층 아파트에는 수백 세대가 들어서 개별 호실 이외에 엘리베이터와 수도 등 기반시설, 엘리베이터와 정원, 주차장 등을 공동으로 이용한다. 또한 수리가 일상적이고 해체와 재건 등은 큰 문제다. 매매와 임대 내지 전대도 빈번하다. 이것을 어떻게 관리할 것인가? 메이지민법의 공유 규칙만으로는 도저히 불가능하다.

그리하여 제정된 것이 1962년의 '건물의 구분소유에 관한 법률'이다. 이것은 복수의 사람들이 소유한다는 의미에서는 메이지민법에 근간을 두고 있지만 권리에 관한 규칙을 대폭 변경했다. 그 특징을 간단히 살펴보자면, 법률의 목적을 "한 동의 건물로 구조상 구분된 여러 개의 부분이 독립해서 주택, 점포, 사무실, 창고 및 그 밖의 건물 용도를 제공할 수 있는 것"(1조)으로 하여, 물권에 대해 단독의 소유부분(전유)과 공유부분을 정하고 이 모두를 함께 관리한다. 이를 위해 새롭게 관리자(3조, "구분소유자는 전원이 건물과 함께 부지 및 부속시설을 관리하기 위해 단체를 구성하고, 집회를 열어 규약을 정하며, 또한 관리자를 둔다"), 지분과 부담(14조, "각 공유자의 지분은 그가 가진 전유부분의 면적에 의해, 각 공유자는 지분에 따라 공유부분의 부담을 지고 공유부분에서 생기는 이익을 얻는다"), 집회(25조 등), 법인화(47조, "단체는 4분의 3 이상의 다수에 의한 집회의 결의로 법인이 된다"), 의무위반자에 대한 조치(57조, "공동의 이익에 반하는 행위의 정지, 사용금지의 청구, 구분소유권 경매의 청구, 점유자에 대한 인도청구"), 재건축("5분의 4이상의 결의") 등을 정하고 있다. 결국 공동소유에서 개인의 자유부분과 집단적 제약을 둬야 할 부분을 구분하고, 그 관리를 '관리조합'이라는 법인에 맡긴 것이다. 이것은 분명 입법의 발전이다.

아울러 입법의 발전은 여기서 그치지 않는다. 구분건물법은 생성기였던 아파트에 관한 규정이었는데 시간이 지남에 따라 아파트도 노후화와 지진 등에 의한 수리 단계를 거쳐 해체와 재건축 단계로 이행하고 있기 때문이다. 그렇다면 일상적 관리·운영을 맡는 데 불과했던 관리조합이 애초 엄청난 공사금액이 드는 아파트 재건축을 해낼 수 있는 것인지가 문제로 부상한다. 이에 대처한 것이 2002년 '아파트의 재건축의 원활화 등에 관한 법률'이다. 상세히 설명할 겨를은 없지만, 이 법률은 구분소유건물법에는 없던 재건축을 위해 '조합의 설립과 법인화'(6조 등), 철거 계획과 사업 비용을 규정하는 '사업계획'과 도도부현 지사의 인가(10조 등), 그리고 종합건설 등의 건축에 밝은 전문업자의 참여(16조 등)를 규정하고 있다.

이러한 경과를 살펴보면 메이지 시대의 연립주택에서 아파트의 건설, 해제와 재건축까지 시대 변화에 따라 법률이 변화하고 내용도 메이지 입법 당시에는 생각할 수 없었던 진화를 거쳤음을 알 수 있다.

현대총유법 제창은 메이지의 공유에서 아파트법으로 발전해간 과정이 그러하듯이 민법총유의 규정을 현대적으로 재편하겠다는 것이다. 다만 공유가 각각의 지분권을 인정하고 이를 기초로 아파트단지 내부의 권리·의무관계를 규정해 '이탈의 자유'를 인정하는 데에 반해, 현대총유법은 구분소유관계보다 조직성이 강해서 '이탈의 자유'를 인정하지 않는다는 차이에 주의해야 할 것이다. 또한 구분건물법은 주체가 '관리조합'이라고 명시되어 있듯이 '관리'에 초점이 맞춰져 있다. 아파트법에서는 관리를 넘어서는 사업도 다루지만, 이 사업도 자신의 아파트를 해체하고 재건축하는 데 한정되어 있다. 반면 현대총유법에서는 관리를 넘어서 스스로 사업을 전개하고 나아가 그 사업을 내부뿐 아니라 외부로 끊임없이 확대한다는 점에서 차이가 있다.

그렇다면 그러한 성격을 지닌 법률이 과거에는 존재하지 않았던 것일까? 이러한 총유법의 이미지에 가까운 법률 두 가지가 있다. 한 가지는 총유주체의 내부적 규칙을 정하는 내용이며 다른 한 가지는 사업법인데, 새로운 현대총유법을 제창하는 데 시사하는 바가 크니 잠시 살펴보기로 하자.

재산구와 총유

총유를 거론하면 대체로 입회권을 떠올린다는 사실은 앞서 지적한 바다. 그러나 입회권이 에도시대처럼 운영되는 사례는 현재 거의 찾아볼 수 없다. 법률에는 '구관행'이라 적시되어 있지만 그 관행이란 게 무엇인지는 점점 알 수 없게 되었다. 아울러 목탄에서 석탄, 석유 등으로 에너지원이 바뀌었고, 목재는 건축자재로서도 비중이 줄어들었으며, 임업자도 고령화되었으니 입회를 둘러싼 환경이 판이해졌음을 강조하지 않을 수 없다. 최근 산나물·나뭇잎의 판매 사업, 삼림욕 등의 삼림 활용을 모색하고도 있지만 여러 지역에서 삼림은 황폐해졌고 마을산도 이제는 한계취락이 되어가고 있다는 사실은 이미 자명하다. 이러한 변화에 따라 기존의 메이지민법 바깥에서 여러 입법조치가 시행되었다. 이제 검토하려는 '재산구'도 그 중 하나다.

일단 재산구란 무엇인가. 재산구는 메이지 이후의 토지개혁과 연관되어 있다. 일본에서는 앞서 언급한 민법에 의거해 근대적 소유권이 확립되었다. 그러나 정확히 말하자면 민법 제정 이전에 메이지 정부는 토지개혁을 실시했다. 대표적인 것으로 토지세 개정을 목표로 메이지 초기부터 시작된 토지관민유土地官民有 구분, 즉 관과 민 어느 쪽의 토지인지를 구분하려는 정책과 시정촌제市町村制를 도입하려는 움직임을 꼽을 수 있는데, 부락 소유의 임야처럼 마을이 지닌 관행적 공유 형태의 재산관계자가 이런 동향에 강하게 반발해 일종의 타협책으로 시정촌제를 설립할 때 재산구 제도가 도입된 것이다. 그리고 에도시대 이래 관도 민도 아닌 동네 사람들이 공동으로 이용해온 입회, 그 밖에 저수지·늪지·묘지·온천 등을 '마을의 공유물'로 인정했던 것이다. 이것이 재산구의 기원이고 전후에도 지방자치법에 근거해 '특별구'로 유지되었다.*

이제 이 재산구를 두 가지 각도에서 검토해보자. 하나는 재산구가 설립되자 입회권은 어떻게 되었는가며, 다른 하나는 재산구와 총유는 어떤 관계에 있는가다.

에도시대 이래(무로마치시대부터인 지역도 있다) 마을 주변의 마을산을 이용했던 사람들은 산에서 땔감 등을 채취해 생활해왔다. 산림은 어느 누구의 것도 아니며 마을 사람 모두가 공동으로 이용했다. 산림을 분할하는 것은 허용되지 않았고, 마을을 떠나는 자는 자동적으로 모든 권리를 잃었다. 메이지정부는 이를 '총유=물권'이라 상정해 토지이용의 방법과 생활양식의 규칙은 해당 지역의 관행에 따른다고 정했다.

이후 재산구는 입회권 전체의 일부를 '마을의 특별 공유지'로 흡수해 전후에도 시정촌 안의 '특별공유지'로 유지해왔다(이 권리관계는 뒤에서 살펴보자). 그런데 전후에는 입회권 역사상 가장 큰 변화가 일어나는데 바로 1966년에 '입회임야 등에 관련된 권리관계의 근대화

---

* 지방자치법 "특별지방공공단체는 특별구, 지방공공단체의 조합 및 재산구로 한다."(1조3항). 이 재산구에 대해서는 같은 법 294조부터 297조까지 재산구의 의의("그 재산 또는 공공시설의 관리 및 처분 또는 폐지에 대해서는 지방공공단체의 규정에 의한다."), 재산구의회·총회의 설치("도도부현지사는 특별구의 조례를 설정해 특별구 의회가 의결해야 할 사항을 의결하게 할 수 있다."), 재산구의회·총회의 조직·권한, 재산구관리회의 권한, 재산구의 운영 ("재산구는 그 재산의 관리, 처분, 폐지에 대해서는 그 주민의 복지를 증진하는 것과 함께 재산구가 있는 시정촌의 일체성을 손상하지 않도록 해야 한다.") 등의 규정이 있다. 여러 곳에서 이 규정을 받아들여 조례를 제정했다.

촉진에 관한 법률(입회임야근대화법)'이 제정된 것이다. 이것은 일본이 경이로운 속도로 급성장하는 시대가 되었는데도 마을산의 장長 등을 중심으로 행해지는 입회를 '봉건적이며 뒤떨어진 규칙'으로 여겨 이를 '근대화'하려 한 법률이다. 구체적으로는 입회권을 '소유권과 지상권'으로 명확히 구분해 권리관계를 분명히 한다는 취지에서 실제로 활용되지 않는 입회권은 해체·소멸시키고, 이를 개인소유와 공동소유로 전환시켰다. 입회권을 개인과 조합관리로 가른 것이다.

이 법률의 영향력은 대단한 것이었다. 1955년의 조사에 따르면 본래 입회는 사유입회임야가 약 145만 헥타르, 재산구에 편입된 입회가 76만 헥타르, 도합 221만 헥타르였는데, 입회임야근대화법으로 사유입회임야에서 58만 헥타르, 구관사용임야에서 3만 헥타르가 정비되었다.

입회임야근대화법이 제정된 1966년은 일본열도개조가 실시된 해이며, 개발붐이 달아오르던 시대였다. 개발을 거친 입회산림은 점차 유원지·별장·골프장 등으로 변해갔다. 그리고 1972년의 삼림법 개정, 1977년의 리조트법 제정 등이 이 추세에 박차를 가했다.

이리하여 입회권은 해체·유동화되고 현재는 재산구만이 아니라 생산삼림조합, 임야이용농업협동조합, 목장농업협동조합 등 다양한 형태로 조직이 바뀌어왔다. 이를 보면 역시 '조합'이 두드러지는데 뒤에서 검토하겠다.

아직 재산구에 관해 살펴볼 대목이 남아있다. 이는 총유주체의 조직론과 관련된 문제다. 재산구는 제2차 세계대전 이후 '특별구'가 되었다. 그런데 특별구란 무엇인가? 우선 재산구는 시정촌과는 다른 존재지만, 관리자 즉 대표자는 시정촌의 장이다. 그리하여 실질적으로는 마을의 재산이지만, 형식적으로는 자치체의 재산이라는 다소 복잡한 관계를 띠게 된다.

여기서 유의할 대목은 재산구에는 의결권을 가진 '의회'(시정촌 의회의 의결사항 중 예산과 결산, 조례의 제·개정, 재산의 관리·처분 등에 대한 의결권. 시정촌은 여기에 조언 등 최소한의 개입만이 가능하다)가 있는 재산구와 의회는 없고 집행권만을 가진 '관리회'(시정촌이 재산에 대한 관리·운영계획을 정하고, 시정촌 의회에서 심의해 재산구 주민의 선거 또는 추천으로 선택된 관리회가 운영한다. 관리회는 시정촌의 관리 행위에 제동을 걸 수 있지만 재산구를 관리·처분할 수는 없다)가 운영하는 재산구, 이렇게 둘로 나눠지는데 전자가 고도의 자치권을 보장한다는 사실이다. 이 점은 앞으로 보다 공공성이 강화된 총유주체의 조직을 사고할 때 참고가 된다.

그렇다면 고도의 자치권을 가진 입회권=재산구는 어떻게 발전해 온 것일까? 제2차 세계대전 이후 시대의 변화에 뒤처진 재산구는 자치권을 발휘하지 못한 채 서서히 무용해져 그대로 소멸했을 가능성이 크다. 다른 한편 개발붐에 따라 임업 이외에 스키장과 오락시설 또는 별장지 등을 경영(재산구의 소유권은 그대로 두고 개발사업자와 별장소유자에게 토지를 임대하거나 스키장 등을 재산구 스스로가 경영)하게 되었다.

이처럼 시대의 흐름을 탄 재산구의 경우 입회 수입·지출의 규모는 임업시대와 차원이 달라졌다. 그리고 수입은 재산구 내의 마을회관·하천·논밭 등을 정비하거나 재산구를 넘어 지역의 학교 및 보건소 지원, 소방·방범 등의 공익사업 등에 충당되었다. 즉 시정촌의 일반 재정으로 편성해 지자체 사업이나 별도 사업을 수행하는 데 쓰였다.

바로 이러한 '공익으로의 환원'은 지방자치법에서 '특별구'가 사적 소유가 아닌 공적 대상으로 지정되어 가능하기도 한데, 여기서 '총유'의 본질을 조명할 수도 있을 것이다. 특히 현대총유는 자신 이익만이 아니라 타인의 이익도 고려한다. 즉 '자비이타慈悲利他'를 근간으로 하며 그로써 참다운 공공성을 실현한다. 재산구의 수익이 비과세인 까닭도 여기에 있다. 과세에 대해 부언하자면, 입회근대화법으로 생겨난 생산삼림조합은 사적 경영체로 설정되어 있는 까닭에 임업불황으로 수익이 거의 없더라도 법인세·사업세·고정자산세를 부과해야 한다는 점을 기억해두자.

그러나 경제적으로 풍요롭던 재산구들도 버블붕괴와 2008년 금융위기 등의 여파로 개발붐에 편승해 건설한 호텔·별장·레저시설이 텅 비게 되어 방치상태가 되었다. 개발붐의 종언으로 많은 사람이 직장을 잃고 재산구 주민의 고령화도 진행 중이다. 한동안 성공적이라 여겨졌던 재산구도 이제 구래의 입회처럼 해체되고 말 것인지, 아니면 재산구의 재산은 유지하면서 토지 이용과 운영의 방식을 수정해 재구성할 것인지라는 기로에 놓여 있다. 적어도 종래의 폐쇄적 조직론이 아닌, 아파트 재건에 걸맞게 종합건설회사 등 전문집단의 참여를 유도하는 아파트재건축법과 같은 개혁이 시대의 요구로서 불가피해졌다.

입회권이 재산구로부터 입회근대화법을 경유해 레저시설 개발의 실패에 이르기까지 여러 시련을 겪고 또 발전해온 역사는 현대총유론에 큰 교훈이 된다. 특히 지자체와 관계하면서도 고도의 자치권을 보장한 재산구의 사례는 총유주체가 성숙해갈 하나의 방향을 보여준다고 말할 수 있다.

조합에서 노동자협동조합으로

메이지 민법의 고전적 총유(=입회권에서 출발한 총유)는 재산구의 경우에서 살펴보았듯이 입회권 자체가 '근대화'되고 임업이 아닌 레저산업과 골프장 경영 등으로 변질되면서 그 행방을 가늠하기 어려워졌다.

그렇지만 모두가 이용하고 수익도 함께 나눈다는 본질은 변함이 없으며 이 부분은 보다 강조되어야 한다. 거기서 현대총유는 재산구에 국한되지 않는 접근법을 고안해내야 하는 것이다.

총유를 현대적으로 되살려내려면 어떻게 해야 하는 것일까? 현행법 안에서 유사한 조직을 찾아보면 앞서 지나쳐온 '조합'이 부상한다. 조합은 임업관계의 조합만이 아니라 농업협동조합과 노동조합 또는 공제조합 등 종류가 다양하다. 이것들은 조합원이 출자한다는 공통점을 갖는데, 직종의 차이와 조직의 비대함에서 야기되는 '중앙집권적이고 무겁고 시대에 뒤처진 기득권집단'이라는 인상도 풍기고 있다.

어떤 의미에서 총유라고 하면 곧바로 입회를 떠올리게 되는 것처럼 조합이라고 하면 '해롭다'는 이미지가 떠올라 꺼리는 사람이 많을 것이다. 그래서 이 글은 현대총유론의 관점에서 평범한 시민이 스스로 사업을 하는 노동자협동조합worker's collective 활동에 진력하는 '생활클럽생협'에 초점을 맞춰 총유주체를 조합론의 각도에서 재구축해보고자 한다.

조합을 둘러싼 법적 쟁점을 다루기 위해 먼저 조합에 대한 민법의 규정 "조합계약은 당사자가 출자해서 공동의 사업을 하겠다고 약속함으로써 그 효력을 갖는다"(669조)와 "조합사업의 집행은 조합원의 과반수로 정한다"(670조)에 주목해보자. 근대의 조합법도 이 민법에 근거하는데, 이 또한 1896년 민법 제정 당시와 달리진 것이 없어 공유의 이미지가 그러하듯 단순·소박한 것이었다. 특히 민법상 조합은 자동적으로는 법인격이 부여되지 않고 사회적 활동 또한 불가능해서 결정적 결함으로 남아 있었다.

따라서 조합도 이 수준에서 머물러 있을 수는 없었다. 공유가 아파트법으로 발전했듯 조합도 다양하게 발전했다. 현재는 각 업종별로 농협법·생협법·수산업협동조합법·상공조합법·중소기업등협동조합법·신용금고법·노동금고법·삼림조합법 등 열일곱까지 법률이 생겨나 모두 법인격을 인정하고 있다. 다만 이 법률들은 일정한 출자로 만들어지는 조합을 대상으로 한다는 공통점을 지니지만 내용은 업종에 따라 다르다. 이 가운데 현대총유에 근접한 것으로서 내가 주목하려는 것은 '생협', 특히 독특한 활동을 전개하는 '생활클럽생협'이다.

그렇다면 우선 생협법부터 살펴보자. 소비자생활협동조합법은 제2차 세계대전 이후인 1949년에 제정되었다. 이 법은 생협에 대해 "자발적 삶의 협동조직인 생협을 출범시켜 풍요롭고 안정된 국민생활에 기여한다"고 규정하고 있으며, 이 법률에 의거해 지역생협·직역생협·대학생협·의료복지생협·공제생협 등 다양한 생협이 생겨났다(2012년도 「생협의 경영통계」에 따르면 일본생협련에 가입된 총생협수는 568개, 총조합원 2,703만 명, 조합원출자금 총액 7,555억 엔. 사업비 총액 3.8조 엔이다).

생활클럽생협도 이 법률에 의거해 "200명의 여성, 기성의 좌익운동에 의문을 가진 몇 명의 청년들"에 의해 "주체적으로 생활을 개혁하고, 사회진보를 위한 활동에 적극적으로 참여하자"면서 1965년 우유의 공동구매사업으로부터 출발했다. 이후 우유공장·생생복지회·목장·요양원·시민공동발전소 등의 사업을 전개하면서 2012년 현재 35만 명의 조합원을 거느린 거대 조직으로 성장했다. 그 규모는 21개 도도부현에 32개의 생활클럽생협, 7개의 관련 기업을 포함하고 있다. 또한 각각의 클럽은 '운영자립'인데, 총사업비는 800억 엔, 전업직원은 1,200명에 달한다. 아울러 시민의 목소리를 정치에 반영하기 위해 생활연결망을 형성해 100여 명의 의원을 당선시켰다.

생활클럽생협의 공통원칙은 ① 의심스러운 것은 사용하지 않는다

(첨가물과 유전자조작농산물을 식품에 사용하지 않는다. 2,400가지 소비재의 방사능 검사), ② 방사능오염 대책과 자연에너지 사용 등 지속가능한 사회를 준비한다, ③ 함께 이용·운영하고 시민의 힘을 결집해 문제를 해결한다, 이렇게 세 가지다. 생활클럽생협은 다른 생협이 '보다 좋은 것을 보다 안전하게 구입'하는 정도인 데 비해 '지속가능한 생산자와 소비자를 연결'하는 것을 목표로 삼고 있다. 따라서 생산과 소비의 결합에 그치지 않고, 자기 지역사업·시민사업의 추진을 지향하는 '생산자협동조'(1982년 가나가와神奈川 생활클럽생협인 '당근'이 기원)가 탄생하기에 이르렀다. 이것은 현대총유의 사업론에도 중요한 시사점을 제공한다.

통상 협동조합은 '출자·이용·운영'의 삼위일체에 그치지만 노동자협동조합은 '출자·노동·이용·운영' 사위일체의 '집단적 사업, 집단적 기업가정신'을 특징으로 하며, 이미 식품제조·가공(두부, 빵, 과자 등), 외식관련(레스토랑, 외식), 주거·생활관련(주택수리, 페인트 가공, 인테리어, 미용원, 가사도움), 정보·통신(지역신문, 광고·선전), 일공동체(결산대행, 세무·법률상담, 인재등록) 등의 사업을 일으켜 전국에 600개 이상의 조직과 1,600명의 고용을 창출하고 있다.

그런데 이 정도의 실적을 올리는 동안에도 노동자협동조합에 관한 법률은 아직 마련되지 않았다. 일부 조직은 비영리조직·기업조합 등의 법인격을 갖고 있지만, 절반 가까운 조직에는 법인격이 없다고 한다. 현대총유와 마찬가지로 노동자협동조합도 '법의 부재'로 시달리고 있는 것이다. 이처럼 양자는 닮은 부분도 있고 다른 부분도 있다. 끝으로 이를 비교하면 표1과 같다.

표1 노동자협동조합과 총유의 비교

	노동자협동조합	총유
목적	주로 생산과 판매 중시	공동체 중시
수익과 분배	자기 자원을 지참, 스스로 일하고 그 수익은 모두에게 분배됨	좌동
건축과 도시	수리와 재건축의 경험	토지소유권과 이용권을 분리해 공동이용을 행하고 건축과 도시를 만듦
노동형태	경영과 노동의 분리 없음	좌동
사업의 종류	개별·단독 사업 위주	주로 공동
지자체와의 제휴	다만 하청의 위험	지자체와의 제휴 강화
사업의 내용	시민감각의 사업	좌동
지원	보조금 등의 지원	좌동
사업의 공개성	필연	좌동
조직원칙	1인1표·출자액에 좌우되지 않음	원칙적으로 1인1표지만, 출자의 내용과 질에 따라 차이가 있을 수 있음
규모	비교적 작은 조직(최대 30명 정도), 늘 시민이 통제할 수 있게 함	대규모 조직도 있을 수 있음
기능별 사업	집행부 등을 만들 수 없어 종합화되지 않음	종합화를 지향함 토지의 임대, 건물의 건설 공익시설의 건설 농업, 어업, 에너지 등의 자급 고용의 확보, 학교·양로시설 등의 운영 상품의 판매
해산 때 남은 자금의 분배방법	출자금은 반환하지 않음	지자체 이관 등
전망	인구 30만 명 도시의 형성	전국, 전원도시 등이 모델

마치며

총유사업은 조합, 특히 생협에서 배울 바가 많다. 조합은 영국의 로버트 오웬이 시작했고, 이미 국제적 조직형태로서 국제연합에서도 그 가치가 인정되어 보급의 추진이 결의되었다.* 2012년 국제연합이 정한

---

* 조합은 영국 웨일즈에서 출생한 로버트 오웬으로부터 시작되었다. 그는 '협동조합의 아버지'로 불린다. 오웬주의자들이 공동체 건설을 위해 소비자생협과 노동자협동조합을 경영했으며, 세계 최초의 근대적 협동조합인 '롯치데일 공정선구자조합(Rochidale Society of Equitable Pioneers)'(1844년)이 그 정

'국제협동조합의 해'를 계기로 일본에서도 전국의 모든 협동조합이 수평적 연합조직을 형성해 업종마다 제각각인 조합법의 난맥상을 극복하고자 '협동조합기본법' 제정에 나섰다.

총유론의 관점에서 보자면 그런 노력들로 자라난 가치=원칙 가운데 당사자가 출자금을 함께 내고, 자산을 함께 이용하고, 적어도 자산의 일부는 '분할하지 않는 자본'으로 사회의 총유에 맡기고, 1인1표제 아래 민주와 자치를 추구하고, 지속가능한 사회를 목표로 한다는 것

신을 계승했다. 또한 오웬이 관여했던 '뉴라나크'는 현재 세계문화유산으로 등록되었다. 아울러 이러한 이상을 실현한 사례로서 에버니저 하워드(Ebenezer Howard)의 '전원도시'가 있는데(3장 참조), 이것은 오히라 마사요시(大平正芳)의 전원도시론에 큰 영향을 주었다. 조합운동은 세계적 흐름이 되어 1895년 국제협동조합연맹(International Cooperative Association, ICA)이 결성되어 현재에 이르고 있다. 1980년 ICA총회(모스크바대회)에서 캐나다의 알렉산더 레이드로(Alexander F. Laidlaw) 박사는 "21세기에는 거대기업과 거대정부 사이에 낀 시민에게 남겨진 대안은 자신들의 집단, 특히 협동조합을 만드는 것뿐이다"라고 주장했다. 1995년 맨체스터대회에서는 레이드로 박사의 훌륭한 제자인 이언 맥퍼슨(Ian MacPherson, 캐나다 빅토리아대학 브리티시컬럼비아협동조합연구소 소장)의 주도로「협동조합의 정체성에 관한 ICA성명」이 발표되었는데, 다음과 같은 일곱 가지 공통가치를 확인하고 협동조합의 정의·가치·원칙을 제시했다. ① 자발적·개방적 멤버십, ② 민주주의·운영, 1인 1표의 원칙, ③ 조합원의 경제적 참여, ④ 자치와 자립, ⑤ 교육·훈련, ⑥ 협동조합간 연대의 추진, ⑦ 지속가능한 지역사회 발전을 위한 노력. 일본에서도 협동조합운동은 제2차 세계대전 이전부터 있었고, 가타야마 센(片山潛), 가가와 도요히코(賀川豊彦), 요시노 사쿠조(吉野作造), 니토베이나조(新渡戸稲造) 등이 기독교사회주의, 도시사회주의, 다이쇼민주주의 등의 시대배경 속에서 선구자가 되었다. 제2차 세계대전 이후 조합이 급속히 성장할 수 있었던 것도 제2차 세계대전 이전 운동의 축적 덕분이다.

등은 중요한 참고가 된다. 끝으로 한 가지만 덧붙이자면, 현대총유법은 아파트법과 마찬가지로 조직이념과 법인격을 가지는 주체, 그리고 그 운영규칙을 정할 뿐 그 이상도 그 이하도 아니다. 이로써 일본에서도 조합과 같은 새로운 조직이 생겨날 수 있다.

그러나 문제는 개정을 하더라도 사업은 여전히 근대법의 규칙 안에서 벌어야 한다는 것이다. 총유주체가 건축과 도시만들기에 나설 때는 현재의 건축기준법과 도시계획법이 적용된다. 가령 총유주체가 재해지에서 높이 규정, 목재 3분의 1 이상 사용 규정, 지붕의 형태와 간판에 대한 규정 등을 두어 마을을 아름답게 만들려고 해도 현행법 아래서는 쉽지 않다. 다나카 가쿠에이가 일본열도개조, 도시정책대강을 추진하며 계획법·사업법·조직법 등을 차례차례 제·개정했듯이 사업에 관련된 많은 법률의 제·개정이 필요하다. 현대총유법의 제창은 이제 시작이다.

제2장
역사와 평가

현대총유론의 역사적 위상과 현재적 의의

다카무라 가쿠토

시작하며

본 장에서는 지금껏 법학이 다뤄온 토지소유권론과 입회권론 그리고 최근의 커먼즈연구와 대비하여 현대총유론의 역사적 위상과 현재적 의의를 밝히고자 한다.

현대총유론의 지향

우선 내가 이해하는 현대총유론의 내용을 요약해두고 싶다. 이가라시 다카요시五十嵐敬喜를 중심으로 제창된 현대총유론은 인구감소·도시축소라는 시대상황을 배경으로 빈 집·빈 땅·빈 점포가 늘어나 도시에서 토지의 과소이용이 발생하는 최근의 사태를 새로운 과제로 인식해 도시재생의 방법을 찾는 과정에서 등장한 이론이다.

먼저 과소이용 문제를 해결하는 수단으로 제창된 것이 다카마쓰시高松市 마루가메정丸亀町 상점가가 추진한 도시재생모델이다. 보통 상점가 내부에서 토지소유권은 세분화되어 있다. 그런데 마루가메정에서는 정기차지권定期借地權 제도를 활용해 소유권에서 이용권을 분리하고 그 이용권을 집약하는 지역주체로서 마을만들기회사가 재개발계획을 입안했다. 이 마을만들기회사는 계획 실현을 위한 합의 형성의 역할을 맡았을 뿐 아니라 지역 투자가에게 주식 구입을 유도하는 등의 방법으로 필요 자금도 조달해 스스로 사업을 실시했다. 재개발 후에도 종합적인 지역 관리를 수행했다.

이 사례에서는 성공을 위한 요소로서 ① 소유권과 이용권의 분리, ② 지역주체에 의한 이용권의 집약화, ③ 토지이용계획의 입안, ④ 사

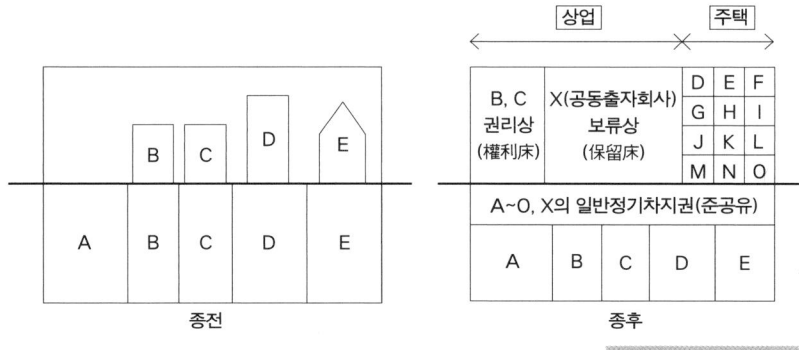

출처: 高松丸亀町商店街A街区第一種市街地再開発事業 概要表

그림1 권리변환의 구조

업실시·지역관리를 위한 사업조직법의 정비 등을 도출할 수 있다. 이를 실마리 삼아 현대총유론은 새로운 소유법·계획법·사업조직법을 구상하는데, 이 법들을 개별적으로 입법화하는 것이 아니라 도시계획법 개정을 통해 한 세트로 총유법을 도입할 것을 제창하고 있다.*

법률과 법학의 종적 분화를 넘어

이 글은 총유법으로써 도시법의 종합성을 되살리려는 데 목적을 두고 있다. 그런데 법체계가 분화되고 법학도 전문화된 오늘날 현대총유론의 장대한 구상은 이해하기 쉽지 않은 상황에 직면해 있다. 더욱이 총유라고 하면 법학자는 입회권을 떠올리기 십상이다. 따라서 일본법학에서 연구가 누적된 입회권론과 현대총유론의 차이점을 분명히 해둘 필요가 있다. 이런 맥락에서 다음 절에서는 지금까지의 토지소유권론과 현대총유론에 관해 탐구하며 현대총유론의 역사적 위상을 밝히고자 한다.

토지소유권의 근거는 어디에 있는가

오늘날 토지는 다른 물건과 마찬가지로 상품교환의 대상으로서 유통되고 있다. 더구나 부동산 증권화, 서브프라임 모기지와 같은 형태로 부동산에서 파생하는 모든 권리로부터 고도화된 금융상품이 생산되고 있다. 이러한 상황에서 '토지는 무엇인가', '토지소유의 근거는 무엇인가'라는 물음은 망각되곤 한다.

---

* 五十嵐敬喜·野口和雄·萩原淳司, 『都市計畵法改正-「土地総有」の提言』第一法規, 2009.

자기노동력에 근거한 토지소유권의 정당화

애초 인간이 생산하지도 않았고 지역민의 공유물이던 토지는 어떻게 소유권의 대상이 되었는가? 어떠한 원리가 이를 정당화했는가? 이 물음들은 법학과 정치사상에서 가장 중요한 주제였으며, 역사의 전환점에서는 언제나 논의가 뜨거웠다.

로크는 인간이 자신의 신체를 활용해 노동해서 얻은 성과물은 그 사람에게 귀속되는 게 당연하다며 소유권의 근거를 자기노동에서 찾았다. 국가는 이 소유권을 옹호하는 최소한의 역할로 족하다는 것이 로크의 시민정부론이었다. 자기노동에 의한 소유권 정당화론은 이후에도 소유권론 가운데서 가장 정통적인 위치를 점하며 커다란 영향력을 행사했다.

프랑스 혁명을 준비한 중농주의자들은 경작된 토지를 부의 원천으로 간주해 봉건제 사회의 특권으로부터 토지소유관계를 자유화할 것을 요구했다. 그들은 토지를 소유하고 또 이용하는 자들이야말로 새로운 근대사회의 주역이라고 주장했다. 물론 실제의 역사과정은 독립자영농민에게 토지와 자유를 부여한다는 단선적 형태를 취하지 않았다.

한편 일본에서는 소유권자=토지이용자가 아니며 소유권에서 이용권을 분리해 그것을 굳게 보호했다는 지점에 서구 근대법의 토지소유권법의 특징이 있다는 연구가 활발했다.* 그러나 소유권 자체의 근거는 프랑스 민법의 초안을 만드는 과정에서도 자기노동설에 근거하고 있었으며, 각자의 생존 도모를 보장해야 한다는 각도에서 풀이되었다. 따라서 근대 초기단계에서는 소유권자=토지이용자라는 모델이 기본이 되어 토지이용의 조정과 소유권자의 의무를 위에서 법률로 구체화

---

* 甲斐道太郎, 『土地所有権の近代化』, 有斐閣, 1967.

하지는 않았다. 소유권자가 서로의 관계를 중시해 조정하리라는 전제로 위에서 이용의 규제는 주민자치를 기반으로 지자체가 정한다는 형태를 취했다. 입회공유지·공유림도 같은 방식으로 주민의 자치규범에 따라 관리되었다.

사적소유권$^{\text{Privateigentum, propriété privée}}$이라는 말은 모두가 공동으로 이용하는 공유지에서 서로가 쟁탈해^{privare} 타인의 이용을 가로막는다는 부정적 어감을 동반한다. 그러나 자기노동을 기반으로 하되 주민 간의 공동규제에 따라 이용하는 형태의 소유는 개체적 소유$^{\text{individuelle Eigentum, propriété individuelle}}$로서 각자의 생존을 지키고 또한 공통선의 발전에서도 필요불가결한 것으로서 정당성을 확보해왔다.*

토지소유권의 현대화

그러나 토지소유권이 자본의 입장에서 투기대상이 되고, 토지를 기반으로 자본주의적 공장생산이 시작된 19세기 후반기에 들어서면 법학에서도 소유권의 절대성이라는 도그마가 자리 잡게 된다. 소유권은 이웃간의 이용관계를 고려하던 방식에서 멀어져 사물에 대한 인간의 절대적이고 배타적인 지배권으로 여겨지게 되었다. 이용을 동반하지 않는 소유, 이웃에게 해를 입히는 이용도 '소유권의 자유'로 간주되었다.

1896년에 제정·공포된 독일 민법은 바로 자본주의 발달에 따라 사회문제가 심화되던 바로 이 시기에 작성되었다. 그러나 민법의 초안은 사회문제·사회법을 중시하는 법학이 아닌 개인주의적인 로마법의 계보에 있는 판덱텐^{Pandekten} 법학의 영향력이 두드러졌다.**

---

* 平田清明, 『市民社会と社会主義』, 岩波書店, 1969.
** 이하의 독일민법 편집작업과 초안에 대한 비판에 관해서는 石部雅亮編, 『ドイツ「民法典の編纂と法学」』, 九州大学出版会, 1999 참조.

독일 민법의 제1초안에서 소유권은 사물에 대한 사람의 절대적인 지배권으로서 존재한다. 아울러 토지소유권은 총칙에서 다른 소유권과 원칙적으로 다르지 않았으며, 상품교환에서의 처분권이 중심에 놓여 토지소유권도 정의되었다.

이러한 제1초안을 가장 선명하게 비판한 자는 게르만법학의 계보를 잇는 오토 폰 기르케Otto von Gierke였다. 기르케는 개별적으로 소유하는 토지더라도 그 이용에는 지역공동체의 규제가 동반되기 마련이며, 그런 까닭에 토지법은 고유 영역을 갖는다고 주장했다. 하지만 민법의 초안은 토지를 오로지 거래대상으로서 간주하여 사적 지편법地片法에 따라 개별적으로 파악했을 뿐이며, 토지이용에 관한 공적규제는 주마다 특별법으로 입법화하면 그만이라는 견해를 드러내고 있었다.

기르케의 강한 비판은 토지법의 고유성을 부정해 사적 지편거래법을 보통법, 토지에 대한 공적규제를 특별법으로 간주하는 민법 초안의 사고방식 자체를 향한 것이었다. 아울러 민법 초안 작성자들이 토지이용을 두고 주가 특별법을 제정할 수 있다거나 이웃관계에 근거한 제한을 허용하기는 했지만, 기르케는 소유권에서 권리의 측면만이 추상적으로 파악되고 소유에 따르는 의무는 간과되었다는 점이 불만이었다. 기르케는 특히 부동산은 동산과 비교하건대 소유권에 커다란 의무가 동반한다고 주장했다.

기르케의 비판은 부분적으로

그림2 게르만법학자
오토 폰 기르케(1841-1921)

만 민법에 반영되었으나, 1919년 바이마르 헌법$^{Weimarer\ Verfassung}$에서는 "소유권에는 의무가 동반한다$^{Eigentum\ verpflichtet}$"(153조 3항)는 유명한 규정이나 "토지의 경작 및 충분한 이용은 토지소유자의 사회^{Gemeinscahft}"에 대한 의무(155조 3항)라고 규정해 기르케가 강조한 소유권의 사회적 의무가 전면적으로 부각되었다.

이후 나치즘이 부상하자 독일에서 토지소유에 따른 의무는 민족주의·인종주의·전체주의와 과도하게 접목되기도 했지만, 도시계획에 합치한다는 허가를 받아야 비로소 건축을 할 수 있다는 현대 도시계획의 사고방식, 즉 '건축의 부자유'라는 원칙은 이 시기에 성립되었다.

공법 · 사법의 분리에서 토지법의 종합성 회복으로

일본의 민법학에도 커다란 영향을 끼친 법사학자 바아커$^{Franz\ Wieacker}$는 나치 시기의 법 발전을 일탈로 보지 않았다. 오히려 토지법의 현대화라는 역사과정이라는 의견을 피력했다.*

바아커에 따르면, 토지는 본래 공간질서 속에서 위치지어지지만 사법에서는 개개의 '지편^{地片}'을 사적소유권의 대상으로 간주하기 때문에 이후 공법적 토지법이 '공간질서^{Raumordnung}'에 의한 계획을 중시해 발전하자 토지법의 구조는 사법과 공법이 병립하는 이원주의적 질서가 되고 말았다. 그는 토지법의 현대화란 공법적 토지법에 따른 계획화 경향이 강해지는 것이며, 그렇게 계획법제가 강화된다면 소유권의 내용도 당연히 절대적 지배·처분권 중심에서 구체적인 관리권능 중심으로 옮겨간다고 주장했다.

와가쓰마 사가에^{我妻榮} 박사는 이러한 바아커의 토지법 이해로부터

---

* F. Wieacker, 『近世私法史』, 鈴木禄弥訳, 創文社, 1995.

큰 영향을 받았다. 그는 '소유권'을 추상적인 교환가치의 측면이 아닌 "각종의 사물에 대한 그 사회적 작용에 상응하는 구체적인 관리기능"으로서 파악하고 동산과 부동산에 적용되는 원칙을 구분해 토지법의 고유성을 강조한 바이커의 시도를 높이 평가했다.*

이러한 소유권론의 역사 속에서 가늠하자면, 현대총유론이 사법과 공법의 이원론을 비판하고 새로운 도시계획법 안에서 소유법·계획법·사업조직법을 통합시켜내려는 것 역시 법학사에서의 일탈이 아니라 토지법이 사법과 공법으로 분열되며 나타난 모든 모순을 정면에서 지양·극복하려는 역사적 화해의 시도라고 할 수 있을 것이다. 상품교환에서의 처분권이 아닌 지역 주체에 의한 규제와 이용을 소유권의 핵심으로 상정하고, 소유권에 동반하는 의무를 강조하는 현대총유론은 바로 게르만 법학의 계보 안에 속한다고 말할 수 있을 것이다.

입회권론과 관계설정 - 어느 쪽이 고전에 충실한가

이제 입회권론과 관련해 현대총유론의 특징을 살펴보자. 이가라시 다카요시는 일본의 민법·법사회학에서 활발히 연구된 입회권론은 농산촌의 관습을 보호하기 위한 고전적 총유 개념이지만, 자신의 현대총유론은 현재 도시를 대상으로 삼아 미래도시의 기본원리가 된다는 점에서 현대적이라고 밝히고 있다. 그리고 자신이 현대총유론을 펼치고자 할 때 "무엇보다 장해물이 되는 것은 법학계에서 제시되는 민법·물권법의 '총유' 개념이다"라고 지적한다.**

---

* 　我妻榮, 『民法研究 I 私法一般』, 有斐閣, 1966, pp.341, 370.

** 　五十嵐敬喜, 「総有と市民事業 : 国土·都市論の『未来モデル』」, 『世界』2013년 6월호, p.148.

그러나 '총유'의 고전적 개념은 입회권론이 계승한 것보다 더욱 광범위한 것이었다. 따라서 이제부터는 '총유' 개념이 본래 어떠한 것이었는지를 확인하는 데서 출발해 입회권론과 현대총유론 가운데 어느 쪽이 본래의 '총유' 개념에 충실한지를 고찰해보고자 한다.

게르만법 개념인 '총유'의 원형

'총유'는 기르케가 『독일단체법론』을 통해 중세 게르만의 동료적 촌락공동체에서 구성원이 촌락의 공동소유지에 대해 지니던 권리관계를 역사적으로 연마하는 가운데 구성된 법 개념이다. 공동소유지는 촌락생활에 반드시 필요했기에 불분할지로서 촌민 전체에 귀속되고, 공동소유지의 관리와 처분에 관한 결정은 구성원 전원이 평등한 입장에서 참가하는 마을회에 위임된다. 한편으로 이 공동소유지에서 수확된 생산물에 대해서는 각 구성원의 사적 소유가 인정된다. 다만 공유와는 달라 각 구성원은 지분권과 분할청구권을 갖지 않으며, 촌락구성원의 자격을 잃으면 공동소유지에 대한 권리도 함께 상실했다.

이러한 총유관계는 도쿠가와 시대부터 각 촌락의 관습적 이용이 인정되어온 입회권과도 닮아있어 일본의 법제사·법사회학·민법학의 연구자는 기르케의 총유 개념에서 입회권의 근거를 만들어내고자 했다.*

덧붙여 메이지기에 들어 지조地租 기반의 확립을 위해 토지의 관민유官民有 구분이 행해지자 위치가 애매한 입회권은 각지에서 지위를 위협받는 사태가 일어났던 점, 메이지 민법에서 입회권이 규정되었지만 국가가 입회권을 푸대접하고 이후에도 농민의 권리를 찬탈하는 정책이 이어졌던 점, 지주계층과 농민 사이에서 입회권 이해를 둘러싼 분쟁이 잇따랐던 점이 일본에서 입회권 연구가 필요해진 배경이었다.

---

* 中田薰, 『村および入会の研究』, 岩波書店, 1949.

입회권 사권론에 근거한 총유 개념의 원용(援用)

그런데 기르케의 총유 개념은 마을회의 구성원 자격인 신분법, 관리와 처분을 심의·결정하는 공법적·조직법적 요소와 함께 각 구성원의 수익권이라는 사법적 요소, 이렇게 양 측면을 모두 지니고 있었다.

이에 반해 일본의 입회권론은 국가에 의한 입회권 박탈에 대항할 필요성이 컸기 때문에 사권으로 자리잡았다. 따라서 일본에서 총유는 실정법학상으로는 공유共有, 합유合有에 이은 공동소유 유형의 하나라고 민법교과서에서 풀이되는 데 그쳤으며, 촌락공동체의 생활 전체를 관통하는 구성원리라는, 총유가 본래 지닌 속성은 약화되었다.

물론 입회권을 사권으로서 자리매김한 일은 중요하다. 국가에 의한 입회권 박탈에 맞서 재판에 나서고, 형식상 국유지로 편입된 입회지라도 지역地役*적 입회권을 인정받는 등 농산촌의 생존기반을 지키는 데서 입회권 사권론은 역할이 매우 크다.

한편 입회권의 사권이라는 측면만 강조해 농업생활과 밀접히 관계되는 촌락민의 입회지 이용이 사실상 소멸하고, 토지를 군사기지나 골프장처럼 특수한 용도로 임대하는 경우에도 입회집단의 입회권이 존속하는 까닭에 거대한 임대료가 구 촌락으로 들어와 농사를 짓지 않고 이 수입에 의존해 생활하는 지역도 나오게 되었다. 또한 근대화와 더불어 입회집단은 언젠가 해체되기 마련이니 해체 후 권리를 처분하는 방식으로 입회지를 분할해 구성원이 사적으로 소유하는 편이 바람직하다는 정책 판단도 입회지 사권론에서 기인했다.

결국 일본의 입회권론은 국가에 맞선 대항에 힘써 사권의 측면만을 강조한 나머지 총유의 촌락생활 자체에서 발생한 구성원리인 공법

---

* 지역(地役) 타인의 토지를 자신의 편익을 위해 사용하는 것을 말한다. - 옮긴이

적·조직법적인 측면이 사상되고, 촌락민의 이용이 동반되지 않던 상태인 단편화된 구습을 기득권으로서 옹호하고 말았다.

하지만 현대총유론은 오늘날 도시에서 토지를 관리하기 위한 소유법만이 아니라 관리와 이용의 질서를 정하는 계획법, 관리와 이용의 방법을 의사결정해나가는 사업조직법을 합쳐서 제창하고 있다. 이로써 총유 개념이 본래 지닌 공법적·조직법적 요소를 되살려내려고 하는 것이다.

이런 각도에서 보자면 현대총유론 쪽이 역설적으로 고전적 총유의 폭넓은 의미에 충실하며, 입회권론은 일본에서 실천적 과제를 위해 총유 내용을 사권론으로 좁혀버렸다는 정리도 가능할 것이다.

의사결정의 방법

총유 개념과 관련해 논의해야 할 또 하나의 지점으로 전원일치의 원칙이 있다. 총유는 동료적 공동체의 법원리로서, 마을사람들이라는 구성원으로부터 독립·분리된 마을이라는 단체는 상정할 수 없다는 점에 그 특징이 있다. 따라서 새로운 구성원의 승인, 관리방법의 변경, 공유지의 처분에 관해서는 전원일치를 원칙으로 한다.

그러나 기르케의 의도는 전원일치를 원칙으로 하더라도 공유共有와는 달리 촌락공동체는 대외적으로 하나의 실재로서 법관계의 주체가 된다는 것이며, 입회지Allemende에 관한 의사결정방침이 반드시 전원일치여야 할 필요는 없다는 것이었다.

그런데 일본의 입회권론은 중요한 관리방법의 변경이나 입회지 처분에 대해서는 전원일치를 원칙으로 한다는 학설이 형성되었다.* 이는

---

* 川島武宜, 『民法 I 総論·物権』, 有斐閣, 1960, p.262.

입회지에 리조트가 개발되거나 혐오시설이 들어오는 경우 거기에 이의를 제기하는 촌락 내 소수자의 의견과 권리를 보호한다는 점에서 적극성을 띠지만, 다른 한편으로 입회지는 입회권자 전원이 거부권을 갖기 때문에 이전불능의 토지인 입회권에서는 활용의 촉진을 기대하기 어려워진다.* 1966년 입회임야근대화법은 입회권의 이러한 부동성不動性을 해소할 목적으로 제정되었다.

그렇다면 현대총유론은 입회권론의 전원일치라는 원칙과 달리 어떤 의사결정의 방침을 가지고 있는가? 일단 마루가메정丸亀町의 마을만들기 사례를 모델로 한다는 점에서는 매니지먼트 부분에서의 신속한 의사결정, 경영감각 발휘를 기대하고 있다고 말할 수 있겠다.

신속-경영판단형과 평등-참가형 가운데 어느 쪽을 택할지는 마을만들기의 이해당사자를 어디까지로 넓힐지와 관련되는 논점이다. 농산촌의 입회지 이용과 달리 도시의 토지 이용에는 다양한 이해당사자가 관여하게 된다.

총유단체의 정관에서 사업 이념을 확실하게 정의해두는 것도 법적으로 총유 단체에 다양한 권한을 부여하려면 반드시 필요한 전제다. 다양한 이해당사자가 모이면서도 사업 이념을 달성해야 한다는 측면에서 회사법의 기업지배구조corporate governance론과도 공통되는 지점이 많을 수 있다. 현대총유론이 의사결정방침이나 조직원리를 총유라는 역사적 개념을 바탕으로 어디까지 구체화·체계화할 수 있는지는 일본의 단체법 전반에서도 관건적인 대목이다.

---

* 川島武宜, 『民法 I 総論·物権』, 有斐閣, 1960, p.262.

'안티 커먼즈의 비극'에서 벗어나기 위해

지금까지 현대총유론을 법률학의 토지소유권론, 총유·입회권론과 대비하며 그 특징을 살펴보았다. 그렇다면 학제적 그리고 국제적으로 전개되는 커먼즈연구와 대비한다면 현대총유론은 어떠한 특색을 지니게 될 것인가.

과잉이용 문제에 집중한 기존의 커먼즈 연구

커먼즈 연구는 하딘이 『커먼즈의 비극』에서 다룬 문제, 즉 희소한 공동자원을 구성원이 단기적 이익만 보고 자신을 위해 사용한 결과로서 자원을 과잉이용해 모두의 생존이 지속불가능해지는 문제를 해결하기 위해 발전해온 학문이다.

즉 커먼즈 연구의 중심 과제는 자원의 과잉이용 문제라고 말할 수 있다.* 하지만 현대총유론은 빈 집·빈 땅·빈 점포의 증가로 현상하는 도시에서의 토지 과소이용 문제를 중심 과제로 삼는다. 따라서 연구대상이 농산촌의 자연자원인지 현대의 도시인지로 다르긴 하지만, 그보다는 대처하려는 문제가 과잉이용인지 과소이용인지에서 본질적으로 차이가 난다고 말할 수 있다.

과소이용 문제에 도전하는 새로운 커먼즈 연구

그러나 커먼즈 연구 가운데서도 자원의 과소이용 문제에 정면으로 도전하는 연구가 발전해 힘을 얻고 있다. 한 가지 사례로 2013년 키타후지北富士에서 개최된 국제커먼즈학회에서 기조강연을 맡은 마이클 헬

---

* 高村学人, 『コモンズからの都市再生』, ミネルヴァ書房, 2013. 이 책은 자원시스템의 유지·관리와 재생을 위한 노무공급이라는 새로운 문제에 도전하고 있다.

러^{Michael Heller}의 '안티 커먼즈의 비극'론*을 들 수 있다. 콜롬비아대학 로스쿨에서 소유권법을 가르치는 헬러는 소유권이 너무 잘게 분할화·세분화된 결과 발생하는 자원의 과소이용 문제라는 비극에 초점을 맞추고 있다.

헬러는 아래 그림처럼 누구 소유도 아닌 오픈 액세스^{open access}자원, 공동이용을 규제하는 편이 바람직한 공동자원^{common pool resources}, 특정인에게 배타성이 인정되는 사적 소유 자원이라는 종래의 자원 분류에 더해 안티 커먼즈^{anti commons}의 소유상태에 있는 자원을 새롭게 제안했다. 헬러는 안티 커먼즈를 이렇게 정의한다.

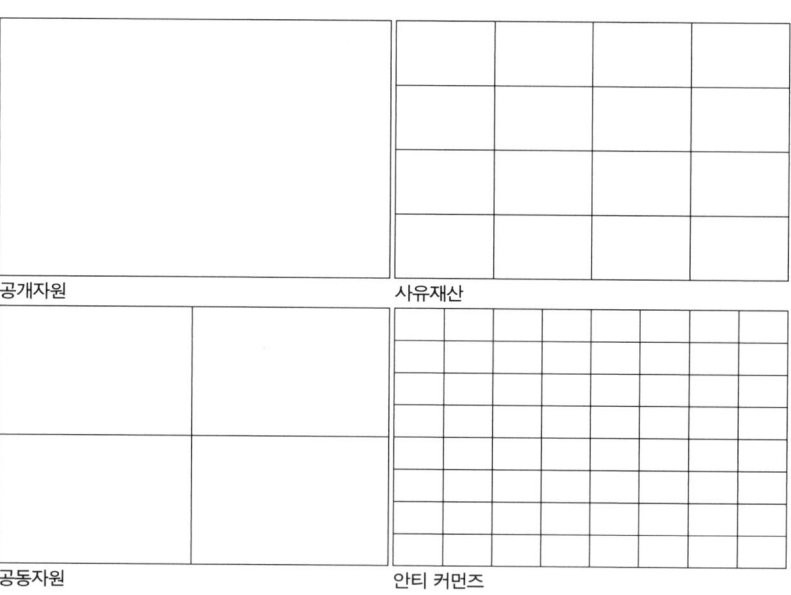

그림3 헬러의 자원·소유 유형 분류

---

*   Michael Heller, "The Tragedy of the Anticommons: Property in the Transition from Marx to Markets", *Harvard Law Review*, Vol. 111, no.3, 1998, pp.621-688.

"안티 커먼즈는 다수의 소유자가 희소한 자원으로부터 타자를 배제할 권리를 가지며, 누군가 한 사람이 효율적인 이용 특권을 갖지 않은 소유상태를 가리킨다. 지나치게 많은 소유자가 이용을 거부할 권리를 갖는다면 자원은 필연적으로 과소이용이 된다. 이것이 안티 커먼즈의 비극인 것이다."

헬러가 '안티 커먼즈의 비극' 상태로서 거론한 가장 유명한 사례는 의약품 개발의 특허권 과잉 주장과 세분화다. 미국에서는 정부의 지원금을 받은 기초연구도 연구자나 대학, 기업이 그 성과에 관한 특허권을 인정받는다. 따라서 모두가 이용해야 하는 '상류川上의 기초연구'에 관한 특허출원이 증대하고 특허권이 사유화·세분화되었다. 그 결과 신약을 개발하려는 자는 수많은 특허권자에게 사용허락을 받거나 특허사용료를 교섭해야 해서 거액의 거래비용이 발생하고, 아니면 개발 의욕을 접고 만다. 모두가 이용하는 편이 바람직한 기초연구의 성과가 과소이용된 결과 의약품 개발이 멈추고 인류 전체에게 효용이 감소한다. 이것이 헬러가 예로 든 '안티 커먼즈의 비극'이다.

헬러의 주장은 지적재산권을 과도하게 보호했더니 이후 혁신과 창조의 시도가 줄어들게 된 지적재산권법의 현 상황을 이론적으로 설명해 냈기에 지적재산권법 분야를 중심으로 큰 영향력을 발휘할 수 있었다.

'안티 커먼즈의 비극'론을 토지소유권법에 응용하다
그러나 헬러 자신은 원래 부동산법이 전문 분야이며, '안티 커먼즈의 비극'에서 주로 다루는 것도 부동산 소유권의 분할화·세분화에 따르는 문제였다.

헬러는 이 논문을 사회주의 체제 붕괴 이후의 모스크바를 관찰하는 데서 시작한다. 모스크바에서 노상의 점포는 무척 활성화되었는데,

중심가에 위치한 경우라도 건물 내 점포는 눈에 띄게 빈 곳이 늘어났다. 그런데 노점을 조정하는 것은 법률이 아니었다. 마피아 조직이 비공식적으로 조정했다. 한편 건물 내 점포의 소유권과 이용권에 대해서는 사회주의에서 시장경제로 이행하는 1960년대 과정에서 지방분권화와 병행해 입법 개혁된 바 있다.

그런데 여러 법률이 만들어진 결과 소유권자가 자유롭게 결정할 수 있게 되었는가 하면 그렇지 않고, 다양한 소유권자·이용권자·대차대조표 보유자·규제권한자가 발생해 각자가 분할된 권리를 갖고 특정한 이용방법을 거부할 권한을 갖게 되었다. 따라서 점포를 이용하려면 매우 복잡한 권리관계를 고려해 전원의 동의를 얻어내야 하니, 이러한 높은 거래비용의 결과로서 아무리 좋은 곳에 입지해 있더라도 빈 점포가 생기는 과소이용 상태가 발생하게 되었다.

헬러는 이 사례를 들어 구사회주의 국가가 서양근대법처럼 일물일권주의라는 단순한 구성을 취하지 않고, 소유권의 내용을 과도하게 다양한 이용권과 이용규제권한으로 분할해 '법적 안티 커먼즈'의 실책을 범했다고 비판한다. 아울러 헬러는 소유권 내용이 단순한 구성을 취하더라도 대상이 되는 부동산 자체가 과도하게 세분화되어 있다면 결국 효율적으로 이용될 수 없다는 '공간적 안티 커먼즈'의 문제 역시 지적한다.

이러한 '공간적 안티 커먼즈'의 사례로서 헬러는 논문의 서두에서 이 또한 구소련의 코뮤날카^{komunalka}라는 공동아파트를 언급하고 있다. 코뮤날카는 소비에트 시대에 대도시에서 주택난을 해소하기 위해 2~7가족이 한 공간에서 생활하는 거주양식이었다. 각 가족은 한 두 개의 방을 생활공간으로 사용하지만, 부엌과 욕실은 공용공간이 된다.

사회주의체제가 붕괴되자 코뮤날카에서 각 가족이 배타적으로 갖고 있던 방의 사용권을 소유권으로 변경하는 개혁이 일어났다. 하지만 코뮤날카에서 거주 공간은 충분치 않았다. 따라서 부동산 사업자가 방별로 소유권을 구입해 대폭적으로 개조한 다음 한 가족이 사는 주택 또는 사무실로 내놓는 것이 부동산을 효율적으로 이용하는 방법이었다. 그러나 이를 위해서는 모든 소유자의 동의를 얻어야 하니 대체로 손을 댈 수 없어 시대 흐름에 대처하지 못했다. 그 결과 코뮤날카에서 빈 방이 늘어나고 있으며, 도심 한복판에 있는 건물도 과소이용되고 있다. 바로 헬러가 말하는 '공간적 안티 커먼즈'의 전형인 것이다.

일본 토지소유권법의 제도분석으로

'공간적 안티 커먼즈'는 구 사회주의국가에서만 일어나는 일이 아니다. 헬러는 일본의 토지법에는 안티 커먼즈의 출현을 막는다는 사고방식이 부재하다고 지적한다. 그리하여 특히 한신아와지 대지진 후 '공간적 안티 커먼즈'가 비극으로서 출현했다고 진단한다.

일본에서는 제2차 세계대전 후 소유권의 대상이 되는 토지가 매우 세세하게 분할되고, 더구나 차지권자借地權者나 차가권자借家權者도 강하게 보호되기 때문에 고베神戸에서는 한 블록에 삼백 명이 넘는 차가·차지권자, 토지소유자, 전대인轉貸人이 존재하게 되었다. 대지진 후 부흥계획을 실현하려면 이 사람들 모두의 동의를 구해야 하니 복구가 제대로 진행되지 못하고 있다. 헬러는 이러한 상황도 '안티 커먼즈의 비극'의 구체적 사례로 들고 있다.

헬러는 세분화된 소유권을 집약화해 도시재생을 실현한 마루가메 상점가의 사례에 주목해 이를 동일본 대지진 후의 마을 재건에 활용할 것을 제언했는데, 이는 현대총유론의 관심과도 겹쳐지는 대목이다.

그렇다면 일본의 소유 유형론도 공적 소유와 사적 소유라는 이원론을 전제 삼아 사적 소유에 따르는 문제를 극복하기 위해 토지의 협동화를 제3의 길로 내세울 게 아니라, '안티 커먼즈 상태에 있는 소유'라는 유형을 새롭게 삽입하는 편이 각 지역의 토지이용 상태를 파악하거나 소유권법의 제도를 분석할 때 유익할 것이다.

헬러는 '안티 커먼즈의 비극'으로 자원이 세분화되고 경제가 쇠우리에 갇히는 현상을 타파하기 위한 종합적 해결방안으로서 ① 자원이 과소이용 상태인지 여부를 모니터링하면서 쇠우리에 갇힌 것처럼 자원 이용이 불가능한 경우는 이를 '안티 커먼즈' 상태로 인정하고 문제화하는 것 ② 안티 커먼즈 상태를 초래할 수밖에 없는 소유권의 분할화·세분화를 조장하는 법률을 고쳐나가는 것 ③ 분할화·세분화된 권리를 집약하는 체계를 만드는 것 등을 제안했다.*

헬러의 이러한 제안은 현대총유론의 연구프로그램을 구체화하는 데도 유용한 참고가 된다. 다만 헬러는 나리타공항 건설에 반대한 농민들이 토지소유권을 근거로 오랫동안 저항해 활주로 건설이 지연된 일도 '안티 커먼즈의 비극'의 사례로서 언급하고 있다. 헬러는 효율적인 토지이용이란 사람들의 가치관에 따라 달라질 수 있음을, 국가의 입장에서 효율적인 토지이용과 거기서 생활을 이어온 농민에게 최적의 토지이용은 원리적으로 대립할 수 있음을 간과했던 것이다. 따라서 정책결정자의 관점에서 효율적인 이용방식을 정해야 한다는 헬러의 이론을 현실에 적용할 때는 신중을 기해야 한다.

다만 빈 집·빈 땅·빈 점포의 증가라는 도시의 과소이용 문제의 원인을 분석할 때 인구의 감소, 수요의 저하, 시가지의 공동화라는 사

---

* Michael Heller, *The Gridlock Economy: How Too Much Ownership Wrecks Markets, Steps Innovation and Costs Lives*, Basic Books, 2008.

회·경제적 요인만이 아니라 개개인의 부동산 권리관계에도 주목하고 이용을 방해하는 법제도적 요인을 탐색해야 한다는 점만큼은 분명하다. 여기서 헬러가 주장한 '안티 커먼즈의 비극'은 시사하는 바가 크다. 우리는 토지 과소이용 문제의 사례분석을 거듭하면서도 일본의 소유권 법제도 자체가 이러한 비극을 초래하고 있지는 않은지를 검증해나가야 한다.

마치며

현대총유론은 도시의 토지 과소이용이라는 새로운 문제를 해결하려는 시도라는 점에서 현대적이라고 말할 수 있다. 그러나 법률의 종적 분화, 법학의 전문화를 극복하고 토지소유권론에서 출발해 사법과 공법으로 갈린 토지법의 종합성을 회복하는 법체계를 구상한다는 점에서는 정통적이라고도 말할 수 있다. 아울러 현대총유론은 입회권의 사권 측면만이 강조된 결과 협소해진 '총유' 개념이 본래 지니고 있었던 공법적·단체법적 측면을 재통합해 새로운 총유법을 제시하려는 점에서도 '총유' 개념의 고전적 의미에 충실하다고 말할 수 있다.

커먼즈 연구는 오스트롬이 그러했듯 '커먼즈의 비극'에 관한 해결책으로서 지역커뮤니티에 의한 비공식적 통제기능에 주목했다. 하지만 현대총유론은 법제도를 보다 중시한다. 이 지점도 자원의 과소이용 문제를 해결하는 방법으로서 비공식적 조직에 의한 조정보다 소유권법 자체의 제도개혁을 주장하는 헬러와 통하는 바가 많다.

다만 무엇이 자원을 효율적으로 이용하는 방법인지를 두고 고전적 입회지였다면 의견일치가 용이했지만, 도시에서는 이해당사자에 따라 입장이 갈리기 십상이라는 점을 다시금 환기해둘 필요가 있다. 따라서 앞으로 현대총유론은 의사결정방식과 조직원리를 구체화할 때 지역

내 소수자의 의견과 권리를 어떻게 존중할 수 있을지에 보다 고심해야 할 것이다.

이를 위해서는 '안티 커먼즈의 비극'이라는 분석프레임을 계기 삼아 권리관계의 복잡함이 원인이 되어 자원 이용이 쇠우리에 갇힌 사례를 수집·분석하고, 이러한 복잡함을 풀어낼 틀을 복수로 만들고 거기서 원리를 도출할 필요가 있다.

이 경우 토지 문제의 원인을 사적소유권 제도 일반에서 구하는 게 아니라 소유의 다양한 유형을 가다듬어야 할 것이다. 적어도 지역의 공동이용 규제에 속하는 형태로 각 개인이 자신의 생존을 위해 토지를 소유하고 이용하는 개체적 소유와 소유권이 과도하게 분할화·세분화되어 이용불가능하게 된 '안티 커먼즈 상태의 소유'는 유형상 구분해야 한다. 이로써 현대의 소유권 제도를 유효하게 분석해나갈 수 있을 것이다.

현대적 총유 시스템을 구축하는 농촌의 도전
- 사회학적 총유론과 국가법과의 접점을 찾아서

히로카와 유지

시작하며

현재 수많은 농촌 지역에서 과소화·고령화에 따른 방치 산림, 경작 포기지는 해결해야 할 긴급한 과제다. 일단 인간이 손을 댄 2차적 자연환경은 인간이 이용하고 관리하지 않는다면 현상을 유지할 수 없다. 이처럼 자연과 인간의 지속적 관계로 형성된 2차적 자연환경을 일반적으로 "마을 땅 마을 산里地里山"라고 부르며, 자연과 인간의 공생사회로 나아가는 데서 하나의 모델로 인식되고 있다.

일본의 농촌이 지금껏 '마을 땅 마을 산'을 유지할 수 있었던 것은 입회라는 전통적 제도와 그 제도를 운영하기 위한 지역사회의 강고한 공동성이 있었기 때문이다. 많은 농촌집락에는 주민이 일상생활을 영위하는 데 필요한 자원을 얻는 공동이용지가 존재한다. 이러한 공동이용지가 입회지다. 지역커뮤니티가 공동으로 관리하고 지역커뮤니티에 속하는 자라면 지역사회에서 배양된 다양한 관습 혹은 법적 규칙에 따라 자유로이 이용할 수 있다. 구체적으로는 숯과 같은 연료, 산채나 버섯류의 식량, 그리고 사료와 건축자재로 이용할 수 있는 풀 등의 생활물자를 입회지에서 얻어왔다. 이 자원 대부분은 일상생활에서 반드시 필요했으며, 따라서 입회지가 황폐해지면 생활이 곤궁해졌다. 이러한 생활 보호, 생존권 보장이라는 관점에서 입회지로부터 생활에 필요한 자원을 채취하는 권리는 민법(263조·294조)에 따라 '입회권'으로 인정되었다. 이는 민법이 제정된 메이지기에 농민의 생명과 생활을 보장하기 위한 방침이었다.

그런데 입회지는 2차적 자연환경인 까닭에 이용과 관리의 지속성이 필요하다. 이를 위해 지역커뮤니티에서는 자원의 특성과 지역의 사정에 따라 독자적인 관습법을 만들고, 이를 어기는 자에게는 불이익을 안겼다. 지금도 여러 지역에서는 집락 내의 길(농도農道·임도林道·마을길里道)에서 제초작업할 때 불참하는 세대에는 불참금不參金으로 불리는 벌금을 물리는 관습이 남아 있다.

최근 환경사회학 분야를 중심으로 일본의 전통적 시스템인 입회라는 제도와 여기에 동반해 양성된 지역사회의 공동체성이 지역사회의 환경자원을 양호하게 유지해왔다는 논문이 늘어나고 있다.* 또한 농촌

---

*   嘉田由紀子,「生活実践からつむぎ出される重層的所有観: 余呉湖周辺の共有資源の利用と所有」,『環境社会学研究』1997년 제3호, pp.72-85; 鳥越皓之,『環境社会学の理論と実践』, 有斐閣, 1997; 三輪大介,「入会における利用形態の変容と環境保全機能」,『環境社会学研究』2010년 제16호, pp.94-108.

사회학과 농업경제학에서는 땅을 기반으로 하는 사회에 뿌리 깊은 '총유적 소유관'을 주목하고 있다.* 이러한 '총유적 소유관'은 촌락공동체 사회에서 내부질서로 기능하고 공공적인 토지이용질서를 형성해왔다. 그러나 현대사회에서는 근대화 과정에서 촌락공동체가 경제적·사회적·정책적으로 해체되어 사람·사물·자본이 글로벌 규모로 지역사회 속에 유입되고 있다. 이러한 사회변화의 와중에도 역사적인 '총유적 소유관'을 계승하는 지역, 공동적 실천활동(시민운동)으로 새로운 '총유적 소유관'을 형성하는 지역이 존재한다. 그러나 이러한 소유관은 공동체 안에서만 효력을 갖는 관념상의 질서이지, 지역사회에 새로 들어오는 주민이나 기업에는 법적 구속력을 갖지 않는다. 지역사회에서 사람들의 활동을 암묵적으로 제한하고 규정해온 관념상의 법질서는 법사회학에서 '살아남은 법生ける法'으로 불리며 실효력을 지닌 관습법으로서 연구대상이 되어 왔다. 그러나 '살아남은 법'과 근대법 체계의 '국가법' 사이에는 심연의 상극이 존재하며 그 원리의 이질성으로 말미암아 지역사회에서는 때로 그 대립구조가 형성되기도 한다.

    이 글은 근대법적 가치관과 법질서가 일반적 행동기준인 현대사회에서 양자의 상극을 해소해 지역사회의 공동성을 길러내고 환경보전에 기여할 수 있도록 '총유적 소유관'을 내포하는 법 이론과 법 체계를 모색할 것이다.

---

*　川本彰, 『日本農村の論理』, 竜溪書舎, 1972; 守田志郎, 『小さい部落』, 朝日新聞社, 1973; 渡辺兵力, 『村を考える: 村落論集』, 不二出版, 1986.

지역적 법질서로서의 총유적 소유관의 형성

환경사회학의 총유론

환경사회학은 "거주자의 시각, 생활자의 시각, 피해자의 시각에서 환경문제 전체에 접근할 수 있는 방법론과 기법의 탐구"*를 목표로 한다. 환경사회학 안에서도 사회학적 총유론을 전개한 것은 '생활환경주의'라는 생활자의 '경험론'에 의거해 환경문제 해결을 도모한 연구 그룹이었다. 대표적 논자로서 도리고에 히로유키鳥越皓之와 가다 유키코嘉田由紀子가 있다. 이들이 빈번하게 활용하는 주요한 분석도구는 '중층적 소유관'이다. '중층적 소유관'이란 사적 소유지도 지역커뮤니티(마을 조직)에 의해 '총유'의 망으로 연결되는 까닭에 '토지소유의 이중성'이 존재한다는 견해다(그림1). 실제로 농촌을 비롯한 지역 사회에는 주민들 사이에 이러한 소유관이 자리잡고 있으며, 그 원리가 근대법에 근거한 소유개념보다도 중시되고 있음은 민속학자인 스가 유타카菅豊도 동의하는 바다.**

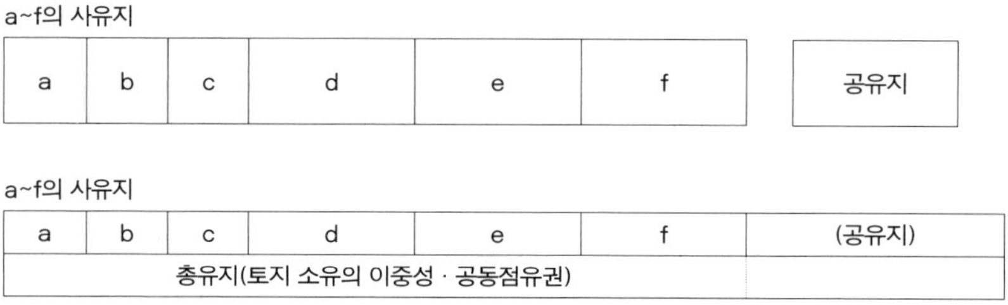

a~f의 사유지

a	b	c	d	e	f	공유지

a~f의 사유지

a	b	c	d	e	f	(공유지)
총유지(토지 소유의 이중성·공동점유권)						

출처: 鳥越皓之「コモンズの利用権を享受する者」(『環境社会学研究』1997년 제3호 수록)의 그림을 일부 수정.

그림1 토지소유의 방식

---

*   飯島伸子編, 『環境社会学』, 有斐閣, 1993, p.7.

** 菅豊, 「環境民俗学は所有と利用をどう考えるか?」, 『環境民俗学』, 昭和堂, 2008, pp.109-135.

도리고에는 "해당 지역을 점거하는 집단이 일정 수준으로 조직화를 이루면 '소유의 본원적 성격에 근거한 권리'는 개별 인간만이 아니라 조직 자체(원초적으로는 공동체)가 망처럼 연결된 형태를 띤다"면서 "이것은 해당 지역에서 살고 있는 사람들 전원이 지역사회 주민 '총체総体'로서 갖는 권리로, 토지소유권 수준에서는 이를 '공동점유권'이라고 부르는 편이 적절할 것이다"고 밝히고 있다.* 나아가 경제학자인 히라타 키요아키平田清明는 소유를 '사적private 소유'와 '개체적individual 소유'로 분류한다.** 배타적으로 재화를 지배하는 '사적소유'에 비하건대 '개체적 소유'는 그 배경에 '환상적 공동성'이 존재하며 그룹의 동료 내지 구성원으로 여겨지는 자라면 무단이라 할지라도 일정한 이용이 허용된다. 이러한 공동체(공동성)를 배경으로 창출된 소유권은 히라타도 "확실히 공동체가 갖추고 있는 법에 대한 인식은 점유이지 소유가 아니"***라고 지적하며, 공동체에 매몰된 개인과는 다른 독립된 개인이 성립한 이후의 시민사회에서도 이 소유관은 '개체적 소유'로서 잔존한다고 밝힌다. 이 점에서 히라타의 견해도 도리고에 등이 주장하는 현대사회의 '공동점유권'과 통한다고 말할 수 있다. 더욱이 이러한 '중층적 소유관'과 '공동점유권'은 '총유'에 근거하는 본원적 소유형태로 '총유'의 현대판이며, 현행 민법 아래서도 기능하고 있다고 평가한다.**** 도리고에 등이 제창하는 '총유'나 '(공동)점유'는 원래 법학의 법개념이다. 그러나 법학의 개념을 정확하게 답습한 용어는 아니다. 따

---

* 鳥越皓之, 『環境社会学の理論と実践』, 有斐閣, 1997, p.68.

** 平田清明, 『市民社会と社会主義』, 岩波書店, 1969.

*** 平田清明, 『市民社会と社会主義』, 岩波書店, 1969, p.141.

**** 鳥越皓之, 『環境社会学の理論と実践』, 有斐閣, 1997, p.56.

라서 법학자가 말하는 '총유'와 사회학을 중심으로 한 비법학자가 제창하는 '총유'에는 차이가 있음에 유의해야 할 것이다.

마을 사회의 '총유'적 토지소유관

도리고에 등이 '중층적 소유관'과 '토지소유의 이중성'을 제기한 배경으로는 마르크스주의의 영향으로 농촌사회학과 농업경제학 연구자가 일본의 전통적 촌락공동체에서 '본원적 소유'를 분석하며 '총유' 개념을 제언한 일이 있다. 이들은 1960년대부터 70년대까지 농림업 센서스를 실시하기 위해 농업 집락의 지리적 공간 범위(영역성)를 정해야 했는데, 그 실태조사로 '마을의 영역'이라는 개념이 집락주민에게 인식되었고 아울러 이중성의 존재가 드러났다고 한다.* 가와모토 아키라川本彰는 조사를 통해 마을 사람들이 '마을의 영역성'을 '영토'라고 부르거나 '우리들의 마을 토지'라고 부른다는 것을 발견했다.** '집의 재산'으로서 '가산家産'이 존재하듯 마을에는 '마을의 재산'으로서 토지가 존재한다는 것이다. 또한 가와모토는 "마을의 토지 소유에는 사적 소유와 총유 두 종류가 있다. 그러나 마을에서 두 가지는 상충하는 것이 아니다. 사유라고 할지라도 기저에는 총유가 잠재적으로 기능한다"***고 결론내렸다. 따라서 "사적으로 농지를 판매할 때도 부락 영역에 속한 토지는 타 부락에 넘기지 않도록 삼가고 있다. 이를 위해 많은 경우 분가分家의 토지매각은 본가本家에 우선 상의하고, 본가가 사들일 여력

---

*　鳥越皓之,「コモンズの利用権を享受する者」,『環境社会学研究』1997년 제3호, p.8.

**　川本彰,『日本人と集団主義 — 土地と血』, 玉川大学出版会, 1982.

***　川本彰,『日本人と集団主義 — 土地と血』, 玉川大学出版会, 1982, p.138.

이 없다면 부락의 장과 상의한다"*는 절차를 취한다. 이는 '가산家産'으로서 사적 소유지이더라도 '마을산ムラ産'으로서는 마을 전체 재산의 일부를 형성한다는 인식이 자리잡고 있기에 발생하는 현상이다. 이러한 현상은 바로 도리고에가 말하는 '토지소유의 이중성'을 실증하고 있다.

또한 가와모토만이 아니라 와타나베 효리키渡辺兵力도 '마을 총보유総保有'라는 단어를 사용해 마을 사회에 '중층적 소유관'이 존재하고 있음을 시사한다. "전통 촌락에서 토지를 대하는 지역 주민의 마음에는 '마을산적 토지관'이 있었다고 여겨진다. 다시 말해 촌락 영역 내의 토지는 오늘날 법제도로 보자면 개개 농가의 사유지라 할지라도 마을의 사고방식에서는 '마을의 토지'(촌락총보유지村落総保有地)라는 의식을 전통적으로 가지고 있다"**는 견해를 내놓았다. 나아가 모리타 시로守田志郎는 이러한 '총유' 개념을 '공동체적 소유'로 상정해 근대적 법체계인 '공동소유'와 어떻게 다른지를 말하고 있다. 모리타는 "시민사회를 향한 동경과 시민사회에 관한 미화가 우리 일본인으로 하여금 무의식적으로 사적 소유를 미화시키고 있다"***며 사적 소유의 미화로 인해 그것과는 이질적인 '공동체적 소유'가 비판대상으로 놓이고 '사적소유'와 '공동체적 소유'가 대립하게 되었다고 지적했다. 여기서 주의할 대목은 '공동체적 소유'와 '공동소유'는 다르다는 점이다. 시민사회에서 근대적 법체계로서 존재하는 '공동소유'는 그저 사적소유의 집합적 개념으로 '사적소유'와 대립하지 않는다. 하지만 모리타가 강조하는 '공동체적 소유'란 근대적 법개념에는 포섭되지 않는 일종의 전근대법적

---

* 川本彰, 『日本人と集団主義 — 土地と血』, 玉川大学出版会, 1982, p.108.

** 渡辺兵力, 『村を考える: 村落論集』, 不二出版, 1986, p.236.

*** 平田清明, 『市民社会と社会主義』, 岩波書店, 1969, p.214.

인 바로 '(촌락)공동체'에 의한 '소유' 형태다.

'총유'론의 새로운 도전

이처럼 농촌사회학·농업경제학 분야에서 1970년대부터 80년대까지 마을사회에 관한 '총유'론이 활발했다. 이 가운데 농촌사회학을 중심으로 1990년대 후반 환경문제와 사회문제에 유효한 처방전으로서 '총유' 개념을 이어간 것이 도리고에를 비롯한 '생활환경주의' 연구자 그룹이다. 도리고에와 마찬가지로 '생활환경주의' 입장을 취하는 환경사회학자이자 시가현滋賀県 도지사(2013년 현재)인 가다 유키코嘉田由紀子도 "총유적 영역 관리는 '가난했던 시대'에 '공동체로서 살아남기 위한' 선택지였을지 모르나 그 선택지는 21세기를 향해 인류가 선택할 수 있는 몇 안 되는 방책의 하나일지 모른다"[*]며 '총유'의 현대적 의의를 평가하고 있다. 또한 입회 등의 소유구조를 이론적으로 분석한 요시다 타미토吉田民人 역시 "민법에서 말하는 '총유'적 구조는 결코 입회권 등 전근대적인 유제遺制에 국한되지 않는다. 오히려 사회적 공통자본을 둘러싸고 공적 기관의 배타적 관리기능과 일반시민의 비배타적인 이용권리 간의 대항이라는 매우 현대적인 과제를 제공하고 있음에 주목해야 한다. 이를 '총유' 형태의 부활로 봐야하지 않을까"[**]라고 논하고 있다. 즉 현대에서 '총유'론은 그저 촌락사회를 기반으로 한 전통적 '총유'론의 재평가가 아닌 것이다. 그것은 근대적 소유권의 근본적 재고를 촉구하며 환경문제와 사회문제 완화를 위한 보다 구체적인 시

---

* 嘉田由紀子,「生活実践からつむぎ出される重層的所有観: 余呉湖周辺の共有資源の利用と所有」, 『環境社会学研究』1997년 제3호, p.81.

** 吉田民人, 『主体性と所有構造の理論』, 東京大学出版会, 1991, p.351.

각을 제공하고 있다.

오늘날에도 대도시를 제외한 지역사회에서는 분명 사회학자가 말하는 의미의 '총유'적 의식이 주민 사이에 남아 있다. 그러나 뒤에서 설명하겠지만 시민사회화, 근대법적 관계성의 침투, 글로벌 시장경제화의 여파로 전통적 촌락공동체의 고전적 총유 원리가 여전히 살아있는 지역은 거의 없다고 할 것이다. 경제·사회적 흐름에 조응해 새로운 시스템으로써 지역의 다양한 문제를 해결한다는 '새로운 총유적 구조'는 사회학자 이노우에 다카오井上孝夫가 지적하듯 "전근대의 공동체적 인간관계로 퇴행하는" 것이 아니다.* 이노우에는 "입회 내지는 총유의 중세적 형태를 떠올리며 환경보전을 위해서는 총유를 재건해야 한다는 주장은 역사인식이 도착되어 있다. 현대를 살아가는 우리는 전근대의 공동체적 인간관계로 퇴행할 것이 아니라 근대적 권리관계의 심화를 꾀해야 한다"**고 역설한다.

도리고에 등이 지적하듯 '총유적 소유관'이 지역환경의 보전과 개선에 유익했다는 사실은 수많은 사례를 통해 이미 입증되었다. 그러나 이러한 '총유적 소유관'은 지역주민 사이에서 공유되는 의식으로서 동질적·폐쇄적 지역사회가 와해된 현대사회에서는 그 기능이 제한적이다. 지역 사회로 끊임없이 새로운 사람이 유입될 경우 공동인식은 사회질서로서는 무척 유약할 수밖에 없다.

다만 새로운 '총유'론은 이노우에의 지적처럼 '총유'적 관계성을 해

---

* 井上孝夫,「環境問題における所有権論の限界と環境保全の論理構成」,『環境社会学研究』1997년 제3호, pp.165-78.

** 井上孝夫,「環境問題における所有権論の限界と環境保全の論理構成」,『環境社会学研究』1997년 제3호, p.175.

체하고 근대적 권리관계를 심화하는 것이 아니다. 지금까지 주민의 공통의식으로 길러낸 '총유적 소유관'을 법적으로 어떻게 해석하고 그 소유관을 유지·창조하기 위한 법제도와 법기술을 어떻게 구축할 것인지가 관건이다. 이때 효과적인 방안으로 참조할 수 있는 것이 이가라시五十嵐가 제창하는 '총유법' 제정에 의한 '총유단체' 설립이다. 권리의 다발로서 기능하는 입회나 총유는 개별적으로 소유하면 폐해가 일어날 공산이 크다. 그러나 현재는 아직 총유법이 제정되지 않아 기능별로 특화된 단체가 총유재산을 관리·이용하고 있는 실정이다.

태동하는 현대적 총유제도의 구조

이 절에서는 시즈오카현静岡県 이토시伊東市 이케구池区의 사례를 살펴보겠다. 이케구에는 이케구민池区民이 대대로 풀밭으로 사용해온 입회산인 '오오무로산大室山'이 있다. 이 오오무로산을 중심으로 한 이케구의 공동이용지를 이 절에서는 커먼즈로 논하고자 한다. 이 지역에는 숯굽기가 생업인 자가 많은데 오오무로산의 풀은 그 땔감으로, 그리고 그밖에 말과 소의 사료, 초가지붕의 재료, 농경의 비료로 다양하게 활용된다. 그야말로 광활한 풀밭은 이케구민의 중요 재산이었다. 그러나 1950년대 후반에 이르자 숯은 석유로 대체되고 초가지붕은 기와지붕이나 철판지붕 아니면 콘크리트로 바뀌어갔다. 사료와 비료도 수입된 값싼 합성사료와 화학비료가 대신하게 되었다. 그리하여 풀의 자원가치는 몹시 낮아지고 풀을 이용하는 사람들도 줄어든 결과 이케구의 입회지는 서서히 황폐해졌다.

커다란 전기는 1955년 10월, 이즈선인장공원伊豆シャボテン公園이 개원하자 이케 주변으로 많은 관광객이 방문하면서 찾아왔다. 이를 계기로 이케구는 오오무로산을 관광자원이라는 새로운 가치로 만들어 그

수익을 가지고서 이케구의 입회지를 유지하고자 했다. 1961년 2월 25일, 이케구민이 출자해 '이케관광개발주식회사(池観光開発株式会社, 이하 이케회사(池会社)'가 설립되어 등산리프트사업을 중심으로 영업을 개시했다. 또한 주식회사 제도에 따르는 폐해에 대처하기 위해 '이케총유재산관리회(池総有財産管理会, 이하 관리회)'인 '권리 능력 없는 사단'을 설립했다. 이때 이케구민과 이케회사의 주주, 그리고 관리회의 권리자는 거의 일치했으며, 옛날부터 이케집락에 거주해온 입회권자가 세 단체의 구성원이 되었다.

이러한 이케구의 입회 변용에서 주목할 지점은 두 가지다. 첫째 풀밭으로 이용해오던 입회산을 관광자원으로 바꿔 새로운 가치를 발굴했다는 점이다. 둘째 커먼즈를 이용·관리하는 주체가 입회단체에서 '주식회사'와 '권리능력 없는 사단'으로 옮겨갔다는 점이다. 첫째는 글로벌 시장경제의 침투로 생활에 필요한 물자를 시장에서 얻게 되자 풀의 자원가치가 현저히 떨어진 것에 대응하는 과정에서 발생한 현상이다. 풀밭 상태를 유지하려면 매해 들불을 지펴야 한다. 그러나 가치가 하락한 풀은 생활필수품의 지위를 상실했고 방치되어 황폐화될 운명에 처했다. 방치된 풀밭은 점차 나무가 자라 숲이 된다. 대대로 길러온 풀로써 양질의 초지경관과 문화를 지키고 싶다는 바람이 이케구민에게 있었지만, 이용하지 않는 풀밭은 품도 들고 관리비용도 발생해 주민에게 큰 부담이 되었다.

보다 편리한 재화, 보다 저렴한 재화, 보다 양질의 재화를 글로벌 시장체계로 간단히 손에 넣을 수 있게 되었다. 채산성이 떨어지는 자원이 된 입회지의 유지관리 비용을 마련하려면 다시금 입회를 활용해 수익을 만들어내야 했다. 그러나 풀의 자원가치는 이미 하락했다. 따라서 이케구의 커먼즈로부터 새로운 가치를 창출해야 했다. 이즈선인

장공원을 개장해 이케구 주위로 많은 관광객이 방문하자 풀밭의 멋진 초지경관 그리고 후지산富士山과 사가미만相模湾, 이즈7도伊豆七島, 아마기렌산天城連山 등 멋진 풍경을 판매 포인트로 삼아 이케구민은 오오무로산에 등산리프트를 설치했다.

이케구민의 계획은 성공해 '주식회사'는 최근에는 연간 약 5천만엔의 순수익을 올렸다. 수익의 일부를 인건비와 관리비로 돌리고 그밖에도 매해 수백만엔을 오오무로산 보전비용에 들이고 약 2천만엔은 지대로서 지권자地權者인 '관리회'로 들어갔다. '관리회'는 산림 등의 정비를 위해 산림관리비로서 이케구에 연간 700만엔을 지불하고 있다. 그리고 그 비용은 집락 내의 지역환경 보전뿐 아니라 커뮤니티와 지역문화를 유지하는 데 쓰인다. 가령 노인회와 부인회의 활동비 일부 보전, 집락의 제사祭事 비용 조성, 집락의 조상신氏神을 모시는 신사를 관리하는 우지코*조직에 활동비 보전 등 이케구의 활동은 이케구민의 일상생활을 떠받치고 있다.

다음으로 주목할 대목은 입회의 이용·관리의 주체가 입회단체에서 '주식회사'와 '권리능력이 없는 사단'으로 바뀌었다는 점이다. 입회단체는 촌락공동체의 내부질서를 유지하기 위한 정치적 조직이자 커뮤니티 활동과 제사·장례 등을 수행하는 사회적 조직이기도 하다. 또한 자원을 공동으로 이용·관리하기 위한 경제적 조직이기도 하다. 그렇게 생활의 총체로서 기능하고 있다.

그러나 현대사회에서 입회단체는 법적으로도 사회적으로도 큰 제약 속에 있다. 입회단체는 법인격을 갖지 못하기에 법적인 권리능력이 매우 약하다. 가령 입회단체명으로 등기나 계약 같은 대규모 경제활동

---

* 우지코(氏子) 같은 씨족신을 모시는 고장에 태어난 사람들을 말한다. - 옮긴이

은 벌일 수 없다. 법제도상 입회단체는 하나의 사적 단체로 간주되기에 공적원조나 시민활동에 의한 원조도 얻기 어렵다.

이케구에서는 생활의 총체로서 입회단체를 기능별로 삼분할하고 있다. 첫째는 집락의 공공적 역할을 담당하는 행정구인 '이케구'다. 이케구는 소방단·노인회·부인회 등의 커뮤니티 활동과 집락의 인프라 정비·지역환경 보전 활동·길 내기·제사 원조·지방자치체와의 절충 등이 주요 임무다. 둘째는 집락의 공동경제사업을 맡는 경제단체인 '주식회사'다. 예로부터 입회단체는 입회지를 이용하고 공동조림사업 등을 위해 목재를 생산하는 경제사업단체의 속성도 갖고 있다. 이케회사는 등산리프트사업을 중심으로 커먼즈를 유지하기 위한 자금을 외부사회에서 끌어온다. 셋째는 집락의 총유재산을 관리하기 위해 설립된 관리회다. 총유재산은 집락의 대표자 세 명의 기명공유記名共有로 등기되었지만, 공유자 세 명은 "본 건 토지의 권리는 우리 세 명이 아니라 이케 집락 전체의 권리·재산이다"라는 취지의 각서를 작성했다고 한다.

이 세 단체는 기능별로 분화되는 동시에 유기적으로 연계되어 커먼즈를 유지·관리하고 있다. 나는 이 시스템을 '이케시스템'(그림2)이라고 부른다. 이 세 단체의 구성원은 역사적으로 이케집락에 거주해온 입회권자이며 어느 단체든 구성원은 거의 일치한다. 이러한 구성원의 동일성이 세 단체를 강고하게 이어주는 요인의 하나다. 나아가 이케구에서는 주식회사 제도를 이용하며 지역의 새로운 규칙을 마련했다. '주식회사'의 주주는 '관리회'의 권리자여야 하며, '관리회'의 권리자가 되려면 오랜 세월 이케구에서 거주할 의사가 있고 부모 중 한명이 이케 출신자여야 한다고 관리회의 규약으로 규정했다. 즉 대대로 입회권자의 전통을 이어나갈 사람이어야 한다는 것이다. 또한 권리자는 삼개

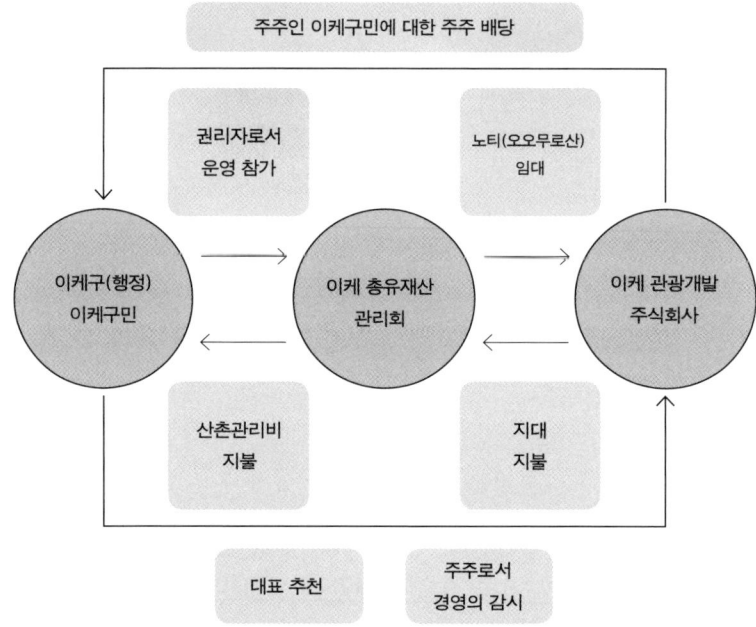

그림2 이케 시스템의 상관도

월간 이케구를 떠나면 '관리회'의 권리를 상실한다는 규정도 있다. '관리회'의 권리자자 아니면 주식회사의 주주가 될 수 없으니 전출자 등의 주식은 '관리회'가 매수하게 된다. 따라서 입회권 원칙 가운데 하나인 '이촌실권離村失權'이 필연적으로 유지된다.

더욱이 이케구에서는 주식회사가 이익만을 좇지 않도록 대표단에 관한 지역의 규정도 책정했다. 주식회사의 대표단은 여덟 명으로 구성된다. 상근하며 일하는 자는 탁월한 경영능력을 지닌 상무뿐이며 다른 일곱 명은 비상근이다. 사장은 이케구의 구청장이 맡곤 하며, 나머지 여섯 명은 이케구 내의 여섯 개 마을회에서 한 사람씩 추천을 받아 주식총회에서 승인한다. 이케구민은 반드시 어느 마을회엔가 소속되어 있기 때문에 주식회사의 대표단은 이케구민의 총의를 반영하는 구조다. 그리고 주주총회에서 주주는 모든 이케구민이기 때문에 이른바 전부터 이어져 내려온 회합인 것이다.

이처럼 이케구는 현대법에 따라 커먼즈의 주체를 조직으로 바꾸었다. 회사법·상법에 의거해 커먼즈의 이용주체로서 '주식회사 제도'를 이용하고 민사소송법과 행정법·법인세법에 기재되고 판례로도 그 실체가 보장된 '권리능력이 없는 사단'이라는 제도를 활용해 총유재산을 관리한다. 역사적인 입회 제도는 입회권자가 스스로 입회권을 행사해 지역의 환경자원을 이용·관리한다는 전제에서 만들어진 것이다. 그 기능과 권능을 '주식회사'와 '권리능력이 없는 사단'으로 분리시키고 그 위에서 지역의 규칙에 따라 이케구를 포함하는 세 단체가 유기적으로 연결되어 있다. 현대법에 근거한 제도이용을 통해 널리 회사로서의 승인도 얻고 법적 보호(권리 부여)도 받게 되었다. 이케구가 행정구로서 지역의 공공적 역할을 담당하는 것은 당연하며 관리회가 토지의 권리자로서 총유재산의 이용방법과 용도를 규제하는 것도 자연스럽다. 또한 이케회사가 관리회로부터 오오무로산을 빌려 지대를 지불함으로써 수익사업에 나서는 것도 전혀 이상하지 않다. 따라서 이러한 '이케시스템'은 법적 타당성과 사회적 승인을 얻어 입회권자였던 이케구민이 계속해 권리를 행사하는 정당성을 담보하는 제도라고 말할 수 있다.

마치며

이상으로 일본에서 전통적으로 이어온 입회를 바탕으로 현대적 총유시스템의 가능성을 탐색했다. 그러나 현재는 총유를 담보·규정하는 법률이 충분히 정비되어 있지 않은 까닭에 지역의 실정에 맞는 다양한 법률들을 조합해 법적 권리와 사회적 승인, 정당성을 마련해가는 것이 현실이다. 지역커뮤니티 강화와 지역환경 보전, 지역자치 등과 관련해 유효하게 기능할 수 있는 '총유'는 왜 아직도 법제도가 충분히 확립되지 않은 것일까. 변호사이자 법학자인 이가라시 다카요시五十嵐敬喜는 "법학계에서 총유는 이른바 입회권·온천권·어업권과 같은 전근대적이고 봉건적인 개념이라는 관념이 강하며, 이것이 검토단계에서 법무성 등이 강하게 저항하는 근거가 되었다"*고 한다. 그러나 나는 봉건적인 전통적 총유시스템을 그대로 현대사회에 도입하자고 주장하지 않는다. 이가라시도 절대적 토지소유권과 다른 "상대적 소유권을 바탕에 둔 여러 사람에 의한 집단적 이용으로 바꿀"** 필요성을 주장하며 이를 '현대총유'라 부르고 있다. 현상황에서는 다양한 법률을 조합하고 지역의 규칙에 의거해 지역사회의 공동성을 담보하고 있지만, 앞으로는 이러한 현대총유를 법적으로 담보하는 제도의 필요성이 점점 높아지지 않을까. 이가라시는 다양한 관련 개별법들을 서서히 개정하되 최종적으로는 총유법으로 집약한다는 방향을 제시하고 있다.

이 글에서 다룬 이케구의 사례는 단순할지도 모르지만, 기존의 법제도를 이용하며 현대총유시스템을 구축한 지역이라는 점에서 소개의 가치가 있다고 생각한다. 환경문제·지역 커뮤니티 쇠퇴·과소고령화·지역자치 등 현대사회가 안고 있는 다양한 병리를 해결하려면 지역사회의 시민과 주민이 협동해 자립된 지역사회를 구축해 나가야 한다. 그때 현대총유가 지향하는 사회적 역할은 매우 중요할 것이다.

끝으로 앞으로의 전망으로서 이가라시도 제기하듯이 동일본 대지진의 부흥을 촉진하기 위한 방법으로서 '현대적 생존권'의 보장이라는

---

* 五十嵐敬喜,「総有と市民事業」,『世界』2013년 6월호, p.148.

** 五十嵐敬喜,「総有と都市計画と空地」,『月刊まちづくり』2013년 제38호, p.4.

관점에서 '총유의 마을만들기'가 요청되고 있다. 시가현滋賀県 나가하마시長浜市에서는 '마을만들기 회사Town Management Organization'을 설립해 총유적 마을만들기를 시도했는데, 경관을 통일성 있게 가꾸고 마을의 공동의식을 양성할 수 있었으며, 그 효과는 나가하마 히키야마 축제曳山祭의 성공으로 드러나고 있다.* 그러나 TMO는 상공회의소·상공회·제3센터기관 등 행정에 가까운 관변단체가 아니라면 설립할 수 없었을 것이다. 본래 총유에 의한 마을만들기라면 생활자의 시각과 자립한 지역 경영이 중요하니 지역커뮤니티를 축으로 공공적 역할을 맡는 민간조직(시민단체)이 나서야 바람직하다. 입회권이나 총유는 '권리의 다발'이 되어야 그 효과를 최대한 발휘할 수 있다. 나는 총유법 제정으로 설립이 가능해지는 '총유단체'야말로 이 역할을 해낼 수 있으리라고 기대한다.

---

*　角谷嘉則, 『株式会社黒壁の起源とまちづくりの精神』, 創成社, 2009.

커먼즈의 계보와 그 확장
- 현대총유론으로 가교하기 위한 시도

모기 아이이치로

시작하며

2013년 6월 제14회 국제커먼즈학회(420명의 연구자, 출신국 57개국)가 후지요시다시富士吉田市에서 개최되었다. 공公과 사私 사이에 자리하는 커먼즈*의 대상이 되는 자원과 그 관리 형태에 최근 들어 관심이 높아지고 있다. 일본은 입회 관계가 이에 해당하며, 세계에는 다양한 형태의 커먼즈가 실재하며 현재에도 기능하고 있다. 이러한 커먼즈를 주

---

* 주로 자연자원을 대상으로, 이에 대한 접근권과 관리방법이 관습 내지 제도에 의해 정비되고 있는 사회적 시스템을 말한다.

제로 하는 연구조직 즉 국제커먼즈학회는 그 원형이 1969년에 발족하고 오랜 기간 동안 이 분야의 연구를 이끌어온 E. 오스트롬(2009년 노벨경제학상 수상자)이 소속된 인디애나대학을 거점으로 북미를 중심으로 발전해왔다. 이미 사반세기 가까이 활동을 이어왔지만 일본에서 학회가 개최되기는 이번이 처음이다. 그렇지만 일본의 입회에 대한 관심과 함께 이번 대회에서 특징적이었던 것은 지금껏 연구대상이었던 커먼즈의 관리자commoners가 연구자와 함께 공동 주최자로서 학회 개최를 적극 지원했다는 점이다. 이 입회권자란 개최지인 후지요시다시에 입지한 입회단체 즉 온시림조합(恩賜林組合, 정식명 : 富士吉田市外二ヶ村恩賜県有財産保護組合)*이었다.

이번 대회는 "입회로 세상을 바꾸다 - 사람·자연·생활·관계"를 모토로 삼았으며 열네 가지 주제의 연구회가 마련되었다. 주요한 것을 살펴보면 ① 재해 하의 생활보장과 연관된 커먼즈와 사회관계 자본, ② 상업화와 커먼즈, ③ 도시의 커먼즈, ④ 커먼즈와 실정법의 충돌, 고유문화와의 관계, ⑤ 커먼즈 내의 공평·분배 상의 공정, ⑥ 국가-사회관계, 정치적 저항수단으로서의 커먼즈, ⑦ 커먼즈와 관련된 중층성·복합성, ⑧ 지역 에너지와의 관계, 온실가스 흡수원(carbon sink)으로서의 커먼즈, ⑨ 글로벌 커먼즈(디지털 자원, 생물다양성과 유전자 자원, 문화유산), ⑩ 커먼즈를 둘러싼 시민운동(그 교훈과 전략) 등이 있다.

이 가운데 동일본 대지진 피해지역과 커먼즈의 문제를 다룬 ①과

---

* 11개의 마을로 구성된 입회의 역사를 가지고 있으며, 그 기록은 에도시대 중기까지 거슬러 올라간다. 1890년에 고료린(御料林, 일본 왕실 소유의 숲-옮긴이) 입회단체로서 알려졌고(조합설립의 기원), 1911년에는 오늘날 명칭의 직접 원인이 된 천황에 의해 야마나시현(山梨県)의 고료린이 하사되었다.

떠오르는 주제인 커먼즈와 이를 둘러싼 외부환경의 상호관계를 주목한 ⑦에는 수많은 논문이 모였다. ②, ④, ⑤, ⑥은 개발도상국에서 절실한 문제인 경우가 많았고 이번에도 토론이 집중되었다. ③의 도시와 커먼즈는 이 글에서 언급하겠지만 선진국, 개발도상국을 불문하고 관심이 모인 주제였다. 또한 일본의 입회에 관한 섹션과 기타후지北富士지구 온시림조합의 역사와 오늘날의 활동을 주제로 한 포럼이 개최되고, 후지산富士山 주변에 입지한 커먼즈로 필드 여행도 준비되었다. 이처럼 폭넓은 학제적 관심으로 접근해가고 있는 것이 현대 커먼즈 연구다.

커먼즈는 무엇인가

'커먼즈의 비극'론에 맞서

그렇다면 커먼즈란 무엇인가. 그 계기는 1968년에 생물학자 G. 하딘이 미국의 과학지 『사이언스』에 기고한 논문 「커먼즈의 비극」이었다고 말할 수 있다. 하딘이 제기한 '커먼즈의 비극'이란 이용하려 들면 누구든 이용할 수 있으나 이용이 진행되면 그만큼 자원 스톡이 감소해 유지비용을 들이지 않는 한 고갈되는 자원의 경우* 유지비용을 부담하지 않고 무임승차하는 이용자가 증가하면 고갈이 시작되어 체제를 유지할 수 없게 되어 비극에 이른다는 의미다.

하딘은 자원의 완전한 공유公有나 사유私有로는 이러한 자원고갈을 막을 수 없다고 주장했다. 이를 두고 자원관리의 현장을 연구하는 인류학자, 사회학자, 경제학자가 공유共有나 공용共用 등의 제도가 반드

---

* 오늘날의 시각으로 본다면 이것은 통상적인 커먼즈가 아니라 이른바 공개된(open access) 커먼즈이다.

시 자원고갈을 초래하지는 않으며 실제 커먼즈를 본다면 공동체 구성원만이 이용할 수 있거나 커먼즈의 규칙이 적용되어 자원이 유효하게 유지관리되는 사례가 많다고 반론을 폈다. 이것이 오늘날의 의미로 말하자면 커먼즈의 출발이었다. 1980년부터 관련 연구가 확산되었으며 1985년 미국 아나폴리스^{Annapolis}에서 처음으로 포괄적인 연구회가 개최되었다. 커먼즈라는 광범위한 학제적 연구분야가 이때 생겨난 것이다.

방금 커먼즈를 주도해온 학자로서 오스트롬을 거론했는데, 그녀로 중심으로 북미에서 전개된 커먼즈의 성격을 조금 살펴보자. 커먼즈를 둘러싼 논의가 이른바 하딘이 말하는 '커먼즈의 비극'을 어떻게 벗어날 것인가라는 물음에서 출발했다는 것은 이미 설명한 바다. 오스트롬의 학문적 배경은 정치학 그것도 윌리엄 라이커로 대표되는 폴리티컬 사이언스인데 그녀는 합리성을 행동원리로 하는 연역적 방법에 근거해 커먼즈라는 제도를 복잡한 '사회적 딜레마'의 해결방법으로 상정했으며, 엄밀한 방법적 근거를 통해 커먼즈를 발전시키겠다는 의욕이 강했다.

한편으로 문화·사회인류학자나 사회학자, 그리고 자원론 학자는 사고가 유연해 사실인식은 필드를 기반으로 피드백될 수 있다. 사실 커먼즈는 인류학·사회학의 기여가 없었다면 오늘날 같은 모습으로 전개될 수 없었을 것이다. 아울러 인간-환경계의 상호작용과 커먼즈가 놓인 맥락에서 비롯되는 동학을 중시하는 B. 맥케이나 복잡계적 접근법을 채택한 급진적 이론도 기여가 컸다.

지금껏 커먼즈는 자원의 과잉이용과 여기서 발생하는 사회적 딜레마 해결이 중심과제였지만, 이와 정반대되는 상황 즉 자원의 과소이용 문제를 주목해 등장한 것이 M. 헬러가 제시한 '안티 커먼즈의 비극'론이다. 이것은 소유권이 과도하게 분할화·세분화된 결과로 발생하는 자원의 과소이용이라는 비극이다. 특허권 과잉주장으로 인해 오히려 의약품 개발이 부진한 것을 사례로 들 수 있겠다. 안티 커먼즈의 문제는 이 책에서 다카무라가 상세히 설명하고 있다. 인구는 감소하고 공간이 상대적으로 과잉일 때 발생하는 부동산 소유권의 처리 문제를 짚고 있으니 참조하길 바란다. 이것은 현대총유론이 대상으로 삼는 영역에 커먼즈가 이론 수준에서 도전하는 일이 될 것이다.

이렇듯 커먼즈는 학제적 확산 가운데 성장한 학문이다. 현재 커먼즈의 범위는 전통적 커먼즈만이 아니라 지구의 대기·디지털자원·지적재산권 그리고 문화로까지 넓혀지고 있다.

입회연구와 일본의 커먼즈

제14회 국제커먼즈학회는 왜 일본에서 개최되었고, 그 자리에서는 왜 입회가 주목을 받았을까. 이는 일본의 입회가 임야를 자원으로 삼고 입회권자라는 멤버십에 근거해 구성원을 지니고, 명확한 내부규약을 통해 입회관리의 저해요인을 제거한다는 제도적 체제를 갖추며, 근대가 되기까지 오랜 기간 이어져왔다는 점에서 전형적 커먼즈로 비쳐졌기 때문이다. 또한 풍부한 문서로 축적되어 연구효율을 높일 수 있다는 의미에서 스위스 알프스의 이목移牧 사례와 함께 신뢰할 수 있는 커먼즈 연구의 대상이 되었다. 거기서 미국인 연구자 M. 맥킨이 후지산 입회를 연구해 이를 세계에 소개했다는 공로를 잊어선 안 되겠다. 아울러 일본에서 커먼즈 연구자들에 앞서 법사회학자·역사가가 입회연구를 풍부하게 축적했다는 점에 관해서는 부언할 필요가 없을 것이다.

이러한 입회권론을 깊이 파고드는 것은 내 능력범위를 벗어나지만, 이 책의 목적이 '현대총유론' 전개에 있는 만큼 총유론에 대해 조금 언급하고자 한다. 일본의 입회권은 현행 민법에서 두 조항에 걸쳐 기술된 법적 근거가 있는 유효한 권리, 그것도 물권이다. 또한 민법 263조 "공유^{共有}의 성질을 갖는" 입회권은 게르만법에 나오는 총유 Körperschaftliches Gesamteigentum와 비슷하다는 관념이 전전기 다나카 가오루^{田中薰}의 연구 이후 자리잡아 왔다. 이것은 기르케의 학설에서 착목한 지점이다. 전후 가와시마 타케요시^{川島武宜}는 입회단체와 구성원의 권리를 분리하는 것이 아니라 처분·사용의 권리를 입회권자에게로 통일하고 지반^{地盤} 소유와 긴밀하게 결부시키는 '입회사권론^{入会私權論}'을 강조해 오늘날 정설로 받아들여지고 있다.

그리고 또 한 명 주목할 입회권론 연구자로 가이노 미치타카^{戒能通孝}가 있다. 가이노는 입회권에서 '입회수입^{入会稼ぎ}'으로 불리는 습득물 취득, 즉 '고전적 이용형태'만을 인정한 것으로 유명한데, 입회관계에 관해서도 기르케의 총유론에 의문을 제시해 이를 일본에 접목한 총유설을 비판했으며 "사실적 수익행위를 중심으로 하는 입회지에 대한 지배 내용"을 강조해 "입회지에 대한 입회권자의 권리 내용은 추상적 소유권이 아니다"*라며 어디까지나 생활 실태에 근거한 권리 내용을 중시했다. 아울러 입회권자를 떠받치는 기반은 촌락공동체에 있음을 분명히 했다. 여기서는 입회관계에서 입지하는 기반과 그 소유에서 떨어져나간 사용·이용의 권리에 관한 사고를 읽을 수 있다. 민법도 "공유의 성질을 갖지 않은" 입회권을 294조에 지역권^{地役權}의 일종으로 규정하고 있지만, 가이노는 "공유의 성질을 갖지 않은" 입회권도 아우르며 논의를 전개한 것이다.

또 한 가지 흥미로운 대목은 아들인 가이노 미치아쓰^{戒能通厚}가 아

---

* 楜澤能生,「法律学からの応答」,『社会的共通資本・コモンズの視覚から市民社会・企業・所有を問う』(シンポジウム報告書), '基本的法概念のクリティーク' 研究会, 早稲田大学21世紀COE '企業法制と法創造' 總合研究所, 2008, pp.97.104.

버지를 회상하면서* 일본의 입회는 일반적으로 영국과 입회구조가 다르다고 하지만 "아버지에게 들은 바로 일본의 입회는 매우 영국적이다. 실제 이용을 전제로 삼고 있다. 소유의 문제가 아닌 것이다", 그것은 "아버지에게 근간이 되는 논의인데 기르케보다는 오히려 영국의 법제사가인 메이틀랜드**와 관련 있다"고 증언하는 대목이다. 이 메이틀랜드Frederic William Maitland는 폴록Sir Frederick Pollock과의 공저『영국법제사』등에서 영국의 입회권right of commons 등을 "타인의 토지에서 자원 취득이 인정되는 개인과 관련된 개별성이 강한 권리"로 규정하며, 영국의 법제를 설명하려면 비교법의 관점이 불가결하다고 보았는데 여기서 기르케의 게르만 단체법에 대한 연구를 진척시켰다.

여기에 가이노를 주목하는 또 다른 이유가 있다. 가이노는 총유 개

---

* 戒能通厚, 「コメント·総合討論」, 『社会的共通資本·コモンズの視覚から市民社会·企業·所有を問う』(シンポジウム報告書), '基本的法概念のクリティーク'研究会, 早稲田大学21世紀COE'企業法制と法創造'総合研究所, 2008, p.119.

** 자칭 영국법제사가인 가이노 미치아쓰에 따르면 메이틀랜드는 "어떤 의미에서 기르케보다 사랑받았던 사람"이다. 그는 "영국이라는 나라에는 국가의 개념이 없다. 국가보다는 사회가 있다. 게다가 영국의 국가라는 것은 결코 국가로서 스스로 강대해지기를 원치 않는다"라며 모국은 공동체의 전통이 매우 강하다고 강조했다. 이 공동성은 권리로서의 커먼즈가 지니는 개별성 내지 개인성과 병존하다가 19세기 후반부터 시작된 도시의 공개자원 형성 등으로 변용되어 현대의 도시 커먼즈로 이어지는 공공성을 낳았다. 이 점에서 영국의 상황은 주목할 가치가 있다(椎名重明·戒能通厚, 「イングランドにおける土地囲い込み一般法案とその周辺」, 『早稲田法学』, 2008년 83권 제3호; 茂木愛一郎, 「世界のコモンズ」, 『社会的共通資本— コモンズと都市—』, 東京大学出版会, 1994).

념을 두고 가와시마와 입장을 달리했을 뿐 아니라 근대화 가운데도 살아남은 "총유 개념 내지 단체형성에서 인간 자유의 발현을 공동체적 단체 관념의 성립근거를 보았던" 것은 아닌가*라는 점이다. 동시에 가이노가 '시민법'으로서 전개된 노동권과 사회보장의 권리에 결부된 '생존권법리'**를 그의 법학 영역으로 끌어들였다는 점에도 주의할 필요가 있다. 가이노의 이러한 주장은 전후의 시대상황에서 등장했지만, 오늘날 '현대적 총유론'을 전개할 때도 의거해야 할 논점이라고 여겨진다.

그렇다면 오늘날 일본 커먼즈의 상황은 어떠한가. 관련 연구자들의 움직임을 살펴보자. 일본의 커먼즈는 다베타 마사히로^{多辺田政弘}와 무로타 다케시^{室田武} 등 엔트로피학과 경제학자의 독자적 문제제기에서 비롯되어 우자와 히로후미^{宇沢弘文}가 제창하는 사회적 공통자본론, 도리고에 히로유키^{鳥越皓之} 등 환경사회학자가 일군 풍부한 사례연구 등의 영향을 받으면서 1990년대부터 독자적으로 진전되었다. 여기에 일본을 연구하는 맥킨^{Margaret A. Mckean}이 적극적 역할로 이들 학문분야와 커먼즈의 교류가 한층 진척되었다.

이처럼 일본의 커먼즈 연구는 북미형 커먼즈와는 문제의식을 상당히 달리하고 있다. 미쓰마타 가쿠^{三俣学}는 일본과 세계의 커먼즈를 지리적·역사적으로 전망하며 커먼즈의 기능을 자급적 기능·지역재원^{地域財源} 기능·환경보전적 기능·약자구제 기능 등 네 종류로 분류했는데***, 일본의 커먼즈 연구는 북미계의 커먼즈처럼 단순히 '사회적 딜레

---

* 戒能通厚,「水利権研究への比較法的視点」,『土地法のパラドックス』,日本評論社, 2010, p.529.
** 戒能通厚,「人権」,『戒能通厚著作集 2』, 日本評論社, 1977, p.208.
*** Gaku Mitsumata, "Evolution of the Japanese Commons in Response to

마' 문제에 집중하는 것이 아니라 자연과 인간의 불가분한 관계를 총체적으로 탐구하는 특징을 갖는다고 보았다.

한편 입회와 관련된 '총유' 개념을 두고는 법학계 연구자와 비법학계 연구자 사이에서 논쟁이 있었다. 엄밀한 법학 개념에 근거해 법제사로 증명하려는 법학계 연구자와 공동체를 기반으로 한 지역의 자원 관리와 이를 떠받치는 사회관계를 중시하는 비법학자 연구자가 대립한 것이다. 이에 관해서는 스가 유타카菅豊가 전전기부터의 입회권론을 가늠해 훌륭한 전망을 내놓았다. "지금 시점에서 총유론을 새롭게 구축하러 나설 때 과거 법학이 총유를 엄밀히 검토해온 내력은 그다지 중요하지 않게 되었다. …… 오히려 총유론이 새롭게 도출한 실천적인 (때로는 정치적인) 소유방식에 근거해 과거 소유관과 소유법을 재검토하고, 그로써 법학자를 다시 토론으로 불러들이는 방향으로 나아가야 한다. 그런 의미에서 지금이야말로 법학자가 새로운 견해로써 총유론에 적극 참여해야 한다"고 제안하고 있다*. 그로부터 십년이 흐른 지금도 유효한 제안이다.

다이나믹한 커먼즈를 위해

커먼즈는 자원을 지속적으로 유지해온 사례를 들어 관리면에서의 성공을 실증하지만, 이 성공은 한 측면에서 폐쇄성으로 담보되었다고 말

Challenges: Contemporary Contributions to Community Well-being," a paper presented at 12th Biennial Congerence of the International Association for the Study of the Commons in University of Gloucestershire at Cheltenham, England, 18th of July, 2008.

* 菅豊, 「平準化システムとしての新しい総有論の試み」, 『平等と不平等をめぐる人類学的研究』, ナカニシヤ出版, 2004, pp.261-62.

할 수 있다. 이처럼 커먼즈를 닫을 것인가 열 것인가는 커먼즈의 변용 가운데 줄곧 제기된 논점이었다. 개별 커먼즈는 주위환경에서 완전히 격리되지 않는 이상 넓은 범위의 이해당사자와 관련되기 때문에 커먼즈의 존립에는 반드시 정당성이 요구된다. 넓은 의미에서는 공공성이라고 말할 수도 있겠다.

임정학자^{林政学者}로서 개발도상국의 산림관리를 현장에서 오랫동안 지켜본 이노우에 마코토^{井上真}는 커먼즈를 둘러싼 자연조건과 사회관계 양자의 다층성을 주목해 귀납한 두 가지 원칙을 내놓는다.* 한 가지는 '열린 지역주의open-minded localism'이고 다른 한 가지는 '관계주의principle of commitment/involvement'다. 그리고 이것들을 통합하는 것으로서 공동 협치collaborative governance라 불리는 협치를 제안한다.

'열린 지역주의'란 커먼즈와 관리규칙은 원칙상 지역의 것이지만 대체로 외부자와의 관계에서 파생된다는 사실에 주목해서 만든 개념이다. 아울러 지역에 기술·지식의 이전이 필요한 경우도 있는데, 이때 외부자와의 협동관계를 받아들인다는 원칙이기도 하다. 한편 '관계주의'란 주로 외부자가 커먼즈와 연관된 경우에 요구되는 마음가짐인 책임의식을 가리킨다.

커먼즈를 둘러싼 넓은 의미의 환경은 변화하고 있다. 이는 국내적 원인과 국제적 원인에 의한 것이다. 커먼즈는 여기에 끊임없이 대응·적응해 나가야 한다. 이처럼 역동적인 상황에서 두 원칙은 유효성을 발휘할 것이다. 내부결속력을 발휘해 외압과 맞서는 '저항 전략'도 필

---

* 井上真, 『コモンズの思想を求めて』, 岩波書店, 2004; 井上真, 「自然資源,協治の設計指針」, 室田武編著『グローバル時代のローカル·コモンズ』, ミネルヴァ書房, 2009.

요하겠지만, 글로벌화 등 외부환경의 변화에 따른 '적응전략'도 중요하다.

그리고 전체를 통괄하는 것이 '협치'다. 이것은 리더십과 권력관계에서 흔히 있음직한 외부자에 의한 하향식$^{\text{top-down}}$을 막고 상향식 $^{\text{bottom-up}}$ 의사결정의 계기를 만들기 위한 것이다. 이노우에의 이러한 두 원칙과 협치시스템은 일단 개발도상국의 자원 관리에서 요구되지만 도시와 지역에서 커먼즈 운영에도 적용가능할 것이다.

도시 커먼즈의 촉진방식

이제 이 책이 도시와 지역의 공간관리에 초점을 맞추고 있는 만큼 도시와 관련된 커먼즈 문제를 살펴보자.

통상 커먼즈는 개발도상국의 자원관리 문제에 적용되지만, 커먼즈는 복수의 개인이 동시에 편익을 얻을 수 있는 자원과 그 존속을 담보하는 시스템을 가리킨다. 따라서 개발도상국의 자원문제만이 아니라 일본의 도시문제를 사고할 때도 커먼즈는 시사점을 제공할 수 있다. 왜냐하면 도시란 예로부터 함께 모여 사는 장소이며, 이곳을 왕래하는 다양한 집단이 공동으로 향수하는 장소이기도 하기 때문이다. 일본은 근대화 이후 서구 도시를 주된 기준으로 삼아 도시를 정비해왔다. 20세기 후반에 이르러 인구 증가와 도시 집중이 발생하기까지는 인구성장과 이를 수용하는 도시 운용으로 집약해 설명할 수 있을 것이다.

그러나 저출산고령화가 심화되고 인구감소가 시작되었다. 특히 대도시에서 고령화는 뚜렷해 인구감소를 전제로 해야 할 상황이니 도시의 행방에서 커먼즈를 고려하는 일은 점차 중요해질 것이다. 자원의 제약과 연관지어 보건대 인구감소는 제약을 완화하는 조건일 수 있다. 그러나 고령화가 심화되면 생산가능인구가 상대적으로 감소해 경제

현장에서 부가가치 생산의 문제를 야기할 뿐 아니라 간병을 포함한 복지영역에서 인력이 부족해진다. 그렇다면 상호원조 진전을 포함해 지역 전체의 대응이 요청되는데, 이는 도시경영·마을만들기에서 커먼즈의 사상이 필요하다는 의미이기도 하다.

도시 커먼즈의 두 유형

여기서 도시 커먼즈를 두 가지의 시각*에서 살펴보자. 첫째는 기존 커먼즈의 연장으로서 도시 내 미시공간(녹지, 주거, 상업시설 등)이 커뮤니티를 기반으로 관리되는 현상에 주목해 이를 개별적인 도시의 커먼즈commons in the city로 간주하는 시각이다. 둘째는 도시 공간 전체를 커먼즈urban space as commons로 보는 시각이다.

첫 번째 도시의 커먼즈는 도시 내 지역커뮤니티가 공동으로 이용·관리하는 커먼즈이다. 구체적으로는 마을 안에서 광장과 공원처럼 주민에게 휴식장소가 되는 곳을 거론할 수 있다. 이처럼 분산되어 존재하는 작은 커먼즈는 공설公設이라도 민간위탁으로 관리되기도 하는데, 이 경우 어떠한 규칙에 준거해 이용·관리되는 것일까. 또한 도시에서 볼 수 있는 커먼즈는 공원이나 광장에 한정되지 않는다. 사유지가 이어져 만들어지는 도시경관, 지역 조직이 관리하는 중심시가지의 상업공간에도 규칙이 존재해 무질서한 개발 등으로 인한 '커먼즈의 비극'을 벗어나 지역의 가치를 제고할 수 있다는 의미에서 커먼즈로 간주할 수 있을 것이다. 맨션 등 집합주택에 있는 공용시설도 커먼즈의 관점에서 접근할 수 있다.

---

* 도시 커먼즈를 바라보는 두 가지 관점은 마미야 요스케(間宮陽介), 다카무라 가쿠토(高村学人)의 이론을 근거로 한다.

이처럼 도시의 커먼즈는 산과 들, 바다와 강의 공동체와 달리 집단의 응집성이 약하고, 커먼즈로 얻어지는 이익은 매우 폭넓으며 중층적으로 확산된다는 특징을 갖는다. 법사회학자인 다카무라 가구토^{高村学人}에 따르면 도시의 커먼즈에 관한 정의를 "이익향수자 전원이 규칙을 지켜 절도 있게 이용한다면 각자가 자원에서 지속적으로 큰 이익을 얻을 수 있지만, 소수 이용자가 근시안적으로 자기이익만을 추구한다면 간단히 파괴되는 성질을 지닌 재화"로 할 것을 제안하고 있다.* 그렇다면 과제로 놓이는 것은 유지관리의 면에서 무임승차를 방지하고 구성원과 자원봉사 참가자의 협동을 어떻게 유지할 것인가가 된다.

마을 만들기의 전문가·건축가, 커먼즈 연구자들도 도시에서 가능한 커먼즈의 모습에 관해 연구하고 있다. 주거환경에 커먼즈를 도입하는 것**, 아동공원과 같은 도시의 소공간, 거리나 마을의 인상을 만드는 경관을 커먼즈로 접근하고, 상업구역 전체를 소유·이용·관리의 측면에서 커먼즈로 자리매김하고, 총유적 마을 만들기로 이해할 수 있는 다양한 케이스를 주목한다.***

---

* 高村学人,「コモンズ研究のための法概念の再定位：社会諸科学との協働を志向して」,『社会科学研究』東京大学社会科学研究所, 2009, pp.81-116(인용은 p.91).

** 斎藤広子·中城康彦,「コモンでつくる住まい·まち·人」, 彰国社, 2004.

*** 히라타케 고조(平竹耕三)가 진행한 일련의 연구에서는 다카마쓰시(高松市) 마루가메정(丸亀町) 상점가 재개발, 나가하마시(長浜市)의 구로가베(黒壁), 교토시(京都市) 기온정(祇園町) 남측 거리 보존, 쇼고쿠사(相国寺) 일대, 마쓰사카시(松阪市)의 고조반야시키(御城番屋敷), 야스시(野洲市)의 그린추즈(グリーンちゅうず), 이이다시(飯田市)의 가와지지구(川路地区) 등의 사례가 있다(平竹耕三,『コモンズと永続する地域社会』, 日本評論社, 2006).

그렇다면 두 번째, 도시 전체를 커먼즈로 접근하는 사고방식은 어떠한 것인가. 경제학자 우자와 히로후미(宇沢弘文)가 제안하는 사회적 공통자본이 대표적이다.* 여기서 도시는 그 자체가 사회적 공통자본의 혼으로 여겨진다. 도로·교통기관·생명선과 같은 사회적 인프라구조, 교육·의료·사법 같은 제도자본, 그리고 인공적 도시 안에 존재하는 자연환경, 이들 총체가 도시를 만들고 있다는 사고방식이다. 사회적 공통자본은 일정한 경제적 풍요를 바탕하면서 "우수한 문화를 전개하고 인간적이고 매력적인 사회를 지속적·안정적으로 유지하는 것을 가능케 하는 사회적 장치", "사회 전체에서 공통의 재산"으로서 자리매김하며 권력의 통치나 시장원리와도 다른 "직업적 전문가가 전문적 지식과 직업적 규범에 따라 관리·유지해야 한다." 여기서는 인프라 등 물적 소재·자원이라는 측면이 아니라 사회적 제도라고 정의했다는 점에서 의미가 크다. 도시가 지속적으로 발전하기 위해서는 교통정책, 물과 에너지 자원의 관리, 치안·교육 등 제도자본의 최적 공급, 특히 지속가능한 도시를 목표로 하는 정책을 커먼즈의 시각에서 전개해야 한다.

총유론에 관해서는 이가라시 다카요시(五十嵐敬喜) 등의 도시계획법개정안도 제안하고 있다(五十嵐敬喜·野口和雄·萩原淳司, 『都市計画法改正-'土地総有'の提言』第一法規, 2009; 五十嵐敬喜, 「総有と市民事業 国土·都市論の'未来モデル'」, 『世界』 2013년 6월호, 岩波書店). 인구감축 과정으로 접어드는 지금부터 도시에서 필요해질 공동적 시스템의 중요성, 정책론을 논하고 있다. 이 밖에 사이고 마리코(西郷真理子), 오오타 다카노부(太田隆信)의 논의 등을 참고할 수 있다.(西郷真理子, 「A街区再開発事業の特徴と意味」, 『月刊まちづくり』 2006년 제13호, 学芸出版社/西郷真理子·太田隆信, 「対談: 地方都市の中心市街地をデザインする」, 『新建築』 2008년 제1호.

* 宇沢弘文, 『社会的共通資本』, 岩波書店, 2000.

우자와에 대해 부언하자면, 이 사회적 공통자본 이론은 다양한 방면에서 커먼즈적 공간의 경제학적 기초를 닦았다고 할 수 있다. 이에 앞서 1970년에 우자와는 20세기 급속한 미국화 가운데 급증한 자동차가 인간 존재에게 막대한 사회적 비용을 초래한다는 점을 『자동차의 사회적 비용』에서 논한 바 있다. 교통사고 발생, 배기가스로 인한 환경오염에 따르는 피해 등 구체적 수치로 드러나는 비용만 주목할 것이 아니라 자동차가 인간의 보행을 방해해서는 안 되며 그 자유를 보장하는 방향으로 도시를 디자인해야 한다는 것을 B. 루도프스키^{Bernard} ^{Rudofsky}의 『인간을 위한 길』에 입각해 주장했다. 이때 우자와는 안전한 보행을 보장하는 도로가 있다면 바로 그것이 '사회적 공통자본으로서의 도로'라고 갈파했다.*

그렇게 사회적 인프라가 정비된 도시는 커먼즈를 갖고 있다고 말할 수 있지 않을까. 그러한 도시 디자인이 가능해지려면 도시상^{都市像}에 관한 공통의 합의가 필요하며, 그 과정에서 시민과 전문가의 적극적 참여가 요구될 것이다.

이 대목에서 첫 번째 커먼즈와 두 번째 커먼즈의 관계를 정리해보자. 첫번째 커먼즈처럼 상향식 의사결정이 누적되어 도시를 구성하는 주요 요소를 이룬다면 그 도시는 살기 좋아질 것이다. 또한 도시가 애초 두 번째 의미에서 커먼즈여야 한다는 공통의 인식·합의를 시민과 행정 사이에서 이뤄낼 수 있다면, 첫 번째 의미의 커먼즈 형성을 뒷받침할 수 있을 것이다.

커먼즈는 원래 사회성 추구와 개인의 이익추구가 충돌한다는 사회적 딜레마를 해소하는 틀로서의 기능을 갖고 있었다. 이를 민주적 또

---

* 宇沢弘文, 『自動車の社会的費用』, 岩波書店, 1974, p.172.

는 개인의 합리성을 존중하는 형태로 해결하는 방법을 사회는 찾아내야 할 것이다. 사회의 틀과 함께 시민성을 길러낸다는 두 번째의 커먼즈를 형성하는 가운데 양자가 조화를 이뤄 도시경영을 해나가는 작업이 필요할 것이다. 여기서는 거번먼트government의 통치가 아닌 시민에 의한 거버넌스governance를 도시경영에서 어떻게 구현할 수 있을지가 관건이 된다.*

마치며

이상으로 커먼즈의 발상과 전개, 일본의 입회권론과 일본의 커먼즈 연구의 특성과 방향, 그리고 후반부에서는 도시의 커먼즈를 살펴보았다. 끝으로 현대총유론과의 관계를 고려해 가이노 미치타카戒能通孝의 입회권론을 다시금 돌아보자.

가이노는 '입회'는 말하면서도 '총유'는 말하지 않았지만, 아무튼 '입회' 권리에 관해서는 "소유의 범주에서 결정나는 것이 아니라 입회권이라는 권리를 행사한다는 사실에서 출발하고, 이 사실적 행위가 촌락에서 '공기처럼 소중하고 불가결한 권리'로서 집단적으로 행사되는 것으로서, 이를 이론으로 구성해 그 공동체를 통해 '근대'를 전망했다"**고 말할 수 있을 것이다. 그런 까닭에 피고변호인으로서 관여하며 고쓰나기 사건小繫事件에서 보편적 가치를 도출한 것이다. 가이노는 시민주의에 근거하는 '시민법'에 기대를 걸었으며, 노동권·사회보장권과 관련된 '생존권법리'를 시야로 들였다. 이는 오늘날 논의해야 할 현

---

* 茂木愛一郎,「都市のコモンズ」,『SPEEDER』, 2012년 제7호.

** 椎名重明·戒能通厚,「イングランドにおける土地囲い込み一般法案とその周辺」,『早稲田法学』, 2008년 83권 제3호, p.246.

대총유론에 대해서도 비춰봐야 할 논점이지 않겠는가.

2011년 3월, 일본을 뒤흔든 동일본 대지진과 이어진 원자력발전 사고로 많은 도시에서 사물만이 아니라 지역커뮤니티가 파괴되었다. 지금이야말로 마을만들기·도시계획·공간관리의 방법에 관해 물음을 던질 때다. 도시공간과 커뮤니티의 지속가능성을 위해 커먼즈를 어떠한 모습으로 형성해나갈 것인가. 여기에는 많은 과제가 기다리고 있다. 이런 상황에서 커먼즈를 배경으로 삼으면서도 법 형식을 갖춘 현실적인 '현대총유론'이 기능하기를 기대하지 않을 수 없다.

제3장
학술적 교류

일본에서 커먼즈의 토대
- 인류학적 고찰

아키미치 도모야

시작하며

2011년 3월 11일, 동일본을 강타한 대지진과 쓰나미로부터 2년 반이 흘렀다. 부흥까지는 아직도 갈 길이 멀다. 부흥이 늦어지는 가장 큰 요인은 큰 그림grand design을 어떻게 그려내 파괴되고 저하된 마을과 환경을 재생할지를 두고 주민 간에 충분한 합의가 형성되지 않아 최종적 행정판단도 나오지 못한 데 있다. 물론 부흥예산이 적절히 집행되지 않은 문제도 있다.

나는 1999년부터 이와테현岩手県 오쓰치정大槌町에 여러 형태로 관계해 왔다. 주되게는 마을의 용수湧水 환경과 사람의 관계를 연구하는 일이었다.* 쓰나미 후 오쓰치를 여러 차례 방문하는 동안 토지의 용수, 해면의 커먼즈적 이용이 부흥의 열쇠임을 확신하게 되었다.** 이 글은 지금껏 생각해온 인류학적 관점에서 내놓는 시론이자 내 자신이 모색해온 커먼즈의 복습이기도 하다.

새로운 커먼즈를 향해 – 지진 재해의 현장에서

지진 후 수산업 부흥과 관련해 미야기현 지사와 정책연구대학원대학의 고마쓰 교수 등은 어업협동조합이 보유한 지역 어장의 배타적 어업권***을 개정해 제3자도 참가할 수 있는 시스템을 구축할 것을 제창한 바 있다. 재해 지역을 수산업부흥특구로 지정하고 민간자본을 활용해 어협을 재편하겠다는 구상이다. 수산업 종사자의 고령화와 감소에 대응해 어협 대신 공사나 제3섹터로 담당자를 옮기고 경제특구 속에서 수산업을 부흥시키겠다는 것이다.

산리쿠三陸의 수산업에는 주로 소형 어선들이 다양한 형태로 어업을 영위하고 있으며, 이들이 행사하는 어업권과 관련해 상세한 규칙이 설정되어 있다. 앞서 언급한 경제특구 구상은 어업권의 배타적 행사자

---

* 秋道智彌編, 『大槌の自然, 水, 人: 未来へのメッセージ』, 東北出版企画, 2010.
** 秋道智彌, 「災害をめぐる環境思想」, 『日本の環境思想の基層: 人文知からの問い』, 岩波書店, 2012, pp.207-37; 秋道智彌, 「カミは見放さない！'ただの魚'と地域の宝物」, 『天恵と天災の文化志: 三陸大震災の現場から』, 東北出版企画, 2013.
*** 지선어업권(地先漁業權) 전적으로 연안 어촌의 어민이 관행적으로 이용하는 지선(地先: 거주지 또는 경작지와 땅이 계속 이어지는 들판이나 수면을 일컫는 말) 수면의 어업권을 말한다. 현재의 일본 어업법에서 제1종 공용어업권으로 규정되어 있다. – 옮긴이

인 어협을 넘어선 어업의 가능성에 관한 제안이며, 재해 후 바다의 '현명한 이용'을 향한 물음이라 할 것이다. 바다는 어협이 어업권을 지닌 것으로만 존재하지 않는다. 바다를 이용할 기본적 권리는 애초 누구든 갖고 있다. 하지만 여러 조건과 법률에 따라 사실상의 이용권자가 정해져 있는 것이 현실이다.

대지진 재해로 수많은 어선과 자재가 유출되었다. 어협의 조합원은 얼마 남지 않은 자재와 어선을 활용하고자 여러 방책을 강구했다. 예컨대 ① 국가의 보조사업 등을 기반으로 소수의 어선을 공동으로 이용하고 이익을 평등분배하기(이와테현 미야코시富古市 다로田老), ② 굴과 조개류를 양식자 간에 분배하기(미야기현 이시노마키시石卷市 만고쿠우라万石浦), ③ 냉장·냉동 시설을 공동이용하기(미야기현 미나미산리쿠정南三陸町) 등의 공동이용체제를 실시했다. 나아가 외부자와의 관계로는 ④ 미역 양식업을 예로 들자면 오너제를 도입해 1인 1만 엔의 출자를 기반으로 어업자재·염장이나 냉장설비를 복구하고, 어선 등을 구입하고, 재생 후에는 염장 미역 1킬로 정도를 오너에게 발송하는 체계를 마련했다(미야기현 이시노마키시). 오너제는 산리쿠 각지에서 미역 이외에 굴·연어 등도 대상으로 하고 있다.*

이처럼 부흥 과정에서 공동작업, 이익의 평등분배, 국가·기업·개인의 참가를 기반으로 한 지원체제가 곳곳에서 실현되었다. 앞서 거론한 경제특구 구상은 이상과 같은 조치들을 법제도적으로 파악하고, 나아가 어업 자체를 재고할 절호의 기회로 삼았던 것이다. 특히 어장 이용이나 수산업을 일으킬 주체에 관해 어협 이외의 단위에도 참가를 허용하는 사고방식은 이후 큰 논점이 될 것이다.

---

* 秋道智弥, 「カミは見放さない！'ただの魚'と地域の宝物」, 『天惠と天災の文化志 : 三陸大震災の現場から』, 東北出版企画, 2013.

입어와 '권리의 다발'

일본에서 어업을 영위하는 데는 다양한 규칙과 법령이 따른다. 여기에는 어업법과 도도부현 어업조정규칙과 어업권행사규칙 등을 비롯해 수산자원보호법·수산업어업협동조합법·수질오탁방지법·어선법·해안법·유어선업遊漁船業 적정화에 관한 법률, 그리고 그밖에 해양에 관한 다양한 법률과 조례가 포함된다.* 이와 같은 법에 의한 규제가 어업이 영위되는 시기나 어장에 적용되면, 중층적인 권리관계가 모습을 드러내게 된다. 이 문제에 대해 나는 오스트롬 교수와 교토에서 이야기를 나누던 중 권리의 다발을 검토하는 것이 커먼즈 연구에 중요하다는 논의를 한 바 있다. 이 문제는 2007년에 성립한 해양기본법 제25조에서도 '연안 지역의 종합적 관리' 문제로 명확히 명문화되어 있다.

어떤 지역에서 과제 해결을 위한 방책을 모색할 경우 인권·환경권·지역주민의 권리·외부의 이해관계자 등이 제각각 권리를 주장한다면 '권리의 다발'은 중층화되며 의견의 조정과 합의 형성은 암초에 부딪힐 공산이 커진다. 최악의 경우 해결을 위한 유효한 조치가 나오지 않고 기능 마비 상태에 빠지게 된다. 이 문제를 해결하는 데서 공유共有와 공유公有를 넘어선 총유적 접근법으로 합의형성의 기반을 확정하는 것이 유효하다.**

수산업에서 중층적 권리관계를 이해하지 않거나 무시하고 연안 지역에서 전복·소라·성게 등을 채집하면 밀어密漁로서 처벌받게 된다.

---

* 水産法令研究会, 『水産小六法』, 寺事通信社, 2011.
** 여기서 말하는 총유적 접근법이란 일본에서 이미 법률상의 개념으로 사용되어 오던 일반적인 '총유'의 개념을 탈구축한 것으로서, 말하자면 이 책의 서문에서 이가라시 다카요시가 정의하는 '현대총유'를 의미한다.

연안 지역만이 아니라 일본 국내의 영해 안에서도 낚시나 고기잡이를 완전히 자유롭게 할 수 있는 것은 아니다. 고기잡이를 하러 타지역에 갈 경우에는 허가를 받거나 결정사항을 준수해야 한다. 무단으로 고기잡이를 하러 들어갔다가 어민과 현지 어민이 다툰 일이 있으며, 전후의 시기만을 보더라도 지금까지 일본 각지에서는 입어를 둘러싼 분쟁이 끊이지 않고 있다.*

이러한 어업분쟁을 다른 관점에서 포착한 논점으로는 세 가지가 있다. 첫 번째는 관습적인 바다의 이용권과 국가의 법적 틀 사이의 부정합 혹은 상극에 관한 논의다. 두 번째는 중층적 권리관계를 조정하고 최적의 자원관리와 이해관계자 사이의 조정을 성공적으로 이끌기 위해, 대상이 되는 장에 총유제를 적용하는 방안이 지닌 적극적 의의에 관한 내용이다. 세 번째는 인간계를 넘어선 자연·초자연적인 세계 속에서 자연의 이용권을 사고하는 관점이다. 이제 이러한 세 가지 논점을 검토해보자.

분쟁의 바다, 총유의 바다

나는 지금까지 일본과 동남아시아에서 어업을 사례로 하여 국가가 정한 근대적인 법적 틀과 각 지역에서 육성되어온 관습법 혹은 합의 간의 분쟁 문제를 고찰해왔다. 거기서 지적한 것은 주로 다음의 세 가지다. ① 지역주민에 의해 '이중의 세력권_なわばり_'이 실천되고 있다는 것**, ② 공동체 기반형 혹은 공동관리에 의한 자원이용이 장점이 크다는

---

*　金田禎之, 『漁業紛争の戦後史』, 成山堂書店, 1979.

**　인도네시아 동부의 아라푸라해(Arafura sea)에 있는 아루 제도(Aru Islands) 어촌의 사례를 보면, 정부와의 수산합병 회사가 촌락 주변에서 입어할 경우

것*, ③ 국가의 법률과 관습법 가운데 무엇을 우선시할지를 결정할 때 언제나 국가 쪽이 우선시된다는 것에 대한 의문**이다.***

이러한 점들을 감안해 상업적인 어업과 반찬거리를 잡는 정도의 자급적인 어업 사이의 대립, 어업권의 현실을 류큐琉球 열도의 사례를 통해 검토해보고자 한다. 현재 오키나와 야에야마八重山 제도의 이시

에는 고액의 입어료가 청구되지만, 인근 촌락의 어민이 반찬을 구하려고 입어할 때는 입어료를 청구하지 않는 경우가 있다. 이것은 이중의 세력권이라고 할 수 있는 현지 주민의 대응을 보여준다.

* 공동체가 중심이 되어 자원이용을 관리하거나 정부나 외부단체와의 협의·합의를 통해 자원관리를 추진하는 공동관리에서는 지역 주민의 의향을 바탕으로 자원에 대한 토착의 지식과 실천을 우선시하기 때문에 효율적인 관리가 가능하다.

** 인도네시아 마카사르 해협(Makassar Strait)에 인접한 만다르 지방에서는 대나무 뗏목을 이용한 고기잡이가 전통적으로 행해져 왔다. 그러다가 술라웨시(Sulawesi)섬 동남쪽 바다에 있는 셀라야섬(Pulau Selayar)의 어민들이 원정 고기잡이에 나서자 어장 이용을 둘러싸고 분쟁이 일었다. 재판 과정에서 바다를 국민 모두의 것으로 하는 인도네시아 국가의 법률(1945년 수카르노 대통령의 선언)과 전통적인 관습에 따르는 만다르 어민의 관습법이 현안으로 부상했다. 결국 "국가에 두 개의 법은 필요 없다"며 만다르 어민의 고소는 기각되었다. 그러나 관습법을 존중하지 않은 채 자원을 이용하면 남획을 유발하고 지역공동체의 문화가 위기에 노출될 수 있다. 입어에 관한 적절한 합의 형성을 마련하는 구조가 만들어져야 하는 것이다.

*** 秋道智弥, 『海洋民族学海のナチュラリストたち』, 東京大学出版会, 1995; 秋道智弥, 「インドネシア東部における入漁問題に関する若干の考察」, 『龍谷大学経済学論集』1996년 제35호, 1996, pp.2-40; 秋道智弥, 『コモンズの地球史: グローバル化時代の共有論に向けて』, 岩波書店, 2010; 秋道智弥, 「カミは見放さない！'ただの魚'と地域の宝物」, 『天恵と天災の文化志 : 三陸大震災の現場から』, 東北出版企画, 2013, 주2.

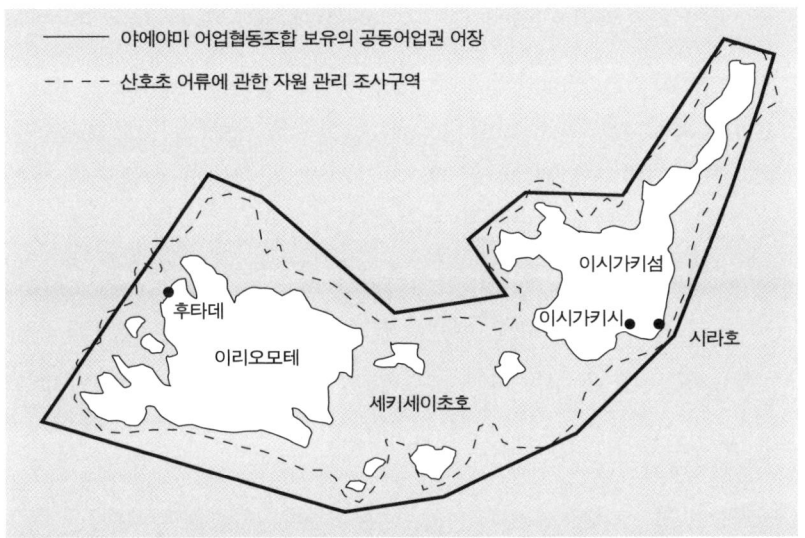

그림1 야에야마 제도에서 공동어업권 어장과 후타데, 시라호의 위치

가키시石垣市와 다케토미정竹富町에서는 야에야마어협이 공동어업권을 배타적으로 보유하고 있다(그림1). 한편으로 일본에서 가장 큰 산호초를 가진 세키세이초호石西礁湖*와 맹그로브 지대는 이리오모테이시가키 국립공원이며, 현재 20개의 해역공원 지구가 지정되어 있다.

이시가키항에는 이도離島나 오키나와 본섬과 이어주는 부두와 여객선, 컨테이너선이 오가는 항만이 있으며, 공공성이 높은 장소로서 국가나 현이 관리하고 있다. 이시가키시에는 제2종 어항(오키나와현 관리)과 중요항만(이시가키시 관리)이 있다. 또한 해상보안청의 이시가키 해상보안부가 설치되어 외국 어선의 영해침범과 불법조업, 외국 해양조사선의 주변 해역 조사활동에 대한 감시·단속 업무, 센카쿠제

---

* 세키세이초호(石西礁湖) 이시가키섬과 이리오모테섬 사이에 넓게 펼쳐진 일본 최대의 산호초 해역이다. 1972년 5월 15일에 국립공원으로 지정되었고 약 400종 이상의 산호가 분포하고 있는 것으로 알려져 있다. - 옮긴이

도(중국명 댜오위다오)에서 대만·홍콩 등의 활동가가 영유권을 주장하는 활동에 대한 경계업무 등의 책무를 맡고 있다.

이와 같은 측면뿐 아니라 산호초 해역에서 해수면 이용을 둘러싸고 관광 다이버나 관광 낚시꾼과 전업 어업자 사이의 충돌도 발생한다. 전업 어업자의 입장에서는 자신들이 이용하는 산호초 어장에 다이버가 잠수하면 물고기가 달아나버리니 관광객은 성가신 존재다. 산호초 어류의 산란기에는 금어구禁漁区 설정을 둘러싸고 다른 종류의 어업에 종사하는 어민들 사이에서 다툼도 빚어진다.* 전업 어업자가 관광 낚시꾼의 안내인으로 나서는 경우도 있다.

한편 다른 측면에서 주목해야 할 문제점도 있다. 야에야마제도를 구성하는 섬들의 주변에는 산호연못礁池이 발달해 있다. 산호연못은 오키나와에서 일반적으로 '이노イノー'라고 불린다. 이리오모테섬 북서부의 후타데干立에 살고 있는 I씨를 인터뷰하는 과정에서 이노의 이용에 대해 다음과 같은 것을 알 수 있었다. "우리는 전통적으로 모래사장과 이노를 자신의 것으로 이용해 왔다. 그러나 산호초를 벗어난 외해外海는 인근에서 온 어민들이 장사를 위해 사용해온 바다이며 우리 자신의 것이라고는 생각하지 않는다."

이리오모테 서부의 방언으로 모래사장은 '파모나', 산호연못은 '스나', 외양은 '우부튀'라고 불린다. 그림으로 옮기면 이렇게 된다.

산호연못인 스나는 자신들의 바다이지만, 산호초원 바깥은 자신들의 것이 아닌 개방적 커먼즈public commons라는 사고방식인 것이다. 스

---

* Akimichi, Tomoya. 2003. 'Species-oriented Resource Management and Dialogue on Reef Fish Conservation: A Case Study from Small-scale Fisheries in Yaeyama Islands, Southwestern Japan.' *Understanding the Cultures of Fishing Communities*: *A Key to Fisheries Management and Food Security*. FAO Fisheries Technical Paper 401. pp.109-31.

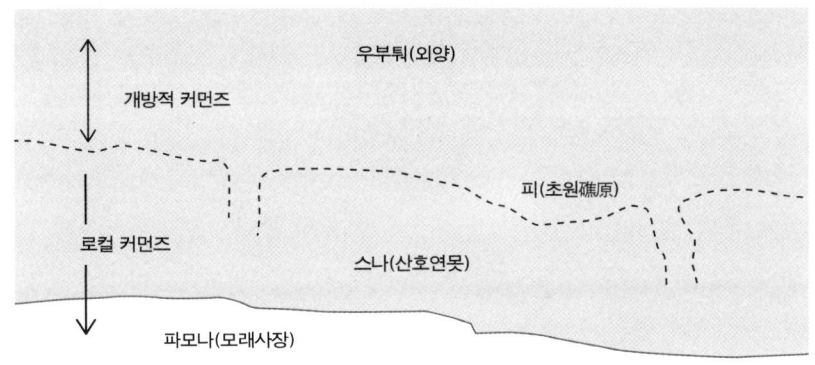

그림2　이리오모테섬에서 로컬 커먼즈와 퍼블릭 커먼즈의 개념도

나의 안쪽에서는 생업을 위한 자급적인 어업이 이루어지며, 그 바깥에서는 상업적인 어업이 이루어져 왔다고 대략적으로 이해할 수 있다. 후타데에서는 매년 가을, 풍작의 감사와 오곡의 풍요 및 건강과 번영을 기원하는 제사인 시치節祭가 열린다. 시치는 해나 계절의 절기를 의미한다. 말하자면 스나의 바다는 사람들이 어로·채집을 하는 공간일 뿐 아니라 지역의 문화와 밀접히 연관된 의례의 장이기도 하다. 또한 북동쪽에 인접한 튀둬마리 해변月ヶ浜은 붉은바다거북의 중요한 산란장이다. 후타데의 스나와 파모나를 합친 영역은 지역의 자연과 문화를 아우르는 지역 커먼즈local commons로서 보배로운 바다가 된다.

실은 이와 매우 유사한 사고방식이 삼십년 전부터 제시되어 왔다. 1979년 이후 오키나와현 이시가키섬에서 신이시가키공항 건설을 둘러싼 문제가 큰 정치 이슈가 되었을 때 시라호白保 지구의 주민들은 앞바다 어업자의 권리에 치우쳐 있는 어업권에서 벗어난 해역의 이용을, 말하자면 구래의 총유권으로서 주장해 왔다.* 시라호의 전면에 펼쳐진

---

*　熊本一規, 「海はだれのものか: 白保·夜須·唐津の事例から」, 秋道智弥 編, 『自然はだれのものか: コモンズの悲劇を越えて』, 1999, pp.139-61.

이노에서는 언덕석산호나 하마산호 속의 세계적으로도 보기 드문 큰 군락이 확인되어 자연보호상 중요한 장소로 인식되었고, 환경단체와 지식인층이 매립에 반대의견을 제기했다.*

한편 시라호의 주민들은 산호초의 이노에서 아사**·문어·조개류·성게 등의 해산물을 채집해 반찬으로 이용해 왔다. 해변 부근에 있는 우타키***는 신녀들이 다양한 의례를 행하는 장소인데, 그 바닥에는 산호초가 깔려 있다. 산호초는 신성한 의례를 연출하는 도구인 것이다. 음력 3월 3일의 명절에 거행되는 하마우리^{浜下り}는 이노에서 고기잡이를 하고 해변에서 건강을 기원하는 행위로서 바다와 지역의 관계를 보여주는 오키나와의 전통적인 민속행사다. 이노는 이렇게 지역의 커먼즈적 활동의 장으로서 자리잡아온 것이다.

이상과 같이 시라호의 주민들은 야에야마어협의 구성원처럼 어업권을 갖고 있지는 않지만, 반찬을 마련하기 위해, 생활을 위해, 그리고 의례를 행하기 위해 이노의 바다와 연계된 권리를 주장해왔다.

게다가 시라호의 이노는 세계적으로도 귀중한 산호 군락이 있는 바다다. 시라호에는 1950년대까지 산호 석회암과 암석을 쌓아 말굽모양으로 만든 가치^{魚垣}****가 있어 각 집마다 점유해 썰물 때 가치 속에

---

*　　環境省, 『日本のサンゴ礁』, 環境省·日本サンゴ礁学会, 2004.

**　　아사(あーサー) 히토에구사(ヒトエグサ)로 불리는 해초의 일종이다. – 옮긴이

***　　우타키(御嶽) 오키나와의 여러 마을에서 신들에게 제사를 지내는 성지를 말한다. 보통 무녀들만 출입이 허용되며, 그 안에는 신목이나 자연석, 향로 등이 놓여 있다. – 옮긴이

****　　가치(魚垣) 바닷가에 돌담을 쌓아 썰물 때 물고기를 잡는 방법으로 오키나와 남쪽의 섬들에서는 이를 가치, 가쓰, 나가키 등으로 부른다. 한국에서는 돌발, 석전, 석방렴, 원담(제주) 등으로 불렀다. – 옮긴이

들어있는 물고기를 잡았다. 가치는 오키나와의 아마미뿐 아니라 큐슈·한국·대만에서도 널리 퍼져있는 오래된 고기잡이 방법으로 일본에서는 일반적으로 이시히미石干見라고 불렸다.* 현재 시라호에서는 현지의 소바리竿原 지역에 가치를 부활시켜 지역의 어업진흥과 자연관찰, 환경학습의 장으로 활용하려는 시도가 시라호에 있는 WWF 산호초보호연구센터(시라호산호촌白保サンゴ村)와 '시라호 물고기가 뛰노는 바다 보전협의회白保魚湧く海保全協議会'를 중심으로 추진되고 있다.** 이러한 활동에는 지역 주민만이 아니라 NPO법인이나 외부단체, 연구자도 참여한다. 이렇듯 소바리가치竿原垣는 총유적 성격을 지니고 있다.***
****

시라호의 사례는 이리오모테섬의 I씨가 이노를 바라보는 것과 분명히 겹치는 지점이 많다. 시라호에서는 이노 바깥쪽에서는 상업적인 어업이 이루어지고 앞바다는 전업 어업자들이 어로활동을 하는 바람에 이노와 가치에 들어오는 물고기가 줄어든다고 걱정하는 시라호 주민들이 많다. 적어도 지역의 바다에 대한 지역 주민들의 이용권은 정당하게 보장받아야 할 것이다.***** 이것은 총유권이 견지한 문제의식이

---

* 田和正孝 編, 『石干見』, 法政大学出版局, 2008.
** 上村真仁, 「石垣島白保集落における里海再生 : サンゴ礁文化の保全·継承を目指して」, Ship & Ocean Newsletter 235, 2010, pp.1-20.
*** Akimichi, Tomoya. 2011. 'Changing Coastal Commons in a Sub-Tropical Island Ecosystem, Yaeyama Islands, Japan.' Island Futures. Global Environmental Studies. Tokyo: Springer. pp.125-37.
**** 五十嵐敬喜, 「総有と市民事業 : 国土としての'未来モデル'」, 『世界』 2013년 6월호, pp.138-51.
***** 浜本幸生, 『海の'守り人'論 : 徹底検証·漁業権と地先権』, まな出版企画, 1996.

아닐 수 없다.

　일본에서는 메이지 시대에 어업권이 물권으로서 법적으로 인정되었다. 메이지 시대 이전인 근세기에도 지역마다 현지의 바다를 이용할 권리가 정해져 있었다. 어업을 영위할 권리가 문서로 명기되어 있지 않더라도 관행 내지 통념으로 용인되곤 했다. 그런데 해면을 이용해 어업과 사업을 영위하려는 외부자가 등장하면서 해수면의 이용권과 입어권을 둘러싸고 갈등과 분쟁이 발생했다. 법적 규제가 겹겹이 중첩되면 어업과 입어의 권리를 가진 사람은 몹시 제한된다. 많은 사람이 배제되어 자원을 둘러싼 과소이용의 상황이 발생하고 자원도 유효하게 이용되지 않게 된다. 시라호 사례에서도 그랬듯이 어협조합원만 이용할 수 있는 권리는 원래부터 지역에 거주해온 주민의 기본적 생활권과 상충한다. 총유제의 원리를 인정한다면 어떠한 법률과 규제를 적용해 자원남획을 막고 지역사회를 존속시켜야 할지는 자명할 것이다.

물과 해변은 누구의 것인가

이노의 세계에 미치는 악영향은 바다 쪽에서만 초래되는 게 아니다. 지역의 커먼즈라 할 이리오모테섬의 후타데 근처에 있는 튀둬마리 해변과 우라우치강浦內川의 물 쪽으로 시선을 옮겨보자. 우라우치강 하구부에 대형 리조트호텔이 건설되어 2004년 4월부터 영업을 개시했다. 이 호텔은 매일 수백 명의 관광객을 받아들여 250톤 이상의 물을 우라우치강에서 취수하고 있다. 호텔에서 나오는 물은 합병 정화조를 통해 지하로 흘러가는데, 그 배수가 해안부에서 용수로서 지상으로 용출되고 오염수가 우라우치강으로 역류해 문제가 되고 있다. 질산과 아질산계 질소가 증가했다면 오염일 수밖에 없다. 해안의 튀둬마리 해변은 바다거북의 산란장이며 석영이 풍부한 '우는 모래사장'으로 알려져 있다. 해변에서는 뒤뒤마리 대합이 나와 지역 주민들이 채취해왔지만, 최근에는 그 수가 격감했다고 I씨는 말한다.

또한 호텔의 야간 조명 탓에 바다거북이가 산란하러 육지로 올라오지 않게 되었다. 또한 호텔의 배수는 우라우치강에서 서식하는 400종 이상의 어류에 돌이킬 수 없는 영향을 미칠 것이다. 최근에는 망둥이 신종이 발견되기도 했다. 이런 일은 앞으로 더욱 늘어날 것이다.

우라우치의 지역주민들은 현지의 공민관 조직을 통해 행정을 담당하는 오키나와현과 다케토미정, 개발주체인 기업이 개최된 설명회에 참가했다. 그러나 설명회에 앞서 개발 협정과 공사 신청이 승인되었으니 주민의 의견은 무시당한 셈이었다. 결국 개발에 반대하는 주민·보호단체·학회 등이 목소리를 높여 환경재판으로 이어졌다. 주민의 목소리를 무시한 인가에 더해 환경에 대한 잘못된 사전·사후의 평가도 문제의 장기화에 일조했다. 이 사례에서도 새로운 개발에 직면한 지역에서 총유권을 인정하는 것이 환경파괴와 지역문화 붕괴를 막는 유효한 방파제일 수 있음을 확인할 수 있다.

총유의 핵은 지역의 공민관이며, 공민관을 중심으로 지역이 결집해 정-현-기업과의 대화에서 중요한 가교 역할을 맡는다. 하지만 총유권의 대상을 인간만을 중심에 놓고 생각해도 좋은 것인가? 바다거북·이리오모테 들고양이·맹그로브·관수리·상자거북·호반새 등 리조트호텔에 반대하는 목소리를 낼 수 없는 소중한 생물의 존재도 잊어서는 안 된다. 생물의 존재를 의식해 자연과 인간의 관계를 되돌아볼 필요가 있는 것이다.

신이 있는 세력권과 성지

인간세계 내부에서 법적 권리관계의 귀속은 공(公, 또는 국가), 사私,

공共의 삼극으로 구분해 논의되곤 한다. 그런 해석이 결코 잘못된 것은 아니다. 또한 공유共有와 총유의 엄밀한 차이와 그 의미에 대해서는 이 책의 권두에서 이가라시 교수가 제창한 대로다. 나는 인류학의 입장에서 지금껏 몇 차례 인간 중심으로 소유론을 파악하는 것이 지니는 한계를 논의해왔다.* 요약하자면 인간이 자연계의 모든 영역을 '인간화', 즉 자연을 누군가의 소유물로 만들어 기득권익이 있는 영역으로 삼는 것에 대한 반성과 경고였다.

인간은 자연을 모두 다 파악하지 못하고 있다. 또한 자연계에서 동식물이 생존하는 것에 대한 사고를 어떻게 자신들의 문화로서 구체화할 것인가라는 의문은 늘 존재해왔다. 『세력권의 문화사なわばりの文化史』에서 전개한 것은 자연과 인간의 관계에 관한 근원적 물음이었다. 자신의 존재를 자연의 일부로 여기는 일본적 심성과 자연관에 비추어 모든 영역을 소유하고 점유할 권리를 인간이 갖는다는 행태에 의문을 표명했던 것이다.

동일본대지진의 쓰나미라는 자연의 위협에 대해 일본사회는 부흥의 조치를 취하고 있다. 그러나 방조제 건설과 고지대 이전, 구획정비 사업과 성토盛土의 범위 등 공학적 측면에만 중점을 두고 있는 실정이다. 현재 쓰나미 피해를 입은 지역에서는 이차적 변이가 진행되고 있는데, 자연의 순환이나 숲-강-바다를 잇는 연환에 주목하는 미래지향의 발상은 어찌하여 등한시되고 있는 것일까?** 자연과 거기서 살아가

---

* 秋道智弥, 『なわばりの文化史: 山・海・川の資源と民俗社会』, 小学館, 1995;
秋道智弥, 『コモンズの人類学 : 文化・歴史・生態』, 人文書院, 2004.

** 畠山重篤, 『森は海の恋人』, 文藝春秋, 2006; 山下博, 『森里海連関学 : 林と海の統合的管理を目指して』, 京都大学学術出版局, 2007; 田中克, 『森里海連関学への道』, 旬報社, 2008; 田中克, 「津波の海に生きる三陸の未来 : 森里毎連環と防潮堤計画」, Ship & Ocean Newsletter 302, 2013, pp.6-7.

는 생물과 인간을 넘어 초자연을 포함하는 사상의 중요성을 검토해야 하지 않겠는가. 자연과의 공생이 강조되는 오늘날, 발밑의 권리관계에 우둔한 감성으로 자연을 대하는 일은 더 이상 용납되지 않을 것이다.

세계에는 다양한 형태의 성지가 있다. 종교적 성지는 크리스트교의 예루살렘, 이슬람의 메카, 힌두교와 불교의 바라나시, 티베트 불교의 라사 등이 있다. 세계적 전통종교 이외에도 민족 고유의 성지가 세계 각지에 있다. 호주에서 선주민인 각 원주민 집단은 선조가 탄생했다는 성지를 갖고 있으며 그 장소를 소중히 지켜왔다. 성지를 침범하는 행위는 집단 내외를 막론하고 어떠한 이유에서든 금지되고 있다. 그런데 외부 기업이 우라늄광산 개발 등을 이유로 성지를 침범하고 파괴하는 사례가 여기저기서 일어나고 있다.

호주 북부의 카카두 국립공원에서는 원주민의 성지를 포함한 토지가 우라늄 광산 개발에 노출되었다.* 일부의 반대에도 불구하고 개발이 진행된 사례가 국립공원 내의 마젤라강 유역에 있는 베린저 광산이며, 여기서는 1980년대부터 채굴이 시작되었다. 베린저 광산의 상류에 있는 쿤가라 지구에서도 광산 개발이 예정되어 세계유산등록에서 말소되었는데, 원주민들의 반대운동으로 2013년 3월에 세계유산과 국립공원에 재등록되어 개발 계획이 좌절되었다.

호주 북부의 안헴랜드^{Arnhem Land}에 살고 있는 욜릉구^{Yolngu} 사람들도 바다의 성지인 하구부에 바라문디**잡이를 하는 상업어선이 침입

---

* 鎌田真弓,「オーストラリア先住民族によるランド・マネジメント：アーネムランド'カカドゥ国立公園'ニトゥミラック国立公園」,『名古屋商科大学総合経営・経営情報論集』49호, 2005, pp.119-350.

** 바라문디(barramundi) 학명은 *Lates calcarifer*이며 인도태평양의 열대지역에 분포하는 연안성 대형 육식물고기로 동남아시아와 호주 북부에서는 낚시와 식용으로 사용된다. – 옮긴이

하자 맹렬히 반대했으며, 결국 상업선을 내쫓기 위해 하구부를 폐쇄하는 행정조치가 취해졌다.

일본의 사례로는 어떤 것들이 있을까. 오키나와의 아마미에는 마을 안과 주위에 울창한 나무와 숲이 있어 대대로 지역 주민들에게 신앙의 대상이었다. 일반적으로 우타키라고 불리는데, 이는 마을의 가호와 항해의 안전을 지키는 신들이 머무는 장소로서 니라이카나이라는 영원불멸의 나라로부터 인간에게 풍요를 가져다준다고 여겨져 왔다. 우타키에서는 다양한 의례가 행해져왔다. 우타키는 18세기 시점에 류큐 왕조가 이러한 장소를 총칭하는 말로 만들어낸 것이며, 그 이전의 시대에도 무이森 등으로 불리며 조상의 영령祖靈에 제사를 지내는 신성한 장소가 존재해왔다. 이리오모테 후타데의 우타키는 조상의 영혼을 바다로부터 맞이하는 신성한 장소로 숭배되어 왔다.

내가 『세력권의 문화사』에서 지적했듯이 신의 세계를 용인하는 세계관과 자연관은 앞으로 지구에서 살아가는 길을 모색할 때 중요할 것이다.* 예컨대 일본 도호쿠 지방의 산악지대에서 산과 그 안의 동식물을 대하는 마타기 사람들의 자연관을 주목해봄직하다. 니가타현新潟県 미오모테강三面川 상류의 마타기 사람들은 초봄에 산에서 고비를 채집할 때 자신들이 먹고 파는 양 말고는 산에 사는 영양을 위해 남겨둔다. 이는 인간도 영양도 산신에게서 먹을 것을 받는다는 관념을 바탕으로 한 것으로 산신에 대한 존경의 마음이 바닥에 자리 잡고 있다. 인간만이 지구상의 자원을 독점하거나 인간 사이에서만 공유하고 분배하는 것이 아니라 신의 세계를 받아들인다는 자원관을 실천하는 것이다. 신

---

*   秋道智弥, 『なわばりの文化史: 山・海・川の資源と民俗社会』, 小学館, 1995, 주21.

의 세계는 조상의 영혼과 절대적인 지고의 신, 거기에 자연숭배의 애니미즘적 존재를 중층적으로 내포하는 경우도 있다.

이처럼 총유적 관점은 특히 지진 재해의 부흥에서 현명한 정책 입안의 일환으로 주목해야 한다. 권리관계를 강조한 나머지 '권리의 다발' 조정과 합의 형성에 매이게 되면 유효한 정책을 실현하기가 어려워지고, 결국 자원 이용을 불필요하게 억제하는 '안티 커먼즈의 비극 the Tragedy of the Anticommons'이라는 함정에 빠지게 된다. 또한 현명한 자원 이용을 추진하는 데 집착한다면 자연을 망각하는 인간중심주의적 결론을 쫓게 되기 십상이다. 이 점에서 초자연 혹은 자연을 포괄하는 관점은 주목해 마땅하며, 근대적인 커먼즈에 대해서도 경종을 울릴 수 있을 것이다.

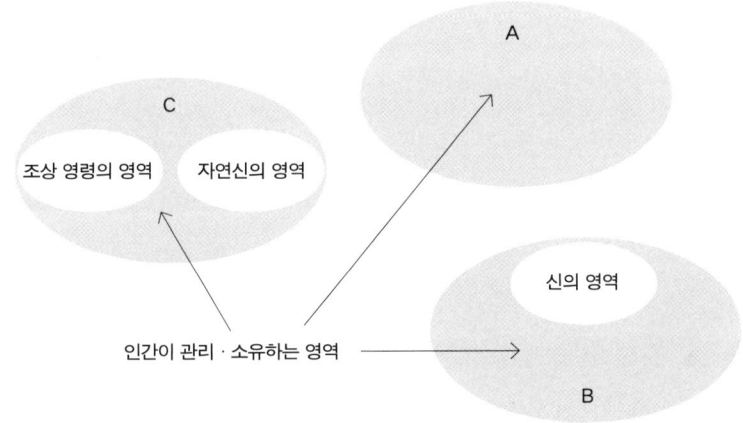

그림3 인간과 신의 세계를 보여주는 영역 개념도

자연총유론의 현재와 미래
- 후쿠시마 제1원자력발전 동시다발사고로부터 생각하다

무로타 다케시

시작하며

도쿄전력 후쿠시마 제1원발 동시다발 사고를 두고 일본정부는 가급적 도쿄전력의 책임을 묻어둔 채 몇몇 대책을 강구했다. 그 중 하나가 주민이 돌아올 수 없을 정도로 심각히 오염된 민유지 19평방킬로미터를 국유지로 전환한다는 것이다. 그리고 그 국유지를 제염작업을 통해 한데 모이는 오염물질의 중간저장지로 삼기로 했다. 이러한 사유지에서 국유지로의 전환과 핵폐기물 폐기장 건립은 토지의 소유·이용과 관련해 전에 없던 문제를 낳고 있다. 또한 다른 한편에서는 핵발전소 개발과는 직접적 관계가 없이 총유 개념을 확장하려던 논의가 이어져왔다. 최근에는 자연총유라는 새로운 개념도 제기되었다. 나는 이 두 가지 문제를 연관지어 앞으로의 과제를 사고해보고자 한다.

깊어가는 후쿠시마 핵발전소 위기

1945년의 히로시마·나가사키, 그리고 2011년의 후쿠시마. 모두 일본사를 바꾼 혹은 바꾸고 있는 핵 재해다. 모두 우라늄과 플루토늄이 인간의 조작을 넘어 일을 냈다는 점에서 닮아있다. 하지만 차이점도 있다. 1945년의 경우, 초토화 끝에 미군이 원폭을 투하한 것이며, 일본의 지배자층도 더 이상은 버틸 수 없음을 깨닫고 연합군 앞에 무조건 항복했다. 그러나 후쿠시마 제1원발의 경우는 중대 사고로 인해 네 기의 시설에서 대량의 방사성 물질이 육지와 바다로 방출되는 것을 목도하고도 전력업계와 정부는 핵발전을 그만두려 하지 않고 있다. 오히려 국내 핵발전소를 재가동할 계획을 세우고 심지어 해외에 팔아먹으려 하고 있다.

2013년 10월 말, 아베 신조安部晋三 수상은 터키의 이스탄불을 방문했다. 방문 목적의 하나는 일본기업이 건설을 맡은 보스포러스해협 횡단 지하철의 개통을 축하하는 기념식에 참석하는 것이었다. 그러나 그것만으로 국회 회기 중에 수상이 터키까지 날아갈 리는 없다. 10월 29일, 미쓰비시 중공업 컨소시엄이 터키정부와 핵발전소 수주에 정식 합의했다. 합의서 조인이라는 중요한 행사가 수상의 터키 방문 기간에 있었던 것이다. 29일 오후, 합의서 조인이 공표되었다.

이처럼 아베 수상이 일본 안팎에서 핵발전소 추진노선으로 돌입하는 가운데 일본정부가 돌이킬 수 없는 잘못을 저지르고 있음을 인식하는 사람들이 없을 리 없다. 예컨대 고이즈미 준이치로小泉純一郎 전 수상이 있다. 그는 지질이 몹시 불안정한 일본에서는 핵발전소가 산출하는 방사성 물질의 안전한 보관장소가 어디에도 없다는 사실을 얼마 전부터 알아차린 모양이다. 그리고 최근에는 지질구조가 매우 안정된 편란드를 방문해 그 나라조차 방사성 물질을 초장기에 걸쳐 안전하게 보관하기 어렵다는 점을 확인하고는 탈원전의 필요성을 더욱 절감한 듯하다. 그의 학문적 스승 가운데 한 사람이 '원발 즉시 없애 미래를 열자'는 부제가 달린 책*을 간행한 경제학자 가토 히로시加藤寬라는 점도 그의 최근 발언과 무관하지 않을 것이다.

하지만 고이즈미 전 수상 같은 정치가는 소수고, 정치가와 경제계 지도자 대다수는 핵발전소가 국토파괴의 도구임을 여전히 깨닫지 못했다. 그 사람들은 68년 전 히로시마·나가사키의 원폭체험에서 아무것도 배우지 못했으며, 전력의 지역 독점이 초래하는 폐해에도 어둡기만 하다.

2011년 3월 11일에 시작된 후쿠시마 핵발전소의 동시다발사고에서는 핵발전소 가까이의 병원에서 긴급피난하면서 그 스트레스 등으로 며칠 사이에 사망한 사람들만도 수십 명이 넘었고, 이후에도 사망자가 속출했다. 그러나 핵발전 시설의 폭발이나 방사능 오염으로 즉사한 사람은 없다. 외부로 대량의 방사능이 방출되었음에도 그렇다. 즉 사고의 심각함에 비해 눈에 보이는 피해는 사고로부터 2년 반이 지난 지금까지도 그렇게 대단하지는 않다.

그러나 사고를 과소평가해서는 안 될 이유가 세 가지 있다. 첫째 내부 피폭의 문제로 그 규모는 아직 알려져 있지 않다. 둘째 방출된 방사성 물질의 대략 80% 전후는 바다로 유출되고 육지에는 상대적으로 영향이 적었지만 그 정도로도 이미 갑상선 이상 등이 확인되고 있다. 셋째 바다로 유출된 그리고 유출될 방사성 물질에 의한 바다생태계의 이상이다. 요컨대 후쿠시마 사고의 폐해 규모가 표면화되는 것은 지금

---

* 加藤寬, 『日本再生最終勧告 : 原発即時ゼロで未来を拓く』, ビジネス社, 2013.

부터의 일이다.

미국까지 미친 북태평양의 방사능 오염

후쿠시마 핵발전소 사고는 소유권 및 이용권을 둘러싼 기존의 논의를 넘어선 새로운 문제를 제기하고 있다. 핵발전소의 부지 경계를 아득히 벗어나 방출된 기체와 액체의 방사능은 대규모 인구의 생활권인 동북지방과 관동지방을 덮쳤다. 방사능의 비산은 일본 열도에 그치지 않았다. 사고 발생으로부터 5일 후에는 북미에서도 후쿠시마에서 날아온 것이 확실시되는 방사성 물질이 관측되었다.

1986년 4월 26일에 발생한 구소련의 체르노빌 핵발전소 사고의 경우, 같은 해 5월 3일부터 일본 각지에서 방사능이 관측되었다. 이번 후쿠시마 핵발전소 사고는 장기적으로는 체르노빌 사고를 훨씬 웃도는 규모의 방사능 오염을 일본 각지와 북반구에 미칠 가능성이 있다.

체르노빌의 경우, 사고 발생으로부터 수 년 사이에 적어도 천 명 단위의 인명이 손실되었는데, 이것은 주로 사고 원자로가 철과 납 그리고 콘크리트를 발라서 굳힌 석관이었기 때문일 것이다. 그리고 폭발 후에는 핵발전소 부지를 봉쇄해 남아있던 방사능의 비산, 유출을 막아 두었다. 이에 비해 후쿠시마의 경우는 방사능 대부분을 바다로 흘려보내 육상 오염을 상대적으로 줄일 수 있었다.

이러한 과거의 방식은 일본의 원발 추진당국뿐 아니라 해외 추진당국의 권유이기도 하다. 그리하여 앞으로도 보다 체계적으로 이어질 것이다. 2013년 12월 4일, 국제원자력기구^{IAEA}의 조사단은 제거하기 어려운 방사성 물질인 트리튬 등을 국가의 기준치 이하로 희석한 뒤 바다에 방출하는 것도 선택지로 검토하라고 일본정부와 도쿄전력에 조언했다(『요미우리신문』디지털판, 12월 4일). 이로써 육상 오염수의 저장용량을 지킬 수 있다는 것이다. 이 조사단의 "후안 까를로스 렌팅호 단장은 기자회견에서 안정성을 확인해 해양으로 방출하는 것은 '전 세계에서 가장 많이 쓰이는 방법'이라고 말했다"고 한다. 국제원자력기구 조사단의 안이한 인식 수준은 기가 막힐 정도다.

그러나 한편에서는 바다로 유출된 방사능을 검토하라는 목소리가 올라오고 있다. 사고 발생 직후부터 방사성 물질이 방출하는 붕괴열을 제거한다는 이유로 후쿠시마 제1원발의 노심부에 대량의 물이 주입되었다. 그러나 노심부 곳곳이 손상되었기 때문에 거기서 물이 누출되었고, 노심 냉각을 위해 폐쇄해둔 순환을 재개하는 것은 불가능했다.

그것만이 아니다. 먼 서쪽의 산과 언덕에서 흘러내려온 지하수는 핵발전소 구내의 지하를 거쳐 동쪽에 펼쳐진 북태평양으로 흘러간다. 사고로부터 3년이 지난 지금도 핵발전소의 손상 상태는 상세히 파악하지 못했는데, 손상된 일부는 심각하게 파괴된 노심과 지하수의 결절점이 되고 있다고 보인다. 그로 인해 도쿄전력 관계자가 인공적으로 주수한 부분에 자연의 지하수가 흘러들고 혼합되어 파괴된 노심의 방사성 물질이 태평양으로 방출되어 왔던 것이다. 이 글을 쓰고 있는 2013년 12월에도 북태평양의 오염은 진행중이다.

국유지가 된 심각한 방사능 오염지역

『교토통신』2013년 11월 23일자 기사에 따르면 "도쿄전력 후쿠시마 제1원발사고에 따른 제염으로 발생한 오염폐기물 등을 장기보관할 중간저장시설을 건설하기 위해 정부는 제1원발 주변의 토지 약 15평방킬로미터를 구입해 국유화를 추진할 방침을 굳혔다"고 한다. "제염을 소관하는 환경성의 이시하라 노부테루石原伸晃 대신이 12월 초 후쿠시마 현을 방문해 사토 유헤이佐藤雄平 지사와 현지 네 정町의 수장에게 시설 건설의 동의를 정식으로 요청할 것"이라는 것이다. 토지의 면적은 얼마 지나지 않아 19평방킬로미터로 늘어났다.

국유화 대상인 토지의 권리자는 수천 명이 넘는다. 그런데 "국가가 주민과 현지 지자체의 동의를 얻어 중간저장시설 건설을 서두르고, 지연되는 제염을 가속화할" 방침이라고 한다. "정부는 국유화 대상 지역을 후쿠시마 오쿠마정大熊町과 후타바정双葉町, 나라하정楢葉町의 일부로 설정하고 있다. 중간저장시설의 건설을 둘러싸고 현지 지자체가 조사는 수용하지만 건설은 아직 동의하지 않은 상황"이다.

사고는 도쿄전력이 책임져야 하니 오염폐기물 등을 장기보관하는 중간저장시설을 건설한다면 당연히 도쿄전력이 비용을 들여야 하는데도, 국가 부담으로 많은 사유지를 정리하고 이를 사들여 국유지로 전환하고, 나아가 제염활동에서 배출되는 방사능으로 오염된 흙과 초목 등의 중간저장시설을 그 토지에 건설한다는 것이다.

이러한 계획은 최근에 마련된 것이 아니라 민주당 정권 시대인 2012년 초에 이미 시작되었다. 『지지통신』2012년 3월 8일자 뉴스에 따르면 "도쿄전력 후쿠시마 제1원발 사고로 오염된 토양, 자재를 보관할 중간저장시설을 건설하기 위해 제1원발의 반경 5킬로미터 이내에 연간 방사선량이 100미리 시버트^{Sv}를 넘는 용지를 국유화하는 안을 정부·민주당이 검토하고 있다는 것이 7일 밝혀졌다. 국가 주도로 해당 지역의 부동산을 매입. 제1원발의 폐로 관련시설을 설치하는 것도 검토하고 있다"는 것이었다.

이 뉴스는 또한 "중간저장시설 외에 폐로작업을 착실히 실시하기 위해서도 토지의 국유화가 필요하다고 보고 있으며, 현지에서 방사선량의 측정 작업을 진행하고 있다"고 전하며 "정부는 토지와 가옥을 매수할 때 땅값 이외에 퇴거 비용 등의 보상도 검토하고 있다"고 보도했다.

즉 민주당정권 하에서 만들어진 계획이 실현되지 않은 채, 정권이 바뀐 뒤에 자공민정권 아래서 재차 국유화 노선이 제시되기에 이른 것이다. 원칙대로라면 도쿄전력이 제염활동을 해야 할 지역을 정하고 수집한 오염물을 떠맡아야 했다. 하지만 실제로는 그리되지 않았다. 오염물 발생을 책임지지도 않고, 은근슬쩍 미사용 핵연료 및 사용후 핵연료의 소유권을 포기하고 있는 것이다.

그리하여 소유권 포기 문제를 검토해야 하는데, 그 전에 핵발전이란 무엇인지, 그 기술적 본질을 지적해두고 싶다.

핵발전이라는 기묘한 발전장치

핵발전소는 기술로서는 부조화의 전형이다. 그것을 확인해두고 싶다. 일본에서는 증기기관을 발명한 사람이 제임스 와트$^{James\ Watt}$라고 완전히 잘못 알고 있는데, 증기기관은 토마스 세이버리$^{Thomas\ Savery}$가 발명했고 1690년대에 특허를 얻었다. 그것을 개량해 실용화한 사람이 토마스 뉴커먼$^{Thomas\ Newcomen}$이고 그때가 1712년이기 때문에 2012년에는 300주년을 맞이해 기념행사가 열렸다(와트의 주요한 공헌은 분리응축기의 발명이며, 이로 인해 증기기관의 열효율이 대폭 향상되었다). 뉴커먼의 왕복식 증기기관이 발전해 1882년 영국의 찰스 파슨스$^{Charles\ A.\ Parsons}$에 의해 증기터빈이 발명되었고, 1889년에는 그 증기터빈을 이용한 발전이 실현되는데, 이것이 핵발전과 깊은 관계가 있다. 백년도 더 전인 1889년에 거의 완성된 이 뛰어난 기술에 핵분열 원리를 접목해 핵발전소가 개발된 것이다. 백년 전 증기터빈의 기술과 핵무기 연구를 통해 접근한 핵분열의 기술, 이렇게 완전히 다른 원리에서 나온 것을 하나의 용기로 종합한 것이니 본질적으로 기술에 무리가 따를 수밖에 없었다.

다음으로 핵무기 탄생의 경위를 보자. 초기에는 헝가리 출생의 물리학자 레오 실라르드$^{Leo\ Szilard}$의 역할이 컸다. 1938년 후반 독일의 핵화학자 오토 한$^{Otto\ Hahn}$ 등이 저속의 중성자 충돌로 우라늄235의 원자핵이 핵분열하는 것을 실험실에서 증명했고, 독일과 영국을 경유해 미국으로 건너간 실라르드는 이듬해 초반에 이미 이 실험을 알고 있었다. 그는 만약 이 원리를 나치당이 파악해 무기에 응용한다면 세계는 암흑에 휩싸일 것이라고 여겼다.

미국으로 건너간 그는 상대성원리 수립자로 명성을 얻고 있던 알베르트 아인슈타인$^{Albert\ Einstein}$에게 사정을 설명하며 독일에 앞서 핵개발을 서두르라고 미국 정부에 제안할 것을 부탁했다. 아인슈타인은 여기에 응해 1937년 8월 2일 우라늄무기 개발을 촉구하는 편지를 프랭클린 루즈벨트$^{Franklin\ D.\ Roosevelt}$ 대통령 앞으로 작성했다. 아인슈타인의 서한은 실라르드를 통해 일단 뉴딜정책의 실행과정에서 대통령과 친분이 생긴 경제학자 알렉산더 작스$^{Alexander\ Sachs}$에게 전달되었다. 작스는 시기를 놓치지 않고 서한을 백악관에 건넸다. 같은 해 10월, 미국정부는 비밀리에 대량의 우라늄 조달을 비롯한 핵개발에 착수했다. 이윽고 이것이 맨해튼 프로젝트로 확대되었다.*

1944년에는 제2차 세계대전의 전황이 추축국 측에 확실히 불리해졌다. 1945년 5월에 독일의 히틀러가 자살하고 일본의 항복도 시간 문제였다. 이 시점에서 연합국 측이 원폭을 개발할 필요성은 사라졌지만, 맨해튼 계획은 이미 비행기로 일본에 원폭을 투하하는 방향으로

---

* 제2차 세계대전 시기 핵무기 개발에 대한 상세한 내용은 다음의 책을 참조. 槌田敦・山崎久隆, 『福島原発多重人災 東電の責任を問う: 被害者の救済は汚染者負担の原則で』, 日本評論社, 2012, p.980.

크게 기울어 있었다. 실라르드는 이 계획을 중단해야 한다며 미국정부에 진언할 과학자 집단을 만들고 활동에 나섰지만 완전히 무시당했다. 그리고 8월 6일 히로시마에 우라늄 원폭, 9일에는 나가사키에 플루토늄 원폭이 투하되었다.

히로시마 원폭은 우라늄235의 핵분열 연쇄반응이 각종 인공방사능을 만들어 인간을 비롯한 생물체에 대해 막대한 살상효과를 발휘할 뿐 아니라 막대한 열에너지를 방출한다는 것도 입증해냈다. 제2차 세계대전 후에도 미국에서 핵개발은 이어졌다. 당시 소련은 미국에 대항하여 핵개발을 추진했고, 영국과 프랑스도 미국과는 독립적으로 핵개발의 길을 걷기 시작했다. 중국은 소련의 영향력 하에 핵무기 보유국이 되었다. 이러한 핵개발 경쟁 속에서 열에너지의 이용도 과제로 부상했다.

그러나 핵분열에서 나오는 막대한 열에너지를 어떻게 새롭게 이용할 것인지는 원리상 어떤 국가의 기술자, 과학자도 답하지 못했다. 결국 19세기 말 파슨스가 실용화한, 증기터빈을 돌려 발전하는 구식의 방법밖에 없었다.

증기터빈식 발전이라고 하면 현재 일본에서는 대형 석탄화력발전소가 대표적이라고 할 텐데, 보다 소형의 증기터빈식 발전을 지자체의 쓰레기소각 발전에서도 볼 수 있다. 일본 각지에 보급된 쓰레기 발전은 다이옥신 대책 등의 환경규제를 준수한다면 쓰레기의 소각·감소가 가능하다는 이점이 있다. 그렇지만 핵발전이라는 증기터빈식 발전은 쓰레기를 감소시키기는커녕, 핵쓰레기라고 할 방사성폐기물을 낳는다. 생산적인 기술과는 거리가 멀고, 오히려 생태파괴적이며 잠재적으로는 인간파괴적이다. 이러한 기술적 본질은 사회경제적으로 대체 어떤 일을 초래하는가.

자라나는 소유권 포기의 욕망

핵발전소는 사회구성원 다수가 필요하다고 여겨 돈을 지불하고서라도 사려는 전기를 만들어 낸다. 그러나 방사능이 만들어져야 비로소 전기도 만들어진다. 전기를 원하는 것이지 방사능은 필요 없다고 하더라도 그렇게는 되지 않는다. 전력회사는 우라늄을 구입해 소유하고 가공하여 핵연료를 만든다. 그 핵연료로 전기를 생산할수록 핵연료는 사용이 완료되고 핵의 쓰레기가 된다.

전력회사는 사용 후 핵연료를 소유하지만, 그것은 처리·처분에 거액의 비용이 들어가는 소유물이다. 거기서 자라나는 것이 성가신 사용 후 핵연료의 소유권을 포기하고 싶다는 욕망이다. 꽤 오래 전에 로켓에 실어 먼 우주공간에 버리는 안이 검토된 적 있지만 로켓 발사의 실패율이 높아 폐기되었다. 고비사막에 버리려는 안도 나왔지만 일본의 핵 쓰레기를 기꺼이 받아들일 나라는 없을 것이다.

결국 일본 원전이 낳은 핵 쓰레기는 일본 국내에 보관하는 수밖에 없다. 그러나 심각한 사고를 일으킨 도쿄전력의 경우 사용후 핵연료와 사용 중인 핵연료의 상당 부분이 미립자가 되어 비산되거나 유실되어 비가시 상태가 된다. 따라서 소유권이 애매해지는데 이 경우 심각하게 오염된 지역은 사람이 돌아올 수 없는 곳으로 도쿄전력이 매입해야 할 것이다.

그럼에도 정부는 그곳을 국유지로 만들었다. 도쿄전력의 소유권 포기를 인정하고, 책임도 묻지 않고, 세금으로 국유지를 늘린다는 것이 현재 정부의 방침이다. 우라늄 연료의 소유권을 두고 이처럼 심각한 일이 벌어지는 지금, 소유권의 획득과 포기에 관해 그 본질을 묻는 논쟁이 요구되는 것이 아닐까.

후쿠시마 사고보다 오래전의 일이지만 물리학자인 쓰치다 아쓰시^{槌田敦}는 이런 말을 한 적이 있다. "소유권 취득은 법률에 의해 엄격하게 제한되어 있는데, 소유권 포기는 몹시 간단하다. 불법적으로 소유권을 취득하면 도둑질로서 처벌 받지만, 불법적으로 소유권을 포기하는 경우 도둑질에 상응하는 말이 없고 처벌도 가볍다. 소유권의 취득과 포기를 대등한 법률체계로 만들어내는 것은 장래 인류사회에 필수의 과제다."* 후쿠시마 사고를 겪고 있는 지금 우리는 쓰치다의 문제제기를 우라늄 연료에 적용해 고찰해봐야 할 것이다.

총유론의 새로운 지평

그런데 우라늄 연료 같은 극히 위험한 독극물의 소유권 문제를 논외로 한다면, 최근 일본에서는 총유론의 새로운 전개가 관찰된다. 여기에는 법학에 근거하는 논의도 있지만 법학에 얽매이지 않는 논의도 있다.

총유는 원래 법학 용어로 독일어 Gesamteigentum에서 유래한다. 게르만 민족 사이에서 '모두의 것'을 뜻하는 말로 1786년에 법학자 슈나우베르트^{Andreas Joseph Schnaubert}가 처음 사용했다.** 이어서 호파커^{K. C. Hofacker}가 1800년에 사용하고, 다음으로 베젤러^{Georg Beseler}가 게르만법 개념을 보다 체계적으로 논하려고 사용했다. 일본의 법학 관계자 사이에서 이 말이 퍼지게 된 것은 기르케의 저작을 통해서였다. 법제사가인 나카다 가오루^{中田薫}가 1920년의 논문에서 이것을 총유로 번역

---

* 槌田敦,「物質循環による持続可能な社会」,『循環の経済学』, 学陽書房, 1995, p.219.

** 岡田康夫,「ドイツと日本における共同所有論史」,『早稲田法学会誌』제74호, 1995.

해 이후 일본어로 정착했다.* 에도 시대의 일본에서는 총촌惣村**, 총탕惣湯 등의 개념이 있었기 때문에 총유總有라는 말도 쉽게 받아들여졌는지 모른다. 아무튼 총유라는 일본어의 등장은 비교적 최근의 일로 백 년도 되지 않는다.

『세계대백과사전 제2판』(平凡社)의 해설에 따르면, 총유란 "공동소유의 일종으로 다수의 사람들로 구성되는 (게놋센샤프트*** 등으로 불리는) 공동체의 토지 및 그 외의 재산을 공동체와 그 구성원이 연대해 지배하는 형태를 말한다"고 한다. 즉 "재산의 관리·처분의 권능은 공동체에 속하고 사용·수익의 권능은 구성원에게 귀속된다"는 특징이 있다. 그리고 "구성원의 단체적 결합관계가 강하며, 구성원은 구성원으로서 자격을 갖추면 이 권능을 취득하고 자격을 잃으면 권능을 상실한다. 공동체의 관리·처분 방법, 구성원의 사용·수익 양태, 구성원 자격의 취득과 상실 등은 모두 공동체의 내부 규범에 따른다."

보다 간단한 설명은 『디지털 다이지센デジタル大辞泉』에 나오는데 총

---

* 室田武,「山野海川の共的世界」,『グローバル時代のローカル·コモンズ』, ミネルヴァ書房, 2009, pp.35-36.

** 총촌(惣村) 무로마치 시대 장원이 해체되어가는 와중에 나타난 마을사람들의 공동체적 결합을 말한다. - 옮긴이

*** 게놋센샤프트(Genossenschaft) 오토 폰 기르케가 제창한 개념으로 사회에 존재하는 인위적으로 형성된 공동체를 가리킨다. 기르케는 게르만 민족의 원시적 혈연집단이 어떻게 근대국가로까지 발전해 왔는지를 탐구하는 과정에서 게르만법 고유의 단체주의적 개념을 재구성했다. 그에 따르면, 게놋센샤프트는 자연적으로 발생하는 것이 아니라 구성원 각자의 자유로운 의지에 기초한 계약으로 성립하며 구성원들은 평등한 지위를 갖는다. 직인조합이나 협동조합이 이에 해당하며, 일본에서는 협동체나 조합 등으로 번역되기도 한다. - 옮긴이

유란 "공동소유의 한 형태로서 가장 단체적 색채가 짙은 것. 재산의 관리·처분 등의 권능은 공동체에 속하며, 그 사용·수익의 권능만 각 공동체 성원에 속한다. 입회권 등"이라고 언급되어 있다.

이 같은 설명은 법학의 발상에 근거하는데, 사회학의 입장에서 총유를 유연하게 이해하는 것도 가능하다. 예컨대 환경사회학자인 후지무라 미호藤村美穂는 '모두의 것'이라는 말을 단서 삼아 총유를 이렇게 논한다. "마을의 공간은 '모두의 것'이라는 '땅土' 위에 모든 색채를 가진 '그림図'으로서 '사'유의 의미가 칠해져 있는 것이다. 따라서 '그림'인 '사'유지는 (있고 없음의 이분법으로 결정되는) 사적 소유권과 다르며, 이용시 특정한 사람의 자유가 보증된다는 정도에 불과"*하다는 것이다.

그런데 "이러한 사유 의식의 형상은 마을에서 살아가는 사람들이 보건대는 '마을의 토지는 어디 있더라도 마을 전체의 것이다'라는 의미도 된다. 이처럼 사유지의 기저에 존재하는 소유의 형상은 입회 관행이 그러하듯 현재도 많은 마을에서 볼 수 있다. 촌락 연구의 영역에서는 이를 '토지소유의 이중성' 또는 '총유'라고 부른다."**

소유를 사유와 공유公有로 엄밀하게 양분하지 않고 모두의 것으로 바라보는 일은 향후 인구감소사회에서 의미를 더하게 될 것이다. 인구감소사회에서는 천연자원의 과소이용, 빈집의 증가 등이 문제로 부상하는데, 이를 해결하려면 총유적 접근이 필수적이다. 예컨대 산촌에서

---

* 藤村美穂, 「'みんなのもの'とは何か : むらの土地と人」, 『コモンズの社会学』, 新曜社, 2001, p.41.

** 藤村美穂, 「'みんなのもの'とは何か : むらの土地と人」, 『コモンズの社会学』, 新曜社, 2001.

방치되는 산림에 관해 도시민이 자원봉사자로서 관리에 참여하려는 경우, 가령 주말만이라도 즐기면서 관리를 하는 산림의 이용자와 선조 대대로부터 내려온 산림의 소유자는 별개의 존재다. 다른 사람이 이용을 못하도록 소유자가 막을 수도 있다. 그러나 자신의 산림을 정비해 주니 이익이 될 수도 있다. 이 경우 산림을 계속해서 사유私有하는 것보다는 일정한 규율 하에 총유로 하는 편이 현명할 것이다. 산림학자인 야마모토 신지山本信次의 산림볼런티어론*에는 이런 문제에 접근하는 실마리가 있다.

법학의 입장에서도 예컨대 새로운 형태의 총유가 도시에서 갖는 의의에 관해 다카무라 가쿠토高村学人가 실증연구로써 논의를 진행하고 있다.** 그는 수도권의 아파트 만들기를 사토야마·녹지 보전과 양립시킨 사례 등을 상세하게 분석한다. 또한 지방행정의 현장에서 유사한 문제를 고찰한 경우로서 히라타케 고조平竹耕三의 연구가 있다.*** 그는 지방의 마을만들기 조직이 토지이용의 협동화를 추진한 사례로서 교토시 쇼코쿠지相国寺의 재단법인 만도에万灯会, 시가현滋賀県 나가하마시長浜市의 주식회사 구로가베黒壁, 가가와현香川県 다카마쓰시高松市의 마루가메丸亀상점가를 논하고 있다.

---

* 山本信次,「森林ボランティア活動に見る環境ガバナンス」,『グローバル時代のローカル・コモンズ』, ミネルヴァ書房, 2009, pp.101-230.

** 高村学入,『コモンズからの都市再生 : 地域共同管理と法の新たな役割』, ミネルヴァ書房, 2012.

*** 平竹耕三,『コモンズと永続する地域社会』, 日本評論社, 2010.

자연총유를 향하여

후쿠시마 핵발전소 사고를 경험한 지금, 총유론은 앞으로 환경보전에 더욱 천착해야 하는 것이 아닐까? 재야의 연구자인 마쓰모토 후미오松本文雄는 모두의 것으로서의 총유를 논하고 있는데, '자연총유권'을 주장했다는 점에서 선구적이라 할 수 있다. 애당초 자연을 소유할 수 있는가? 자연을 소유할 수 있다는 맹목으로는 자연을 이해할 수 없는 것이 아닐까? 마쓰모토의 자연총유권이라는 개념은 거기까지 사고가 닿아있다.

마쓰모토는 지리학자인 무라마쓰 시게키村松繁樹의 훈도를 받고 오랫동안 고등학교에서 교원을 지낸 인물이다. 교원으로 근무하면서 대기오염에 의한 소나무 고사 문제에 관심을 기울였는데, 농약으로는 소나무 고사를 막을 수 없다고 보고 효고현兵庫県 다카사고시高砂市를 중심으로 농약의 공중 살포에 대한 반대운동을 전개하기도 했다.

마쓰모토는 자연총유권의 일부로서 입산권入山權의 입법화를 요구하고 있다. 여기서 "입산권이란 하이킹·동식물 감상·삼림욕·조망·계곡의 시냇물 소리와 새들의 지저귐을 듣고, 기암을 감상하는 등 외적 자연을 향유하기 위해 자유롭게 마을산里山에 들어갈 권리를 말한다."* 이것은 북유럽 국가들에서 이미 공인된 '만인권'과 거의 흡사하다.**

---

* 松本文雄, 『自然総有論：入山権思想と近郊里山保全を中心とする』, メタ・ブレーン, 2008, p.143.

** Shimada, Daisaku and Takeshi Murota. 'Multilayered Natural Resource Management in Open and Closed Commons.' *Local Commons and Democratic Environmental Governance*. The United Nations University Press. p.191.

자연총유권을 주장하는 마쓰모토 후미오는 이렇게 말한다. "외적 자연인 토지의 소유에 관해서는 여러 영역의 전문 분야에 걸쳐 방대한 연구가 보고되어 있다. 와타나베 다카시渡辺尚志가 지적하듯 '토지(자연)는 인간 생존의 영원한 기초'이기 때문이다. 또한 이가라시 다카요시는 제2차 세계대전 후 일본에는 방대한 양의 법률과 제도가 있다고 지적하는데*, '인간 생존의 영원한 기초'임을 망각한 법률이라면 아무리 잔뜩 만들어봤자 토지소유자에게 사적 이익추구 수단이라는 의미만을 강화해 지구 규모에서 난개발과 환경파괴를 부추기고 말 것이다."**

마쓰모토는 이러한 고찰에 근거해 "토지소유에 관해서도 욕심에 눈이 먼 이익추구라는 종전의 틀을 깨고 '소유와 이용이라는 종래의 이념을 넘어' 새로운 개념인 자연총유의 사상 계몽과 행동을 일으켜 자연총유의 틀을 구축할 때"***라고 주장하고 있다. 다시 말해 소유와 이용이라는 종래의 개념으로는 짜낼 수 없는 새로운 사상과 행동의 틀을 모색하고 있는 것이다.

마쓰모토의 이러한 주장은 다년간의 사색과 행동에 바탕하고 있으

---

* 법률의 수에 관한 아시라시의 발언은 방송 프로그램 「NHK 스페셜 긴급·토지개혁: 지가는 낮출 수 있다(NHKスペシャル緊急・土地改革：地価は下げられる)」의 보도 내용을 인용한 것이다(『月刊ウィータス』, 1990년 12월 임시증간, NHK). 하지만 주안점은 그 보도의 분석에서 드러나지 않은 부분, 즉 막대한 수의 법규를 수반하는 현행 법률체계 속에 있으며, 착종된 법체계의 정합성을 따르는 입법기술과 더불어 관에 대항할 수 있는 민의 입안능력 부족을 문제 삼고 있다.

** 『月刊ウィータス』, 위의 책, p.339.

*** 『月刊ウィータス』, 위의 책, p.341.

며 경청해야 할 대목이 많다. 이른바 3·11 전에 나온 저작인지라 현재의 핵발전소 위기까지 고찰하지 못했다는 한계는 있다. 아울러 법학에서의 총유론을 거의 고려하지 않았다는 근본적인 약점도 있다. 그러나 자연을 '소유할 수 있는 것'으로 여기는 종래의 이론을 극복하려는 점에서 미래를 향한 첫걸음이라고 말할 수 있다. 특히 "대기라는 외적 자연을 모두의 것으로 하려는 자연총유행동"*, "내적 자연인 각 사람의 건강"**이라는 개념에서 엿보이는 적극성은 높이 평가해야 한다.

마치며

증기터빈 발전은 연료로 천연가스·석유뿐 아니라 일본의 탈황기술 발전에 힘입어 석탄이 중요한 위치를 점하면서 효과적으로 운전을 이어가고 있다.*** 또한 최근에는 일반폐기물(쓰레기)을 연료로 삼아 효과적으로 가동되고 있다. 이러한 증기터빈 발전의 연료로 우라늄을 쓰겠다는 터무니없이 어리석은 행동을 이어온 결과가 후쿠시마 핵발전소 사고다.

그런데 사고가 나든 안 나든 핵발전소 운전은 저준위뿐 아니라 고준위 방사성폐기물을 대량으로 만들어낸다. 최종적인 처분방법은 심층지하처분이라고들 하지만 지진국 일본에는 그럴 만한 장소가 없다.

---

* 『月刊ウィータス』, 위의 책, p.348.

** 『月刊ウィータス』, 위의 책, p.351.

*** 증기터빈 발전에 관해서는 최근 일본의 화력발전소에서 천연가스를 연료로 하는 Combined-Cycle 발전이 보급되고 있다. 우선 천연가스를 태워 가스터빈을 돌리는 내연력발전을 하고, 다음으로 그 고온 배기를 이용해 수증기를 발생시켜 증기터빈을 돌리는 2단계의 화력발전을 하는 유형이 많다. 이리하여 최근 화력발전의 열효율은 눈부시게 올라가고 있다.

장소가 없는데도 고준위 방사성폐기물은 이미 만들어졌으며, 재가동된다면 더욱 늘어난다. 적합한 장소가 없는데도 처분지를 만들려면, 강제에 의할 수밖에 없고 국유지를 늘려서 충당하는 수밖에 없다. 후쿠시마의 경우 최종처분은커녕 사고에 따른 오염물의 중간저장만으로도 사유지를 국유지로 강제전환해야 하는 고통이 따르고 있다. 국유지로 삼아 처치하기 곤란한 문제를 그곳으로 최대한 처넣어버리려는 시도의 범죄적 성격을 돌아볼 일이다.

1945년 히로시마, 나가사키에 이어 일본의 어딘가에 세 번째, 네 번째 원폭을 투하하겠다는 계획은 맨하탄 계획의 당사자들조차 진심으로 고려하지는 않았던 것 같다. 그러나 2011년 심각한 손상을 입은 4기의 발전용 원자로가 2014년인 지금도 불안정한 상태인데도 다른 핵발전소를 재가동해야 한다든가 장기적으로는 신규 건설도 해야 한다고 진심으로 생각하는 위정자의 목소리가 들려온다. 이것은 핵무장은커녕 핵자멸의 길이다.

그러나 암담한 장래를 전망하는 것만으로는 미래세대에 대한 책임을 다할 수 없다. 최근 총유를 구래의 입회권 범위로 한정하지 않고 보다 넓은 분야로까지 유연하게 확장하려는 시도가 이어지고 있다. 인구감소와 격차 확대가 초래하는 부정적 현상과 마주하며 농산촌에서도 도시에서도 새로운 총유의 형태가 출현하고 있다. 이러한 총유의 도입은 전력회사의 핵발전과 무관할 리 없다. 대형사고가 터지면 부지 바깥으로 대량의 방사성 물질이 날아가고 흘러들어간다는 것을 똑똑히 알게 된 지금, 전력관계자가 아니더라도 광범위한 시민, 주민은 핵발전의 시비를 논의할 권리를 가진다. 이 논의가 열어낼 새로운 사회에 기대를 걸고 싶다.

현대총유론에 부쳐
- 커먼즈에서 온 메시지

마가렛 A. 맥킨

시작하며

이 책에 수록된 모든 논문은 현대 일본이 안고 있는 토지이용계획을 둘러싼 여러 딜레마에 대한 해결책으로서 ('현대총유'로서 제안되고 있는) 공동소유의 개념에 관심을 두고 있다.

내가 일본의 소유권 제도에 흥미를 갖게 된 계기는 '입회'와의 만남이었다. 입회의 경우 자원의 소유자와 이용자 사이에서, 소유권의 속성인 큰 틀의 의사결정은 함께 하면서도 자원에서 편익을 향유하는 것은 개별적으로 이뤄진다. '현대총유'의 경우도 입회와 비슷한 구조를 갖는다고 보인다.

일본의 입회는 세계적으로는 커먼즈라고 불리는 자원시스템의 일종이지만, 이 글에서는 그것이 존립해온 합리성을 밝히는 것과 더불어 오늘날에도 왜 중요한지를 거론하고자 한다. 일본의 전통적 입회는 게르만법에서 보이는 총유^{Gesamteigentum}와 유사해 총유로 간주되어 왔다. 사실 '현대총유'와 어떻게 다른지가 분명한 것은 아니지만, 일본의 입회는 고전적 총유의 의의를 살려내면서 지역 사람들의 자유로운 총의에 따르는 공동결정에 근거한 사회 구조를 이룬다고 여겨져 왔다. 내가 보내는 메시지가 '현대총유' 창출에 참고가 되기를 바란다.

입회와 커먼즈의 존립 이유

많은 사람들이 입회를 소유권으로서는 낡았고 예외적이며 경제효율을 저해하니 폐지해야 할 제도로 여기고 있지 않을까. 하지만 이것은 경제성장과 경제적 효율성의 의미를 오해하고 있거나 잘못 적용하려는 데서 비롯된다. 사람들이 공동의 편익을 추구하고 위험의 공유를 도모한다면, 입회라는 소유권에 관한 약속은 근대화 신봉자가 보다 '근대적'*이라고 여기는 완전한 개별적 소유권과 비교해 보더라도 입회의 구성원에게 도움이 크며, 그 목적에 비추어 보더라도 장점이 많고 효

---

* 이른바 입회권의 '근대화'를 위한 방책으로서 1966년에 입회임야근대화법의 제정이 진행되었는데, 당시의 산림 이용의 변화에 대응하여 산림 경영의 근대화를 도모한다는 목적을 가지고 있었으며, 많은 수의 입회가 소멸하고 그에 따라 권리주체도 변화했다. 일본의 입회권은 예전에는 호주, 현재도 세대주에게 소속한다고 해석되고 있으며, 개인에게 속하는 것이 아니다. 필자는 입회임야 등과 관련을 가지는 (여성을 포함한) 각 개인에게 입회권이 부여되는 것이 바람직하다고 생각한다. 여기에서는 이 법에 의한 입회권의 근대화 문제에는 깊게 들어가지 않는다.

율성도 더 크다는 것을 알 수 있다. 입회 제도 아래서는 자원 이용자 자신이 이용방법을 결정하고 이용 총량의 상한과 이용의 억제에 적극 관여할 수 있으며, 매일의 운영규칙을 만들어내듯이 자원 스톡을 공동으로 보유하고 관리하는 것이 가능하다.

커먼즈로 총칭되며 전세계에서 볼 수 있는 입회와 유사한 시스템에서는 자원 스톡을 공동으로 관리하되 개별적으로 이용한다는 점이 특징이다. 이것을 생산의 시스템으로 접근한다면, 소득의 흐름을 창출하면서도 생산을 위한 자원 스톡은 용도의 변화가 있는 경우를 포함해 지속가능한 상태로 보전된다는 장점을 주목할 필요가 있다. 이를 엘리너 오스트롬은 공동으로 수립된 규칙 하에서 이용할 단위자원을 추출하는 과정이라고 불렀다.*

의사결정은 공동으로 하면서 자원에서 얻는 편익과 소득의 수취는 개별적으로 이뤄지는 권리의 구조를 갖는 것이 총유의 핵심이다. 이것은 주식회사조직과도 유사하다. 거기서 주주는 배당 취득의 권리를 가지는 것과 동시에 사업관리에 관한 의사결정에도 공동으로 참여할 수 있다. 주식의 처분에 다른 주주의 허가가 필요한지 여부는 제도마다 다르지만, 지금도 세계에 존재하는 무한책임의 합명회사合名會社 형태에서는 단체 전체가 처분에 관해서도 결정권을 갖고 있다.

개별 소유권을 주창하는 사람들은 처분권을 내포한 제도를 '근대

---

* 이용되는 단위자원(맥킨의 use-units, 오스트롬의 resource units)이라는 용어는 2009년에 노벨 경제학상을 수상한 오스트롬이 추출한 개념이었다. 각각의 구성원이 수확하거나 이용하는 커먼즈의 일부나 그것들을 금전적 소득으로 바꾼 소득을 말한다. 오스트롬은 일본의 입회제도를 높게 평가한 바 있다.
Ostrom, Elinor. 1990. *Governing the Commons*. Cambridge University Press.

적'이라고 간주하는데, 그렇더라도 입회를 조직한 커뮤니티는 완벽하게 근대적인 소유권을 그 커먼즈 속에 두고 있다고 말할 수 있다. 회사의 공동소유자, 사업조합^{partnership}, 그리고 주식회사에서 의사결정권과 자산의 소유권이 공유되듯이 '현대총유'를 형성하려는 것은 통상 시장에서 행해지는 것들과 완전히 공존가능하다. 영리기업·사업조합·주식회사는 개별소유권을 합법적으로 합친 것이지만, 발달한 자본주의의 정상적인 풍경의 일부로 인정되고 있으며, 총유라고 해서 문제라고는 말할 수 없을 것이다.

어떻게 '상호신뢰의 시스템'을 창출할 것인가

기업 이론*에 따르면, 개인이 각각 독립적인 계약자로서 상거래를 할 때 발생하는 거래비용에 비해 공동 사업을 할 경우 얻게 되는 효율 향상의 이득이 높은 경우 기업이라는 형태가 탄생하게 된다. 하지만 어떤 공동 작업에서도 의무회피나 무임승차 행위가 나타나는데, 공동 사업의 경우 얻을 수 있는 이익이 위험으로 인한 비용을 상회할 가능성은 반드시 존재한다.** 그리고 커먼즈에서 흔히 볼 수 있는 규칙으로서 커먼즈에서 얻을 수 있는 유량^{flow}의 이익, 의사결정에서 투표권의 할당, 커먼즈의 일부 매각 등으로 얻은 몫은 이용자가 투입해온 시간·금전·노력의 양에 비례한 분배 등이 일반적이다.

이것은 여타 공동적인 기업 행위에서 볼 수 있는, 소득과 책임의

---

* Coase, Ronald. 'The Nature of the Firm.' *Economica*, November 1937, pp.386-405.

** Miller, Gary. 1993. *Managing Dilemmas: The Political Economy of Hierarchy*. Cambridge University Press.

분배 규칙과 유사하다. 즉 주식의 수가 늘어나면 투표권수도 늘어나고 당연히 실패할 경우 위험은 증가하고 순조로울 경우 소득이 커진다. 입회제도가 갖고 있는 기본적 힘은 편익이 발생하면 거기에 기여한 사람에게만 분배하고 공헌이 없는 자에게는 보상을 요구해 공정한 노력에 의한 기여를 촉진하는 구조라는 데 있다.

그렇다면 협동을 유인하고 무임승차를 좌절시키는 조치를 우리가 만들어내려는 집합재에 적용해볼 수도 있을 것이다. 기후변동에 따른 해수면 상승이나 쓰나미에 의한 위험을 줄이기 위한 해안지역 계획의 재검토에서부터 공원과 녹지대를 통한 생활편의 제공, 소방서와 파출소의 설치 혹은 천재지변에 대비한 피난루트 창설에 이르기까지 응용의 여지가 많다.

이와 같은 협동의 제도는 '상호신뢰의 시스템'이라고 할 수 있다. 모두가 바라는데도 다른 방법으로는 이루지 못하는 상호이득을 협동하면 얻을 수 있다. 협동하는 제도를 무시하면 공동이득의 달성을 저해하거나 희생 발생의 리스크 풀risk pool이 만들어지는 등 모든 희망이 버려지게 될 것이다.

지속가능한 사회를 만들기 위하여

규모가 크고 인구밀도가 높은 지구에서는 높은 수준의 물질대사(통과 물질량)로 생활이 영위되는데, 거기서는 막대한 외부성(대부분은 부負의 외부성)이 만들어진다. 이 사태가 초래하는 다양한 위험에 대처할 수 있는 유일한 방법은 소비, 건설에서, 특히 도시 지역의 생활양식에서 상호조정을 도모해가는 것밖에 없다. 공업화와 도시화 속에서 사람들은 각자 홀로서기라는 잘게 쪼개진 개인적 제국을 만들어내는 것이 고작이다. 하지만 조정에 근거해 행동하는 것이 중요하다는 것을 이제야 점차 알아차리고 있다. 오늘날 인류의 제어능력을 넘어선 지질학적 변화·기후변동 등 다양한 요인으로 우리는 전례 없는 위험에 직면했으며, 상호보장을 더욱 필요로 하고 있다.

지속가능성의 유지를 결정하는 제반 요인들이 환경적 내구력의 한계에 근접하고 있으니 계획을 세울 때는 과거보다 훨씬 주의 깊어야 한다. 우리에게 물과 공기를 내주고 거대한 대도시 지역에도 자연의 생활편의를 제공해온 자원시스템에 보다 주의를 기울일 것이 요청되고 있다.

커뮤니티에 생활편의를 만들어내고, 양질의 환경을 보장하고, 주택·쇼핑지역·교통 그리고 레저를 전체적으로 양호하게 만들고자 할 때, 이러한 계획에는 일정한 규모를 필요로 한다. 풍수해·지진·쓰나미에 의한 피해의 위험성이 높은 지역에서 위험의 풀과 희생을 공유한다면 막대한 편익을 얻을 수 있다. 저지대나 범람 위험이 높은 곳에 입지하는 시설에는 제한을 두어야 하며, 주택과 학교는 고지대에 입지해야 하며, 취약한 구조의 건물을 많이 만들기보다는 적더라도 견고한 구조체를 건설하는 편이 바람직하다.

이 책에서 이가라시 다카요시가 밝혔듯이 공익을 추구한다고 해서 토지를 국유화해야 하는 것은 아니다. 국유화가 되면 관료가 만들어내는 계획이 될 뿐이다. 사회주의 시대의 중앙계획이 그랬던 것처럼 국가가 찍어 내려서는 어리석은 짓이 될 뿐이며, 필요에는 전혀 부응하지 못하고 상상을 불허할 정도로 비효율적일 것이다. 예컨대 소유권의 소재를 바꾸지 않고도, 개인 소유인 채로도 각 소유주가 손을 잡아 경영주체를 공유할 수 있는 것이다(이것이야말로 현대총유의 형식이다). 거기서 각자는 공유주체의 사업목적에 대한 공헌에 비례해 소득과 경영상의 이득을 얻는다.

이가라시 다카요시는 폐허가 된 도시를 보고 슬퍼했다. 그 마음을 이해할 수 있다. 도시의 마천루와 버려진 공터가 무질서하게 혼재해 있으나 토지이용계획은 제대로 기능하지 않고 있다. 오히려 지진·쓰나미·방사능으로 피해를 입은 마을에서 사회문제를 가중시키고 있을 뿐이다. 이가라시 교수는 하나의 해답으로서 환경배려형 계획으로 리스크를 풀^{pool}로 하고 피해를 공유하는 한편 협동으로 얻어지는 이득 역시 공유할 수 있는, 일정 규모 이상의 협동계획을 제창하고 있다.

조정 없이 행동해서 생겨나는 외부성은 위험하고 허용되어서도 안 된다. 협조의 의사결정 위에 이루어지는 입회와 유사한 제도와 현대적 총유는 응당 만들어져야 한다. 그것은 결코 과거의 유물이 아니다. 바로 조정을 진전시키는 방법이며 바람직한 부산물을 낳는 협동행위다. 자본주의에 회사조직이 있는 것과 마찬가지다. 공업화가 진행되고 인구가 늘어나면 혼잡을 피할 수 없게 되지만, 그런 지구에서도 살아갈 수 있는 방법을 모색해야 할 것이다.

제4장
현대적 전개

토지소유권 절대성의 전환
- 현대총유론의 전제로서

다케모토 도시히코

시작하며

일본경제는 고도성장에서 안정성장을 거치고, 다시 거품경제에서 그 붕괴 이후에 디플레이션 경제로 들어섰다. 농산어촌에서는 고령화와 취업자 감소로 농지 경작을 포기하고 산림 경영을 방치하는 사례가 늘어나고 있다. 도시 지역에서도 단독주택이 빈집이 되고 아파트에서 공실이 늘어나 관리가 부실해지는 등 토지·공간 이용의 방치 문제가 대두되고 있다.

왜 이런 사태가 왜 발생했을까. 나는 그 한가지 원인이 토지소유권의 절대적 자유라는 관념(이하 '토지소유권의 절대성')에 있다고 본다.

일본에서는 메이지유신 이후 지조^{地租} 개정에 따라 공조^{貢租} 부담자인 지주와 본백성^{本百姓}*이 토지소유권자가 되어 근대적 토지소유권 제도가 확립되었다. 이어서 전후의 농지개혁으로 전국적으로 다수의 영세한 농지소유자(자작농)가 창출되었다. 이후 고도성장기에 전국적으로 도로·철도·공장 용지·주택 용지 등의 정비 개발을 거치자 땅값은 올라가기 마련이니 토지를 자산으로 보유하고 있는게 좋다는 의식이 굳어진 결과 토지소유권의 절대성이 공고해졌다.

이 개념에 바탕을 둔 농지 제도, 도시 계획 제도로 구성된 토지이용시스템은 경제가 상승세이고 인구가 늘어나는 동안에는 지가 상승이 예상되므로 적어도 빈집이나 미이용 토지·공간의 발생을 막았다는 점에서 일정한 기여를 해왔다고 말할 수 있다. 그러나 디플레이션 경제로 들어서 인구감소사회가 되자 토지·공간이 방치되기 시작했다. 많은 사람들이 토지와 공간을 효과적으로 활용하려고 해도 현행 제도 아래서는 소유권자의 동의를 얻지 못하는 한 긴급하고 요긴한 사업조차 제3자가 추진하기 어렵다. 사태가 이러하다면 일본의 경제사회를 재생하기 위해서는 토지소유권자의 의사를 존중하는 것도 중요하지만 공공성의 관점에서 이용을 우선시하는 토지이용시스템을 구축해야 하지 않을까.

이 글에서는 농지제도와 도시계획제도를 역사적으로 고찰하여 인구감소 사회와 디플레이션 경제에서는 토지소유권의 절대성에서 토지이용 우선으로 원칙의 전환이 필요함을 밝힐 것이다. 나아가 현대총유론의 사고를 소개하면서 이를 토지이용시스템(농지제도, 도시계획제

---

* 본백성(本百姓) 에도시대에 집과 부지·논밭을 소지하고 연공(年貢)과 잡세를 부담하며 제 몫을 하는 마을 구성원으로서 권리와 의무를 지닌 농민을 가리킨다. - 옮긴이

도)에 반영하는 길을 모색하고자 한다.

근대적 토지소유권(토지소유권의 절대성)의 성립

도쿠가와 막부가 시작된 근세 이래 농지에 대한 소유는 부농(豪農, 자신이 경작하는 '자작지'를 둔 대규모 토지소유자=지주) 등의 '백성'(부농 외에 제조업자·금융업자·운수업자·양조업자 등 농촌지역의 자영업자)이 '저토권底土權'을 갖고, 토지를 경작하는 농민이 '상토권上土權'을 갖는 형태로 '일지양주一地兩主'(한 토지 두 소유)가 성립되었다.

그런데 메이지 유신 이후 '부국강병, 식산흥업'이라는 국가목표에 따르는 재원을 확보하고자 지조 개정(1873년~1881년)이 실시되어 지조 부담자인 토지소유권자를 특정할 필요가 생겨났다. 그리하여 '일지양주'였던 일본의 토지소유제도는 정부의 의사에 따라 근대적 토지소유권 확립으로 전환하는 작업이 단행되었다. 즉 지조 개정으로 직접 생산자인 경작자(소작인)가 아닌 공납貢納의무자인 지주와 본백성에게 소유권이 일률적으로 주어지고, 소작이라는 용익권은 지주와 소작인 당사자 사이의 사적 계약에 맡겨졌다. 또한 1895년 민법의 제정 결과 토지소유권과 토지임차권의 관계는 물권인 소유권에 채권인 임차권을 종속시키기로 확정함으로써 토지 사적 소유권의 절대성이 법률상 확립되었다.

지주제의 성립과 소작입법의 행방

이처럼 지주적 토지소유권의 절대성과 소작인 경작권의 불안정성이라는 지주와 소작인의 관계에 더해 마쓰카타 디플레이션(1882년)을 비롯해 반복되는 '농업공황'으로 영세 자작농이 몰락해 소작인화하고, 토지는 대형지주에게로 집중해 1930년에는 소작율이 50%에 달하는

'지주제도'가 성립했다.

그런데 제1차 세계대전 이후의 공황과 러시아혁명을 비롯한 사회주의사상의 여파로 소작쟁의가 증가하자 지주와 소작인의 관계는 지주가 온정을 베풀고 농촌의 미풍양속에 따라 해결한다는 식으로는 대처하기 어려워졌다. 이리하여 1920년 농상무부는 소작법 제정, 소작조정, 자작농 창설과 유지라는 세 과제를 검토하기에 이른다.

우선 민법에서 임대차에 대한 특별법으로서 소작권을 강화하고 농지임차인의 지위를 안정시키기 위한 소작 법안이 검토되었다. 그러나 지주 계층이 격렬히 반대해 성안되지 못했다. 그러자 소작쟁의가 빈발해 법정에 그 해결을 촉구하는 목소리가 높아졌다. 특히 지주층으로부터 간단한 법적 해결책을 요구하는 목소리가 컸다. 이를 배경으로 1924년 소작조정법이 성립되었다. 이 소작조정법에 대해서는 소작인 자신이 그 실익을 알게 되어 쇼와시대에 들어서면 소작조정이 3천 건 정도로 늘어났다. 한편 소작쟁의가 늘어나면서 자작농의 유지·창립에 관한 사업도 실시되었지만, 이것은 소농이 지주로부터 농지를 구입할 경우 자금을 저리로 융자한다는 내용으로 토지가격 유지 등의 측면에서 지주에게 유리한 것이었다.

도쿄시구 개정 조례(1881년) 및 도쿄시구 개정 토지건물처분 규칙(1889년)

두 제도는 막번체제에서 이어받은 봉건도시 도쿄의 기성 시가구역을 장기적 시야에서 근대적 도시구조를 갖는 시가지로 개조하기 위해 제정되었다. 이것들은 도로·철도 등 교통운수를 중심으로 도시기반시설을 정비하고자 한 것인데, 국가 의사에 따른 국가적 사업이지만 지역수익자(도쿄 시구) 부담의 원칙에 따라 국가재정 기여를 최대한 억제하며 진행되었다. 여기서 지방자치제에 대한 배려는 기본적으로 존재하지 않았다. 또한 시구 개정이 적용되는 지구는 용지매수 및 건축제한을 규정해 놓았지만, 적용 지구 이외의 도시 시가지에 관한 개조 및 기반 정비의 문제는 무규제·무계획 상태로 방치되었다. 당시는 농지전용이 농지소유자(=지주)의 자유에 맡겨져 있었던 데다가 청일전쟁(1894~95년), 러일전쟁(1904~1905년)을 거치며 산업자본주의가 발전해 도시로 산업과 인구가 급속히 집중한 결과 무질서하고 난잡한 시가지가 형성되고 말았다.

도시계획 제도의 연혁 – 구 도시계획법(1919년)까지의 경위

도시계획법과 시가지건축물법(모두 1919년)

도시계획법과 시가지건축물법은 도시계획의 결정권한과 집행권한의 측면에서 시구개정 조례의 연장선상에 있는 것인데 뚜렷한 목적의식을 가지고 '국가에 의한 도시계획과 사업'을 추진하겠다는 것으로 지방자치제 원칙을 목적의식적으로 배제한 특별법이었다. 더욱이 이 법들에서 도입된 '도시계획구역' 제도는 도시계획 구역과 시가지 외부 지역에서는 "특별한 규제를 둘 필요가 없다"는 사고에 기반하고 있었다. 그 때문에 당시 농지전용 규제의 부재 등으로 인해 '건축·개발의 자유'의 관념이 깊게 뿌리내리는 중요한 제도적 전제의 하나가 되었다. 이 바탕에는 토지소유자, 특히 지주층의 '건축의 자유'에 대한 집착이 존재했다.

전시하 농지정책의 방향

일본의 농업·농촌은 1929년 세계대공황으로 농업공황이 휩쓸자 소작인뿐 아니라 지주의 경제 상황도 악화되었다. 1931년 만주사변, 1932년 상해사건, 만주국 성립, 5·16 사건 등으로 경제사회가 피폐되고 전시체제가 진전되자 국가의 경제 통제가 강화되었다.

이런 가운데 농지입법에 관해서는 1938년 소작입법으로는 무척 미온적인 내용이지만 일단의 효과를 기대해 농지임차권 강화, 미간지의 강권적 절차, 소작조정 강화, 농지위원회 설치를 골자로 하는 농지조정법이 마련되었다. 이로써 지주세력이 반대하면 입법화할 수 없다는 소작입법의 금기가 풀려, 전쟁이 격화되자 농지법령이 여러 분야에 걸쳐 제정되었다. 특히 1931년 국가총동원법이 제정되자 전쟁 수행을 위한 식량증산과 농촌평화라는 관점에서 소작료와 농지가격 통제, 농지파괴 방지, 권리이동 제한 등을 위해 이전에는 법률로 제정해야 했던 것도 국가총동원법에 의해 '칙령'으로 실시할 수 있게 되었다. 그로 인해 중요한 농지 법제는 모두 칙령으로 실시되었다. 전시농지입법으로 규정된 조치*는 가령 1941년 임시농지등관리령으로 농지전용을 허가제 대상으로 하는 등 전후 농지개혁에서 이뤄진 시책의 주요 내용과 유사한 것이었다. 이처럼 전시 하의 농지 정책은 전후의 농지개혁에 길을 열어준 것이다.

---

* 전시농지입법으로서는 ① 소작료통제령(1939년) ② 임시농지가격통제령(1941년) ③ 임시 농지 등 관리령(1941년)이 있었다. 이것들 말고도 식량관리제도의 운용상 소작미는 재촌지주의 쌀을 제외하고는 정부가 직접 매도하기로 했으며, 정부의 매입가격과는 별도로 소작인에게 생산장려금을 직접 교부해 소작료 부담을 실질적으로 40% 정도 인하시켰다.

전후의 농지개혁과 농지제도의 확립

제1차 농지개혁

제1차 농지개혁은 일본 정부(농림부)가 완전한 주도권을 쥐고 추진한 것으로 지주 세력의 반발을 되도록 무마하고자 '자작농 창설'이라는 기존의 용어를 사용하며 '농지조정법 개정안'을 수단으로 사용했다. 그 내용은 재촌在村 지주에게는 보유한도를 3정보로 정해(국무회의에서 5정보로 인상하는 것을 인정), 부재지주 소유의 소작지 전부와 재촌 지주의 보유한도를 넘은 소작지를 소작인에게 강제양도하게 했고, 그 경우 농지가격은 논은 임대가격의 40배, 밭은 임대가격의 48배로 했다. 아울러 소작료 금납화, 경작권 강화 등 소작조건의 개선을 포함하고 있었다. 정부는 이렇게 강제권을 사용해 자작농을 창설하고 소작료 금납화를 시행했기 때문에 획기적 입법이라고 여기고 있었다.

같은 해 12월 9일 '농민해방에 관한 맥아더 지령(농지개혁에 관한 각서)'가 일본정부에 전달되었는데 각서의 법안 통과에 GHQ가 힘을 실어준 것으로 간주되어 정부안은 의회를 통과할 수 있었다.

제2차 농지개혁

그러나 정작 GHQ는 제1차 농지개혁에 문제가 있다고 보았다. 그리하여 재촌 지주의 소유한도 5정보는 너무 과도하므로 3정보 이하로 할 것, 지주와 소작인이 농지매매를 두고 직접 논의하는 식이어서는 지주 세력의 영향력 아래 있던 당시 농촌에서 소작인에게 불리할 수 있으므로 정부가 토지를 지주로부터 직접 매수해 소작인에 양도할 것, 토지양도에 5년간 시간을 끌지 말고 즉시 실시할 것, 소작계약은 반드시 문서화하고 소작료의 최고한도액을 인하할 것 등 소작조건이 개선되는 방향으로 농지개혁을 해야 한다는 취지를 일본 정부에 통고했다. 결국 제1차 농지개혁은 연기 지시가 내려와 헛된 개혁으로 돌아가고 말았다.

이런 가운데 재촌지주의 소유제한을 도부현 평균 1정보, 홋카이도 4정보로 하는 등 개혁안이 과감해졌다. 결국 정부의 농지 매수·매도를 중심으로 한 자작농 창설은 '자작농 창설 특별 조치 법안', 그리고 경작자의 지위 안정 및 농업 생산력의 유지 증진을 위해 농지의 권리 설정, 이전의 통제, 임차권 해제를 허가대상으로 삼을 것과 경작권 확립, 최고 소작료 제한, 소작계약 문서화, 시정촌농지위원회의 지위 확립 등을 내용으로 하는 '농지조정법 개정안'이라는 두 가지 법안으로 정리되어 1946년 10월에 성립되었다.

그리고 제2차 농지개혁이 실시되자(정부에 의한 매수·매도는 1948년까지 완료하기로 규정) 소작인은 봇물 터지듯 농지를 사들여 자작농이 되는 길을 택했다. 이로써 지주적 토지소유는 해체되었다.

농지개혁의 성과 유지와 농지법 제정

제2차 농지개혁은 1949년 10월 21일 맥아더 총사령관이 요시다 시게루 수상 앞으로 "농지개혁에 관한 제법규는 어떤 것도 훼손되지 않을 힘을 가져야 한다"는 내용의 서한을 보내 농지개혁의 성과를 영구보존하고자 1952년 시행되었다. 농지법*이 제정된 것이다. 물론 여기에는

---

*   농지법의 내용은 농지개혁으로 창출된 '자작농'이 다시 소작농으로 전락해 기생지주제도가 부활하는 것을 방지하는 것을 목적으로 ① 1938년 농지조정법으로 법제화된 농지 임차인의 지위를 안정시키기 위한 기본적 제도(농지임대차의 대항력, 법정 갱신 및 해약 제한), ② 전시농지입법의 하나인 1939년의 소작료통제령 제정, 소작료통제와 금납제를 정한 1945년 개정 후의 농지조정

강화조약 체결로 점령이 끝나기 전에 포츠담선언의 국내법화가 시급했던 사정도 반영되었다.

이 농지법은 농지개혁을 통해 자작농이라는 주체를 창출하고 이를 보존하는 데 최대의 주안점을 두었다. 따라서 경제·사회의 변화에 따른 농업경영구조의 변동은 상정하지 않고 있었다. 여기서 자작농이란 "농업인이 농지를 소유하고 가족노동력(자가노동)으로 농업을 하고 수익이 농가에 귀속되는" 경우였다. 즉 농지법에는 소유와 경영이 분리되는 '기업적 농업 경영'이나 '법인에 의한 농업 경영'은 상정되지 않았던 것이다.

전후복구로부터 고도성장시대까지 토지 문제에 대한 대응(농지제도와 도시계획제도)

신 도시계획법 제정까지(~1968년)

전후 부흥에서 고도성장으로 일본 경제가 크게 발전하고 농촌에서 도시로 인구가 몰리자 도시 토지에 대한 수요가 늘어나고 지가가 올랐다. 구 도시계획법은 1949년 행정사무를 국가 및 지방에 재분배하는 조치의 일환으로서 "도시계획은 지방에 전적으로 위임할 수 있는 사

법에 따라 규정된 소작료에 관한 규제 ③ 전시농지입법의 하나인 1941년의 임시농지 등 관리령을 비롯해 1945년 및 1946년 개정으로 농지조정법에 흡수된 농지의 권리 이동 통제 및 전용 규제 ④ 전전의 자작농 창설 유지 사업에서 전후의 농지개혁으로 발전한 자작농 창설 정책으로 1946년 자작농창설특별조치법으로 규정된 부재 지주 등이 소유하는 소작지에 대한 정부의 매수 매도 ⑤ 자작농창설특별조치법으로 규정된 정부의 미개간지 매수 매도, 이상의 내용을 계승하는 것이었다.

무"로 제시했다. 그렇지만 이후 한국전쟁의 발발로 개정에 착수하지 못해 경제·사회가 극적으로 변화하는데도 1968년 신 도시계획법이 제정되기까지 구 도시계획법은 살아남았다.

한편 농지법에서는 1필 단위의 농지전용 규제가 그대로 유지되었는데, 이는 농지에 대한 '개발 부자유의 원칙'을 일반적으로 확립하는 의미를 갖게 되었다. 본래대로 하면 이 시기 이후의 도시계획은 이러한 농지 전용 통제='개발 부자유의 원칙'과 도시의 성장·확대에 따른 각종 토지 수요 사이에서 종합적 관점을 제시해 조정과 균형을 도모해야 했다. 그러나 당시 도시계획의 행정담당자는 "고밀도 시가지화가 예상되지 않는 지역의 토지 이용, 건축 행위는 특별한 규제 없이 방치해도 무방하다"라는 안이한 발상에서 이러한 접근 방식을 취하지 않았다.

이후 1959년에 농지에 대한 이용전환의 기준·지침이 농지전용 허가기준(농림부 차관 통첩)으로 정해졌다. 이는 우량 농지를 보전하면서도 급속히 증대하는 도시 측 토지수요에 대응하고자 전국적 가이드라인을 제시했다는 중요한 의의를 지니지만, 전용 후 토지가 반드시 도시계획상의 통제에 따르지는 않는다는 점에서 한계를 지닌 것이었다. 이렇게 일반적으로는 도시계획에 의한 명확한 규제틀(토지이용 계획에 의한 이용전환 강제를 포함)이 있다 하더라도 사후의 토지이용에 대한 이용·건축 규제가 정비되지 않은 상태에서 엄청난 양의 농지가 이용전환되어갔다. 이러한 농지전용의 허가제도 아래서는 농지전용의 허가기준을 충족하면 허가가 나오지만 농지소유자의 동의 없이는 전용절차가 시작되지 않는다는 것은 두 말할 나위도 없다. 이러한 1필 통제라는 규제틀로 인해 종전의 수준을 아득하게 넘어서는 높은 대가를 제시하고 매각 동의가 이뤄지는 '용지 매수'의 실무 관행이 널리 정착해갔다. 이렇게 상승하는 전용 지가는 전용매각 후 대체지 취득, 세금의 대폭적 우대조치 등의 메커니즘을 통해 전국으로 파급되었다.

이러한 지가상승과 그 외연적 확산 문제를 포함해 더 이상 문제를 방치해둬서는 안되겠다고 생각해 '토지 이용의 합리화'를 위한 토지이용계획을 확립하고, 이를 바탕으로 토지이용을 규제해야 한다는 목소리가 높아지는 가운데 신 도시계획법이 제정되었다.

신 도시계획법 제정(1968년)

신 도시계획법과 거기에 상응하는 건축기준법의 집단 규정(지역, 지구제와 결부된 건축규제 제도)의 개정(양자를 합쳐 '신법체제'라 부르겠다)은 당시 새로운 전국종합개발계획인 일본열도개조론 시대의 도시정책 산물이라는 성격을 갖고 있다. 동시에 전전 이래의 구법체제의 낡은 내용을 쇄신하고 고도성장 하의 도시발전을 적절히 제어할 수 있는 도시계획제도가 되어야 한다는 요청을 받고 있었다.

이러한 요청에 따라 등장한 신법체제는 ① 도시계획구역의 광역화 및 구역구분 그리고 개발허가 제도의 창설, ② 용도 지역제의 상세화와 '의무'화 그리고 용적률 규제의 전면 적용, ③ 도시계획 결정권한의 지방공공단체로의 부분적 이양, ④ 도시계획사업은 원칙적으로 시정촌이 도도부현 지사의 허가를 받아 시행하기로 변경, ⑤ 매우 제한적이긴 하나 처음으로 '주민 참여' 절차를 제도화한 것 등을 내용으로 하고 있었다.

농지 및 농지 제도와 관련해 이상의 내용을 검토한다면 구역 구분(시가화 구역과 시가화 조정 구역)의 성격이 모호한 대목을 심각한 문제로 지적할 수 있다. 이 모호성으로 말미암아 가령 십년 이내에 시가화를 도모하기가 거의 곤란할 정도의 대규모 농지(전국에서 30여 만 헥타르)가 대체로 시가화구역에 들어갔다. 그 배경에는 자산가치의 상승을 기대하는 농지소유자의 욕망과 민간개발사업자가 농림지를 사전에 사재기하는 등의 사정이 자리잡고 있었다. 그렇지만 역시 가장 근본적인 요인은 그 제도 자체가 "특단의 재정 부담을 주지 않고 택지 공급을 증대시켜 지가상승을 억제시키기 위한 구역 지정"의 성격을 갖고 있었다는 데 있다. 그 전제에는 토지와 지가 문제를 수요와 공급에 따라 정하면 된다는 사고방식이 있다. 그 구체적인 방법으로 시가화 구역 내의 농지를 '개발·전용이 자유로운 토지 상품'으로 상정하고 상품 소유자의 자발적 의사에 따른 토지이용 전환을 간접적으로 촉진하기 위해 택지별 과세를 도입했다.

서유럽의 경우 구역지정제도는 "계획적인 개발 대상지로 '시가화 구역'을 획정해 필요한 규제를 부과하는 이상 ① 행정의 관여와 책임 아래서 정해진 기간 내에 기반시설 정비사업을 실시하고, ② 정비 후 도시주민이 양호한 도시시설을 갖춘 택지·주택을 구체적으로 이용할 수 있도록 제공할 것"을 당연한 내용으로 하고 있었다. 반면 일본의 '시가화 구역제도'에는 ①도 ②도, 이를 지원할 재정적 준비도 모두 결여하고 있었다.

다음으로 시가화구역의 개발허가제도가 마련되지 않았다는 문제가 있다. 시가화구역에서는 용도지역을 상세히 세분해 개발허가제도를 적용하기로 되어 있었지만, 용도지역 제도의 내용은 형성되는 주택 시가지의 구체적 상을 명확히 규율할 만큼 자세하지 않았다. 또한 건축기준법이 정하는 설치도로를 확보해 일련의 규제(건축물의 물리적 안전, 위생·방재 등의 건축단속규제)만을 충족시키면 주변거리나 기반시설의 정비상황을 거의 무시하더라도 일반주택 건축을 할 수 있었다. 나아가 시가화 구역 내에서는 천 제곱미터 미만의 개발 행위는 허가가 불필요해서 소규모 개발·건축을 조장했다.

이리하여 시가화 구역 내의 농지에서는 구역제도 자체가 매우 중요한 규제완화조치로서 기능하고 그 결과 시가화 구역으로 편입된 농지의 가격은 일거에 상승하고 그것이 구역 전체의 지가 수준을 한층 더 끌어올렸다. 이처럼 농지는 잠재적 토지상품으로서 가격이 오르기 마련이라는 것이 공인되어 모든 농지 소유자의 DNA로 각인되기에 이르렀다. 토지의 현황이나 현실의 이용 실태와 무관하게 고액의 교환가치를 가질 수 있는 자산=토지상품임을 법제도상으로 허용하고 이를 강제하게 된 것이다. 이리하여 토지는 곧 자산이니 그것을 보유하겠다는 농지소유자의 의식이 결정적으로 굳어졌다.

서구 국가에서 도시계획제도의 발전은 도시집중의 상황에서 '전 국토에 걸친 건축 부자유의 원칙'을 일반적으로 확립해간 과정이었다. 반면 일본에서 구역설정 및 개발규제의 도입은 "현재와 같은 비정상적 도시 집중 시대"는 결국 지나갈 것이고 따라서 '과도적 조치'에 불과했기 때문에 '전 국토를 걸친 건축 부자유의 원칙'을 확립하려는 움직임으로는 이어지지 않았다.

전후 농지제도 개정의 요인

이처럼 고도성장기 도시집중으로 빚어진 공공시설 용지, 주택 용지 등 도시 토지에 대한 수요 증가에 대해 도시계획제도와 농지제도를 마련해 일정한 대응에 나섰지만 여러 문제점이 나타났다. 그런 한편으로 무역수지흑자 기조가 정착하며 농산물시장의 개방이 요구되었지만, 농지개혁 성과의 보존이 목적이었던 농지법으로는 이러한 사태 변화에 제대로 대응할 수 없었다.

먼저 농업의 효율성을 끌어올리기 위한 중요 방안으로 고려할 수 있는 것은 규모 확대다. 그런데 농지법은 농지개혁으로 창출된 자작농

=가족농업 경영(그 연장으로 농업생산 법인)의 보존이 목적이었던 까닭에 규모 확대를 상정하지 못하고 있었다. 그리하여 농지제도를 개혁해 대응한다면 여전히 가족농업의 규모 확대를 통해 실행할지 아니면 주식회사 일반을 포함한 기업적 농업경영의 규모 확대를 인정할지가 논점이었다. 이에 더해 경영 대상 농지가 한 곳에 집중된 것이 아니라 분산된 경우에는(농지의 분산착포제) 또 다른 논의가 일어났다. 즉 집락을 기반으로 '집단적 이용'이 이뤄져 취락이 농지이용 방식을 '자주적 관리'해왔음을 감안해 농지의 집단적 이용을 전제로 할지, 아니면 개인 간 농지의 유동화를 기본으로 할지를 두고 논의가 오갔다.

또한 고도성장에 따라 토지개발 의욕이 높아지는 가운데 농지 전용에 대한 규제의 실효성을 확보하려면 농지 제도의 전용 규제와 균형을 맞춰 도시법제 측면에서도 전용 행위 이후의 토지 이용까지를 일정한 공적 통제 아래에 둘 필요가 있을 것이다. 그러나 앞서 말한 바와 같이 도시계획제도는 토지 문제를 수급에 따라 해결할 수 있다는 사고방식에 입각해 있었다. 2000년*의 개정도 '건축, 개발 행위 자유의 원칙'을 확장하는 방향이었다. 이처럼 토지 이용에 관한 법제도간 규제

---

* 2000년 도시계획법의 주된 개정 내용은 ① 도도부현 도시계획의 마스터플랜 ='정비·개발 및 보전 방침'의 명확화와 강화, ② 구역구분제도의 선택제로의 전환과 시가화조정 구역 내의 개발허가 제도의 완화, ③ 백지(白地) 구역 등에서의 토지이용 규제, ④ 도시계획구역 외에서의 토지이용규제 제도의 도입 등이었다. 이 개정의 기본적 방향은 '정비·개발 및 보전방침'이라는 주목적에서도 알 수 있듯 완화였다. 한편 '개발'의 허용과 표리일체화된 토지이용규제 제도의 개별·분산적인 침출의 틀을 만들어냈는데, 이러한 개정의 배후에는 일본의 도시계획 제도는 '건축 부자유의 원칙'을 강력히 거부해 규제완화=시장원리주의에 가까운 사고가 자리잡고 있었다고 여겨진다.

의 정합성, 규제 수준의 균형성이 결여된 상황에서는 지금까지의 경과로 보건대 규제 수준이 상대적으로 높은 농지 제도에 대해 규제완화론이 강한 정치적 압력을 가해왔다고 말할 수 있다.* 이상을 배경으로 쌀 반감 조치를 시행하거나, 농지는 여유가 있으니 개발에 적합한 농지의 전용은 인정해야 한다는 의견이 나오는가 하면, 식량자급률의 대폭 하락과 국제식량 수급의 불안정을 감안해 우량 농지를 확보해야 한다는 의견도 제시되었다. 전후의 농지제도(농지법, 농업 진흥 지역의 정비에 관한 법률, 농업 경영 기반 강화 촉진법 등)는 이상의 요인을 배경으로 개정되었다.**

토지소유권의 절대성에서 토지이용우선 원칙으로의 움직임

토지소유권의 절대성

토지소유권의 절대성은 헌법 제29조 '재산권의 불가침'과 '재산권의 내용은 공공의 복지에 따른다' 가운데 어느쪽을 우선시할 것인지와 관련된 문제다. 그래서 재산권, 특히 토지소유권과 공공복지에 의한 규제에 관해 정부는 어떻게 생각하고 있는지를 확인할 필요가 있다.

토지소유권에 관해 정부는 '토지소유권의 절대성이 기본이다'라는 입장이다. 이 점은 1989년의 토지기본법 제정 과정을 돌이켜보면 분명히 알 수 있다. 투기로 땅값이 오르던 1980년대 후반, 토지의 기본 정책에 관한 법제를 입법화해야 한다는 논의가 연구자뿐 아니라 여야 정치인 사이에서도 진행되었다. 이러한 동향에 대해 당시 정부는 지가

---

* 武本俊彦,『食と農の「崩壊」からの脱出』, 農林統計協会, 2013.
** 関谷俊作,『日本農地制度 新版』, 財団法人農政調査会, 2003.

상승에 대항하는 이념으로서 '토지에 대해서는 공공의 복지가 우선'이라는 규정을 토지기본법 안에 넣는 것조차 "재산권의 불가침을 규정하는 헌법 제29조 제1항에 저촉된다"는 이유를 들어 받아들이려 하지 않았다. 그러나 지가 상승에 대한 국민의 분노가 거셌기 때문에 정부가 제출한 토지기본 법안은 결국 국회에서 "토지에 대해서는 공공의 복지를 우선시킨다"(토지기본법 제2조)로 수정되었다.* 이렇듯 토지기본법에서는 공공복지 우선(제2조)의 이념을 정점으로 적정하고 계획에 따른 이용(제3조), 투기적 거래 억제(제4조), 토지 가치 증가로 인한 이익에 상응하는 적절한 부담(제5조)라는 네 가지 항목이 공공복지 실현을 위해 정해졌다.

그러나 이 법률은 '기본법'이라는 속성상 공공복지 우선이라 하더라도, 또한 적정하고 계획에 따른 이용을 강조한다고 하더라도 매우 추상적인 법 원칙에 머물렀기 때문에 이것으로 '토지소유권의 절대성'이 완전히 극복되었다고 말하기는 어렵다. 물론 뒤에서 말하겠지만 제2조 규정이 하나의 힘이 되어 농지·산림 분야에서 '토지 이용 우선의 원칙'으로 일정한 '진화'가 있었던 것은 사실이다. 그러나 본질적인 문제는 정부 자체가 '토지소유권의 절대성'을 전제로 규제를 완화해 토지 공급을 늘리면 토지 문제는 제대로 다룰 수 있다는 사고방식에 입각해 있다는 점이다. 그 결과 '토지소유권의 절대성'은 언제든지 정부가 판단을 내리는 근거로 등장하게 될 것이다.

토지이용우선 원칙을 향한 움직임

농지, 삼림 또는 농산촌의 토지소유와 이용방식의 경우 토지기본법 제

---

* 大原一三, 『日本の没落：改革の試練』, 角川書店, 2001.

2조의 '토지에 대한 공공복지 우선' 규정도 요인이 되어 농지, 산림에 관한 토지소유권의 절대성을 얼마간 상대화시킨 것으로 보인다.

가령 2009년 농지법 개정에서는 '농지소유권 또는 임차권 등의 권리를 가진 자'에 대해 '해당 농지를 농업상 적정하고 효율적으로 이용해야 한다'며 책임을 밝히고 있다. 이를 전제로 농지 임대에 한해 주식회사 일반의 농업 진출을 인정했는데, 경작자의 부재에 따른 경작포기지 발생을 방지하는 데 도움이 될 것으로 기대된다. 또한 실제로 발생한 유휴지에 대해서는 일정한 절차를 거쳐 도도부현 지사가 제3자에게 강제로 이용권을 설정할 수 있도록 했다. 이는 토지소유권자가 '경작 포기'의 의사를 갖고 있는데도 기존의 법률로는 토지소유권자의 의사를 존중할 수 없었기 때문에 앞으로는 제3자에게 토지를 효율적으로 이용할 권리를 허용한 것이다.

산림법에서도 토지소유권 절대성을 상대화시킨 진화가 엿보인다. 1991년 개정에서 삼림소유자가 시정촌의 삼림정비 계획에 따라 산림의 간벌과 보육 등의 작업에 나서지 않을 경우 일정한 절차를 거쳐 도도부현 지사가 제3자에게 간벌과 보육을 실시할 수 있도록 했으며, 2011년 개정에서는 산림소유자가 불분명하다면 제3자가 실시할 수 있도록 했다.

토지소유권의 절대성에서 토지이용우선 원칙으로

이 글에서는 농지 제도와 도시 계획 제도를 중심으로 토지소유권에 관한 역사적 전개과정을 살펴봤다. 일본은 메이지 유신 이후 근대적 토지소유권을 확립하고 전전에 '농업착취 정책'으로 근대화에 나섰으며, 이후 전후 부흥, 고도성장을 거쳐 1968년에는 '자유세계 2위'의 경제 대국으로 올라섰다. 이러한 경제·사회의 진전 과정에서 확립된 토지

소유권의 절대성은 자본주의적 효율성의 관점에서 대규모 생산·대규모 유통· 대규모 판매야말로 우월하다는 사고방식과 친화적인 것이었다. 실제로 경제성장이 기대되고 물가도 완만하게 상승하는 사회에서는 일사불란하게 규모 확대에 나서면 국토 개발과 경제 성장이 가능했다. 토지소유권의 절대성과 지가상승이 전제가 되어 토지를 담보로 자금이 원활하게 순환하고 도시재개발 사업을 비롯한 인프라에 투자가 이뤄졌기 때문이다. 그러나 그렇게 만들어진 도시와 농촌은 제대로 정비되지 않아 경관이 추악했다.

일본 경제가 디플레이션에 들어서고 인구감소사회가 된 단계에서 규모 확대는 효율적이지도 않으며 위험성이 높다. 더구나 토지소유권의 절대성을 전제 삼아 수요에 맞춰 토지·공간의 규제를 완화하면 만사형통이라는 순진한 토지이용시스템으로는 토지·공간의 방치 문제에 대처할 수 없게 되었다. 특히 동일본 대지진과 도쿄전력 후쿠시마 제1원전 사고를 겪으며 원전안전신화가 붕괴된 지금, 정부를 비롯한 관계자의 정보제공이 정확하지 않으면 국민은 정부를 신뢰하지 않고, 이러한 불신이 전국으로 순식간에 퍼지는 패닉형 사회가 되어가고 있다.

이러한 위험사회에서는 지역분산형 경제시스템 쪽이 위험을 분산하고 발생피해를 최소화할 수 있다. 만일 재난을 당하더라도 토지소유의 절대성이 아닌 공공성의 관점에서 토지이용을 촉진하는 시스템이 있다면, 해당 지역을 복구하는 데 들어가는 시간도 비용도 줄일 수 있을 것이다. 여기에 컴퓨터의 대용량화·고속화·소형화로 가능해진 데이터베이스 기술로 분산된 거점들을 네트워크로 연결한다면 대규모 시설보다 효율성을 발휘할 수 있을 것이다.

이러한 사실을 감안한다면 인구감소사회로 접어들었고 디플레이션 경제로부터 탈피가 불확실한 지금은 지역 분산·네트워크형 시스템이야말로 적합하다고 말할 수 있다. 아울러 토지소유권의 절대성에서 토지이용우선 원칙으로 전환해야 할 때이기도 한 것이다.

마치며

공공성의 관점에서 토지이용우선 원칙으로의 전환을 현실화하기 위한 도구개념의 하나로서 이가라시는 현대총유론을 제창하고 있다.* 현대총유론이란 - 토지이용우선 원칙의 근거를 민법상의 '조합'처럼 '구성원 전원의 동의'를 전제로 하거나, 실정법상의 '소유권에 효율적인 이용에 관한 법적의무'로부터 마련할 수 있는지는 보다 검토해야 하겠지만 - 공공성의 관점에서 토지이용우선 원칙을 확립한다는 전제 위에서 토지소유권자는 '지대를 수취하는' 권리는 행사할 수 있으나 지분의 분할청구권 등은 없으며, 토지소유권자를 포함한 관계권리자로 구성된 단체(현대총유단체)가 '1인 1표제' 등의 일정한 규칙에 따라 토지의 이용 및 관리 방식을 정하고, 각 구성원의 지분에 따르는 등의 일정한 규칙으로 이익을 분배하는 것을 기본으로 하는 개념이다.**

---

* 五十嵐敬喜,「総有の都市計画と空地」,『季刊まちづくり』2013년 38호, 学芸出版.

** 현대총유론을 비유적으로 말하자면, 지가수취권인 토지소유권을 한 층으로 하고, 그 위에 차지권이 올려져 있는 이층건물로 되어 있다. 권리의 행사주체(현대 총유단체)는 토지 등에 관한 유효이용의 관점에서 필요한 사업을 실시하고, 아울러 사업 실시에 필요한 자금의 조달, 세제상 우대조치의 대상이 될 수 있도록 법인격이 있는 단체가 적당할 것이다. 덧붙여 이러한 소유권과 차지권의 이층건물 관계의 사례로서 마을만들기의 관점에서 시가현(滋賀県) 나가하마시(賀県長浜市)의 구로가베(黒壁), 가가와현(香川県) 다카마쓰시(高松市)의 마루가메 상가(丸亀商店街), 나가노현(長野県) 미야다무라(宮田村) 이지마마치(飯島町)를 참고하길 바란다.

디플레이션 경제와 인구감소에서 빚어지는 토지·공간의 방치 문제를 비롯한 위기 사태에 대처하기 위해 서둘러 현대총유론을 제도로서 구체화할 필요가 있다. 그렇지만 그 제도가 효과적으로 기능하려면 토지이용시스템에서 이념의 전환이 있어야 할 것이다. 그와 더불어 일본 토지이용시스템의 근간인 도시계획제도와 농지제도의 틀에 대해 ① 모든 토지에 대해 '효율적으로 이용할 의무'를 부과할 것, ② 지역의 토지이용 방식은 지역의 구성원이 결정할 것, ③ 토지이용우선 원칙을 확립하고 '건축·개발 행위 부자유 원칙'을 전제로 지구地區계획제도를 기본으로 하는 토지이용시스템이 되게 할 것, ④ 농지제도는 소유권 등의 이동은 허가제 대상으로 하되 경영 구조를 통제할 것 등을 두고 서둘러 논의에 나서야 할 것이다.

교외도시의 세대교체와 총유

아쓰시 하기하라

시작하며

이 글에서는 필자가 오랜 동안 관계하고 있는, 도심에서 35~45km권에 있는 사이타마 현의 교외도시를 염두에 두고 그 세대교체의 곤란한 상황을 밝히고 총유의 사고방식이 유효하다는 것을 보여주고 싶다.

  도쿄권(도쿄 도, 가나가와 현, 사이타마 현, 지바 현)에서는 과거 50년간 지방과 주변지역에서 인구유입이 계속되었다.* 이 시기에 일본

---

* 繩田康光,「戰後日本の人口移動と經濟成長」『経済プリズム』 2008년 제54호, 參議院.

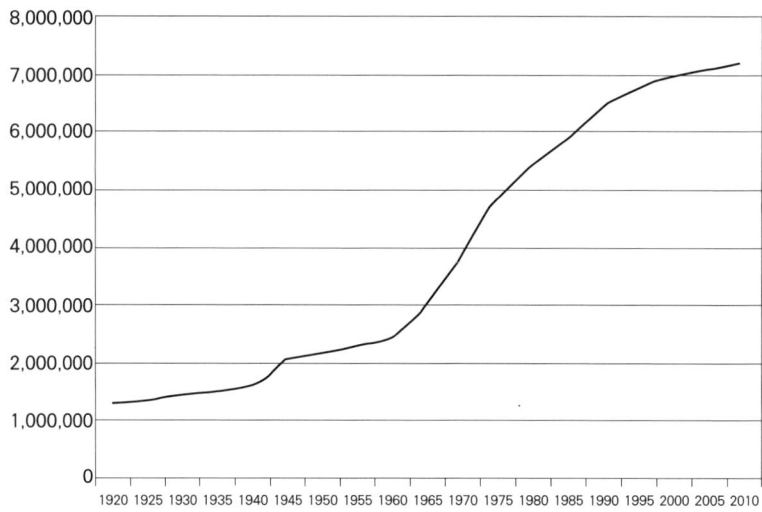

출처 : 国勢調査

그림1 사이타마의 인구 추이(명,년)

전체의 인구증가에 더해 도쿄권에의 인구집중에 의해 사이타마 현의 인구도 243만 명(1960년)에서 720만 명(2010년)으로 증가했다(그림 1). '국세조사'에서는 1960년부터 1975년까지의 15년 동안 앞의 5년 과의 비교에서 25% 전후의 증가를 3번 기록*했다. 이른바 단카이 세대[団塊の世代]**가 (1947~49년에 태어나서) 대량으로 유입되었기 때문에 교외

---

* 国勢調査에 의하면, 각 기간의 인구증가율은 1960~65년(24.0%), 1965~70년 (28.2%), 1970~75년(24.7%).

** 단카이 세대(団塊の世代) 2차 세계대전 뒤인 1947~1949년의 '베이비붐 시대' 에 태어난 세대. '단카이'(단괴)는 커다란 덩어리를 뜻한다. '단카이 세대'는 사카이야 타이치(堺屋太一, 1935~)가 1976년에 펴낸 『단카이 세대』라는 책 에서 유래된 말이다. 사카이야 타이치는 도쿄대 경제학과를 졸업한 통산성 관료 출신의 경제평론가로 1998~2000년에 경제기획청 장관을 역임했다. - 옮긴이

도시의 골격은 이 시기에 만들어졌다고 할 수 있다. 그 뒤 40년을 지난 지금, 교외도시는 세대교체의 시기를 맞아 커다란 곤란에 직면해 있다.

교외도시의 현재

우선 교외도시의 현재의 특징인 주택단지, 교외개발, 거리 가게와 임대 아파트, 중심 시가지의 상업에 관해 살펴보자.

주택단지

사이타마 현의 인구동향을 살펴보면, 도쿄에 인접한 현의 남부에서 북으로 증가가 파급해 간 역사가 있다.* 인구증가의 기반으로서 1960년대에서 1970년대에 대규모 주택단지가 계속해서 개발되었다. 1973년에는 계획인구 3만 명의 미사토 시三鄕市의 미사토 단지, 2만 명의 사카도 시坂戶市의 기타사카도 단지의 입주가 시작되는 등 기초자치체가 하나 만들어지는 정도의 대규모 개발이 각지에서 행해졌다. 또한 1974년에 분양이 개시된 하토야마鳩山 뉴타운을 시작으로 하는 민간사업자에 의한 단독주택(戶建住宅, 집합주택과 달리 한 부지에 한 세대가 사는 주택) 단지의 개발도 크고 작은 여러 규모로 행해졌다.

주택단지는 집합주택과 단독戶建, 임대와 분양, 역전과 교외로 나뉜다. 집합주택은 공단(현 UR都市機構)**에 의한 임대주택이, 단독분양주

---

* 현재 인구감소는 현의 북부에서 진행되고 있지만 현의 남부는 맨션 개발 등에 의해 의연히 증가 경향에 있다.

** 공단 정식 이름은 독립행정법인도시재생기구(UR도시기구)이고. 영문 이름은 Urban Renaissance Agency이다. 2004년(平成16)에 '도시기반정비공단'을 계승해서 설립되어 시가지의 정비개선 및 임대주택의 공급지원 등의 활동을 하고 있다. - 옮긴이

택은 민간개발*에 의한 것이 주를 이루고 있다.

개발에서 40년을 지난 현재, 많은 주택단지에서 인구감소가 진행되고 있지만, 감소의 형태는 여러모로 다르다. 역 주변의 UR 임대주택단지는 정주율이 높고, 고령화가 진행되어도 세대 수는 줄지 않고 빈집이 적다. 그러나 아이들이 독립하고 배우자가 사망하는 등으로 세대원이 줄어드는 형태로 인구감소가 진행되고 있다. 하지만 교통의 편리성이 높고 집 주변의 환경이 좋으면 새로운 주민이 이사와서 살 가능성은 있다. 한편, 편리성이 안 좋은 교외의 UR 임대주택단지에서는 도심 회귀와 교외 단독주택의 이주에 의해 세대 수 자체가 감소하고 있다.

단독분양단지는 대개 교외에 입지하고, 자기 집이기 때문에 당초의 구입자가 계속 살고 있지만, 역 근처의 UR 임대주택단지와 마찬가지로, 아이들이 독립해서 고령자 부부 2인 세대 또는 독신 세대가 되어 지역의 인구감소로 이어지고 있다. 주민의 고령화에 의한 이용객의 감소에 따라서 교외의 주택단지에서 역으로의 버스 편도 운행 수가 감소하고 있다. 단독주택은 넓기는 해도 노후화되고 교외에서 교통의 편리성이 낮기 때문에 새로 이사오는 사람이 드물어서 빈 집으로 남아있기 쉽다.

주택단지의 조성과 함께 개장한 개인 상점에서는 약 40년을 지나 경영자가 고령화되고 후계자도 없는 상황이 두드러진다. 주택단지 안의 상점가는 주민의 고령화·인구감소에 의한 소비의 저하에 더해 단지 밖의 거리에 입지한 슈퍼마켓 등과의 경쟁에 의해 빈 가게가 많이 발생하는 등 쇠퇴가 눈에 띈다.

* 동사카도단지東坂戶団地(사카도시坂戶市)와 같이 UR 임대집합주택에 분양집합주택을 포함하는 것과 일체 하나미즈키지구(花みず木地団)와 같이 UR 도시기구가 개발한 단독주택 분양도 있다.

교외개발

일부의 자치체에서는 주택단지에서 인구감소가 진행되고 교외의 시가화 조정구역에서 두드러진 인구증가가 보인다.

지방분권개혁에 따른 2000년의 도시계획법의 개정에 의해 시가화 조정구역의 기존 택지제도가 폐지되었고, 시정촌은 개발규제의 방침과 마을 만들기의 방향성에 관해 독자적으로 책정할 수 있게 되었다. 이에 따라 사마타마 현에서는 시가화 조정구역 내의 규제완화를 추진하는 자치체가 나타났다.

어떤 시는 2004년에 '도시계획법 34조 8호의 3'의 규정에 기반해서 시가화 조정구역 내에서도 농촌 집락 내에 있다면 새로운 주택 등의 신설을 인정하고, 최저부지 면적을 $300 m^2$로 했다. '자기의 거주용 주택'이외를 인정하고 사업자에 의한 개발이 가능해졌기 때문에 교외의 밭에 수십 가구 단위의 통합된 주택개발이 행해지게 되었다.

이 조치는 교외의 인구증가를 가져왔지만 쓰레기 수집과 하수처리 등의 행정수요를 늘렸고, 또한 시가화 구역의 지가 하락을 초래해서 토지구역정리의 유보지를 매각하는 것이 어려워지는 등 폐해도 나타났다.

그 때문에 2010년에는 해당 구역(도시계획법 개정에 의해 '34조 11호'의 대상)에서의 건축을 '자기 거주용 주택'에 한정했기 때문에 업자의 개발은 거의 불가능해졌다.

현 시점에서는 주택단지의 인구감소를 교외지의 인구증가로 보충하는 형태로 시 전체의 인구를 유지하는 상황이며, 금후 교외지의 인구증가가 이루어지지 않으면 인구감소로 향할 것이 예상된다.

고령화하는 단카이 세대가 남고 젊은 세대가 유출되는 상황이 계속되며, 행정 수요가 높아지지만 세수는 감소하는 상황이 가까운 장래에 교외도시의 심각한 문제가 될 가능성이 높다.

거리(로드사이드) 가게와 임대 아파트

교외도시의 국도, 현도 등의 주요 도로에는 수퍼마켓, 편의점, 패밀리 레스토랑, 가전, 의료, DVD 대여, 서점, 파칭코 점 등의 중대형 상점, 즉 이른바 거리 가게들이 많이 들어서 있다.

이런 장소에는 리스 회사와 부동산 회사가 '토지활용'의 방법으로서 지주에게 사업을 제안하고 토지 소유자(지권자)에게 건물을 짓게 한 뒤에 빌려서 거리 가게를 운영하는 사업회사에게 전대하는 형태로 거리 가게가 들어선다. 계약기간은 대체로 15~20년 정도로 그 기간 동안 토지 소유자(세금대책으로 형식적으로 부동산 회사를 설립하는 경우도 많다)가 리스 회사, 사업회사와 함께 충분한 수익을 거두는 사업 방식이 만들어진다. 하지만 그것은 계약 기간 중에만 그렇고, 계약 기간이 끝난 뒤에는 토지·건물이 토지 소유자에게로 돌아간다. 거리 가게도 경쟁이 격화되고 있기 때문에 계약 기간이 끝난 뒤에 가게를 임차하는 사람이 나타나지 않아 폐허화되는 예도 아주 많다.

주요 도로에서 떨어진 상업시설로서 불리한 토지에는 자가용차의 이용을 전제로 한 임대 아파트가 건립된다.

토지구획정리와 도시계획법의 규제완화로 지권자가 주택을 짓는 토지를 입수한 경우에 토지의 매각 이외에도 '토지활용'으로서 임대 아파트의 건설을 선택할 수 있다. 또한 지권자가 상속세 대책으로 임대 아파트를 짓는 경우도 많다. 임대 아파트 건설은 은행과 농협, 토지활용 전문회사에 의해 제안되고 주도되기 때문에 지권자에게 아파트 경영에 필요한 지식·기술이 없어도 가능하다. 전문회사 주도의 경우에는 자사의 상품으로서 수익을 최대화할 방의 배치로 건물을 짓기 때문에 주위의 경관과의 조화 등을 고려하지 않고, 교외도시의 경관을 망치는 경우도 많다.

임대 아파트는 거리 가게와 마찬가지로 지권자가 짓고 전문회사가 빌리는 형식으로 운영된다. 계약기간 중에는 일괄해서 빌려서 전문회사가 관리해도 계약기간 종료 뒤에는 지권자에게 돌아간다. 일찍이 개발로 인구가 대량으로 유입됐던 교외도시에서는 수십년 뒤에 노후화된 개인주택만이 아니라 전문회사도 세입자 모집과 관리를 맡지 않는 노후화된 임대 아파트가 대량으로 생겨날 것으로 예상된다.

거리 가게와 임대 아파트의 바닥 지권자의 다수는 농업자이다. 농업자는 고령화·후계자 부족에서 영농에 대한 의욕을 잃고, 경작하지 않는 땅이 늘어나는 한편 '토지활용'을 위한 용도지역의 변경과 농지 전용을 희망하는 사람들이 많다.* 또한 농업위원회와 행정·의회도 그런 농업자의 목소리에 응하는 형태로 농지 전용과 용도지정의 변경, 산업단지 조정 등의 공공사업을 추진하고 있다.

중심 시가지의 상업

전형적인 교외도시의 중심 시가지는 역에 가까운 구 가도의 옆과 역 쪽에 위치하지만 역 반대쪽의 토지구획정리 등에 의한 개발과, 교외 거리 가게와 대형 상점의 진출에 의해 그 상업은 침체되고 있다. 중심 시가지의 상업자의 고령화와 후계자 난은 어느 도시에서나 볼 수 있는 현상이다.

또한 역 주변과 중심 시가지에 입지하는 대형 상점의 개점과 쇠퇴가 차차 나타나고 있지만, 여기에는 역 주변 주민의 고령화와 인구감소가 영향을 미치고 있다.

---

* 이제까지의 산업단지와 도로정비 등의 공공사업에 의해 토지를 매각한 경험이 있는 지역이며, 그런 이용을 바라는 목소리도 크다.

폐업한 상점과 대형 상점의 부지를 이용해서 역 주변에 맨션과 아파트가 신축되는 경우도 있지만, 거기에서 사는 젊은 주민은 교외의 거리 가게와 쇼핑센터를 이용하기 때문에 중심 시가지의 상업은 그 구매력을 흡수하지 못하고 있다. 남은 대형 상점도 건물의 개조가 지금 시대의 상업시설로서 불충분해서 매상 감소와 노후화를 계기로 해서 현지 개축보다 교외로의 이전을 택하고 있다.

중심 시가지와 역전 재개발의 기획도 행해지지만 사업자금의 기본인 가게의 매각가격과 임대료가 높게 설정될 수 없기 때문에 사업이 성립되지 않고 실행되지 않는 것이 현상이다.

맨션에 관해서는 경기에 따라 도심에서 교외 쪽으로 철도선을 따라가듯이 입지가 신축해간 역사가 있다. 거품 경제* 때부터 1990년대 초 정도에는 도심에서 80km권까지 개발이 진행되기도 했지만 근년에는 도심에서 30km권 내에서 역의 도보권이 입지대상이 되었다. 40km권에서 입지가 있다면, 역의 바로 근처에서 대형 상점이 폐업해서 부지를 내놓은 것 등의 특수한 사례뿐이다.

맨션으로 바꿔짓는 것은 대규모화해서 늘어나는 주택의 매각이익으로 바꿔짓는 비용을 충당하는 형태로 계획된다. 그러나 교외도시의 역에서 도보권에 꽉꽉 채워져 지어진 과거의 맨션에 관해서는 '늘어난 주택의 매각이익'을 달성할 수 없어서 바꿔짓기가 곤란할 것이 예상된다.

---

* 거품 경제 실물 경제의 성장을 웃도는 자산 가격의 상승을 뜻하며, 투기가 심할수록 거품 경제의 문제는 커진다. 일본의 거품 경제는 1986~91년에 부동산과 주식의 가격이 계속 급등한 것을 가리킨다. 거품 경제의 붕괴 이후 일본 경제는 복합불황의 장기 침체에 빠졌는데, 이에 대해 '잃어버린 10년'이라고 말했으나 이제는 '잃어버린 20년', '잃어버린 30년'이라고 말한다. - 옮긴이

교외도시가 직면하고 있는 세대교체의 곤란

세대교체가 이루어지지 않으면, 그 도시의 지속가능성은 손상된다. 교외도시는 지금 분명히 세대교체의 시기를 맞고 있지만 그 직면하고 있는 곤란에 관해 생각해 보고 싶다.

가족으로 본 세대교체의 곤란

이 지역의 교외도시는 급속히 고령자 인구의 증가가 진행될 것이 예상된다(그림2). 고도성장기에 대량으로 유입되어 온 단카이 세대가 고령화하기 때문이다.

단카이 세대의 자녀들은 독립해서 도심에 더 가까운 맨션에서 살지만, 시내에 남아서도 교외주택에서 사는 경우가 많다. 자녀 세대의 독립은 고도성장기에 만들어진 DK와 LDK*를 기본으로 하는 주택이 3

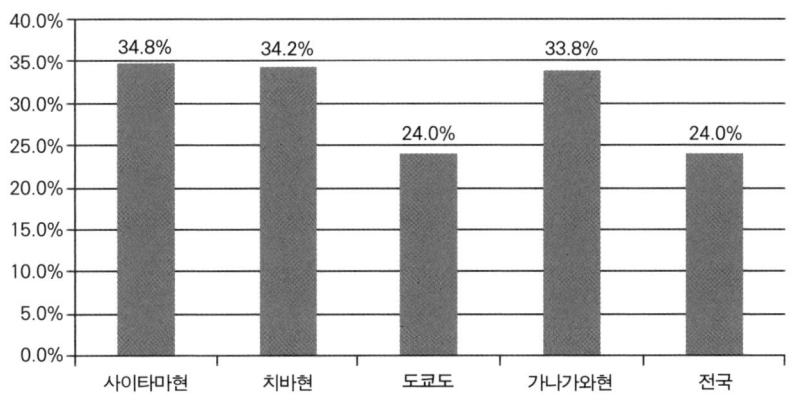

출처 : 国立社会保障·人口問題研究所, 일본의 지역별 장래추계인구 (2013년 3월 추계)

그림2 2010~2025년의 고령자 인구의 증가율

---

* LDK L은 Living(거실), D는 Dining(식당), K는 Kitchen(부엌)을 뜻한다. - 옮긴이

세대 동거를 상정한 방 배치로 되어 있지 않기 때문에 당연하다.

주택을 취득한 단카이 세대는 죽기 전에 긴 고령기*를 보내는데, 고령자 부부만의 2인 세대나 독신 세대로 지낸다. 자녀들의 주택으로 옮겨갈 수도 있지만, 자녀들의 주택도 3세대가 살 수 있을 정도로 넓지 않아서, 많은 경우에 가능한 한 원래의 주택에서 살아가지 않을 수 없다. 그리고 단카이 세대가 죽은 뒤에 자녀들은 돌아가지 않고 그 주택은 매각되지 않으면 빈 집이 되어 폐허화되는 것이 예상된다. 주택이 1세대밖에 사용되지 않고 버려지게 되는 것이다.

나아가 산업의 가족적 경영의 세대교체라는 문제가 있다.

농업에 관해서는 농지의 가족소유, 가족경영이 기본이었지만 농업에서의 수입이 충분하지 않은 경우 겸업을 한다. 세대를 지탱하기 위해 외부에 더 나은 수입의 기회가 있으면 거기에 사람을 배당하는 것은 당연한 일이다. 후계자 부족에 대해 말하고 있지만 실정은 수입의 부족이다.**

농업경영이 전제로 하고 있는 가족은 혼인·친자 관계를 벗어나서 새롭게 구성원을 맞아들이는 것을 상정하지 않는다. 구성원이 가업에서 벗어나는 것을 허락하고, 새롭게 들어오는 것을 거부하면, 점점 쇠하게 되는 것은 당연하다.

상업에 관해서도 개인 상점, 가족 경영은 같은 문제를 안고 있다. 경쟁이 격화해서 상업 수입이 감소해 가는 때에 새로운 투자와 인재를

---

* 「平成24年簡易生命表」(厚生勞働省)에 의하면, 65살의 남성의 평균 여명은 18.89년, 여성은 23.82년.

** 충분한 농업 수입이 있는 도시 근교의 야채 농가와 원예 농가에는 거의 후계자가 있다.

투입하기보다 가족이 외부로 일하러 나가거나 폐업하게 되기 쉽다.

개인 상점에는 상점주와 같은 세대의 사람밖에 물건을 사러 오지 않는다고 말하지만, 주택단지에서 30~40년 전에 개업했을 때는 경쟁하는 상점도 적었고 지역의 고정 손님을 잡을 수 있었어도, 그 뒤 경쟁의 격화에 따라 새로운 손님을 만들 수 없게 되고, 지역의 고령화와 인구감소에 따른 손님의 감소로 폐업하는 상점들이 많아진다.

공업은 물론 농업도 상업도 계속 고령화하고, 필요한 지식과 기술은 한 세대 전과는 비교되지 않는다. 다룰 수 있는 농산품과 상품의 종류 자체가 비약적으로 늘어나고 있다. 편의점에는 본부에서 가게 전체의 상품을 제공하고 지도하기 때문에 상품관리와 판매촉진을 할 수 있어도, 개인 상점에서는 거의 불가능하다. 빵 가게와 채소 가게 등의 제조판매적인 장사가 가족경영으로 살아남지만 이것도 세대를 넘어서 계속되기는 어렵다,. 농업, 상업, 공업도 새로운 인재의 도입을 가능하게 하는 법인경영으로 하지 않으면 사업으로서 살아남기는 어렵다.

가족과 주택, 가족과 경영의 관계의 삐걱거림이 도시의 세대교체를 어렵게 한다.

사회자본으로 본 세대교체의 곤란
지속가능성을 생각할 때 사람들의 세대교체와 함께 주택과 민간건축 및 그 설비, 공공시설, 도로, 다리, 상하수도 등의 사회자본*의 세대교체라고 할 수 있는 갱신을 생각할 필요가 있다

건축과 토목구조물에는 콘크리트의 중성화와 강재의 부식 등 물리

---

* 본고에서 '사회자본'은 민간, 행정의 소유를 떠나 널리 사람들의 생활과 활동을 지지하는 건축·목구조물, 설비를 의미한다.

적 수명이 있고, 또한 최신의 라이프 스타일과 환경, 방재·방범 성능 등의 기준에 적합하게 되는 등의 사회적 수명도 있다. 그것들이 다 되면 개축·갱신이 필요하다.

현재, 교외도시가 직면하고 있는 개축, 갱신의 곤란은 기술적인 것보다도 그를 위한 자금조달과 관계자의 의욕, 합의의 형성에 있다.

'맨션 개축의 원활화 등에 관한 법률'이 2002년에 제정됐지만 이 법률에 기초해서 개축된 맨션은 실시 중인 것을 포함해서 2013년 4월 1일 현재로 57건에 그치고 있다.* 2013년에 건축 40년 이상을 맞은 맨션의 호수가 31.7만호, 30년 이상이 된 것은 128.7만호**에 이르는 것을 생각하면, 이제까지 개축이 실시된 건수가 너무나 적은 것이다. 여기에는 자금조달과 합의형성이 영향을 미치고 있다.

회사원이 30살에 주택을 취득한 경우, 정확히 정년퇴직 시기에 개축할 시기가 온다(주택 대출이 정년까지 30~35년으로 이루어져 있는 것이 많다). 맨션의 경우, 개축하지 않는다고 해도 그것에 합당한 대규모 수선·개선이 필요하다. 구조체가 100년은 간다고 하는 초고층 맨션도 엘리베이터의 교환 등 설비 면에서 대대적인 수선은 필요하다. 그때 주택의 소유자에게 충분한 활용자금과 자금조달력이 있다면 수선할 게 한이 없다.

근래에 목조, 철근 콘크리트를 포함해서 건축 자체의 질도 향상되고, 유지관리와 개수의 기술개발에도 눈에 띄는 발전이 있다. 용도를

---

* 「マンション建替事業の実施状況(2013년 4월 1일 현재)」(国土交通省)에서. 동성의 조사에 의한 개축 실적 및 지방공공단체에 대한 개축 상담 등의 건수를 집계.
** 「全国マンションストック戸数」(国土交通省)에서, 1973년과 1983년에 건축된 맨션의 스톡 수.

변경해서 건물을 계속 활용하는 컨버젼(conversion, 건물의 기능 전환)도 연구가 진행되고 있다. 엘리베이터와 공조, 상하수도관 등의 설비도 더 소형화되고 교환기술도 향상되는 등 사회자본의 장수명화가 계속 실현되고 있지만 여기에도 추가설비는 필요하다.

맨션에서도 단독주택에서도 개인 상점과 마찬가지로 자녀들이 살지 않는다(계속 살지 않는다)면, 최소한의 투자밖에 하지 않는다는 동기가 작동한다. 또한 맨션과 주택지, 중심 시가지와 같이 주변에 빈 주택, 빈 집, 빈 가게가 늘어나서 유지관리가 행해지지 않고, 관리조합과 자치회·자치체의 대응도 없이, 개인의 힘으로는 대처할 수 없게 된다면, 거기에 새로운 투자를 할 의욕은 사라진다.

임대주택의 개축과 관련해서, 어떤 역 근처의 건축 후 40년이 경과한 UR임대단지에서는 주민의 개축 반대운동이 일어나고 있다. 반대의 이유는 개축으로 임대료가 오르는 것과, 주민의 다수를 차지하는 고령자에게 개축에 따른 이동이 부담되기 때문이다. 그대로 자신이 죽을 때까지 거기서 살면 좋겠다고 생각해서 분양 맨션에서도 고령자가 할 수 있는 만큼 대규모 수선과 개축을 미루는 경향이 있지만, 이런 현상은 앞으로 빈발할 것으로 예상된다.

1970년대의 인구증가기에 정비된 소중학교의 교사 등은 근래에 점점 내진보강이 끝나가고 있지만,* 차차 개축 시기가 다가오고 있다.

공공시설과 다리, 도로 등의 실태조사를 하고, 자치체 전체의 관점에서 매니지먼트에 대응하는 자치체도 늘어나고 있지만, 그것도 아주

---

* 내진성으로 본 경우, 1981년의 건축기준법 개정 이전의 것은 '옛 내진' 기준이며, 위약하다. 전국의 소중학교의 교사 등의 내진화율은 2013년 4월 1일 현재로 88.9%(文部科学省 조사).

최근의 일이다. 도도부현과 시구* 중에서 공공시설 백서를 공표한 자치체는 2012년 9월의 66곳에서 2013년 9월에 115곳으로 늘어났지만 여전히 전체의 13%밖에 되지 않는다.**

아직까지 사회자본의 유지관리에 대한 관심이 낮고, 정보도 정비되어 있지 않다.*** 그리고 현상을 조사해서 알 수 있는 것은 갱신비용이 압도적으로 부족하며****, 전면갱신은 불가능하고, 시설의 장수명화와 집약화에 대응하는 것밖에 없다는 것이다.

이미 살펴본 교외도시와 같이 인구감소가 시작된 주택단치에서는 건물과 함께 도로와 도로교, 상하수도의 노후화가 진행되고 있다고 생각된다. 이전의 주택단지개발에서는 민간사업자가 도로, 상하수도를

---

* 시구 일본의 광역 자치체는 도도부현(都道府縣)으로 도쿄 도, 홋카이 도, 교토 부, 오사카 부, 43개 현이며, 기초 자치체는 시정촌이다. – 옮긴이

** 'ハコモン' 大後悔時代 高度成長期에 林立, かさむ 維持費 憩いの公民館消える', 『朝日新聞』2013년 9월 22일, NPO法人日本PFI·PPP協會(東京都港区) 조사.

*** 国은 2013년 11월 29일 도로와 다리 등 공공 인프라의 유지·관리의 기본지침인 '인프라 장수명화기본계획'을 결정했지만, 그 중에서 인프라 중에는 건설년도와 구고형식 등의 시설제원과, 약화와 손상 등의 노후화의 진전상황 등, 유지관리에 필요한 정보의 불분명한 시설이 많이 존재하고 있다는 것이 지적되고 있다. 『東京新聞』의 기사 '橋梁 9割 点検せず 市町村 管理 過去 5年 「永久 構造物」 認識 強く'(2007년 12월 18일) 등이 실태를 전하고 있다.

**** 예컨대 사이타마 시에서는 공공시설을 현재의 규모로 개수·갱신할 경우에 일반 재원 베이스로 향후 40년간에 연평균 283억엔의 부담액이 되며, 2011년도 예산과 비교해서 연평균으로 약 155억엔의 대규모 재원부족이 예상된다고 한다. (「さいたま市公共施設マネジメント計画·第1次アクションプラン (素案)」 2013년 12월)

정비하고, 그것을 시에 기부채납(무상으로 제공)하는 것으로 시로서는 부담 없이 개발할 수 있었지만 그때 받은 인프라의 유지 부담이 이제부터 중요해진다.

고령화와 인구감소에 의해 세수가 줄어드는 중에 사회자본의 유지·갱신의 곤란이 심각화하는 것이 예상된다.

산업으로 본 세대교체의 곤란

일본의 산업구조의 변화는 눈이 어지러운 점이 있지만 도쿄 도심으로 통근할 수 있는 교외도시는 기업입지와 고용 확보의 면에서 지방 도시에 비해 혜택받고 있다. 입지 기업도 이전의 섬유에서 기계, 수송기계, 화학, 약품, 이어서 식료품, 인쇄, 창고·수송으로 업종을 바꾸면서 유지되고 있다.

그러나 산업의 변천을 도시 전체에서 볼 경우, 교외도시에서 고유의 사정이 드러나게 된다. 전전은 농업이, 전후는 제조업이 번성했다. 그리고 주택단지의 개발에 의해 상업이 번성했지만, 자가용차의 이용이 일반화되어 교외에 거리 가게와 쇼핑 센터가 입지하자 중심 시가지 상점의 다수가 폐업해야 할 지경으로 내몰렸다.

그런데 쇠퇴한 산업의 종사자가 곤궁해졌는가 하면 반드시 그런 것은 아니다. 지역에서 옛날부터 살고 있는 농업자의 다수는 인구증가기에 농지를 전용해서 주택지와 산업단지, 도로로 제공하고 지권자의 이익을 누렸다. 부동산업을 겸업하는 농업자도 많다.

시내에서 공장을 경영하고 있던 사업자 중에는 주공혼재의 조업에 고통스러워 하다가 용지를 매각하고 지방으로 떠나간 예도 적지 않다. 그 사업지의 다수는 인구증가의 기반으로서 주택지로 바뀌었다. 다른 한편, 폐업하고 부동산 경영자가 된 공업자도 드물지 않다. 폐업해서 토지를 처분할 경우를 생각하고 주택지로 매각할 수 있는 준공업지역의 용도 지정을 유지하고 싶어 하는 공업자도 많다.

또한 공동화하는 중심 시가지에서도 주택으로서의 편리성은 높으므로 주차장·아파트 경영에 뛰어들어 부동산업을 겸업하는 상업자도 많다.

토지까지 가지고 있으면, 늘어나는 토지수요를 이용해서 수입을 거둘 수 있는 길이 열린다. 다시 말해서 폐업·토지매각(임대)의 이익과 저울질하면서 사업을 행하는 것이다.

쇠퇴하는 상점가의 상점주에 대해 마을 만들기 관계자로부터 '살지 않는다, 열지 않는다, 임대하지 않는다'의 '3무'라는 비난이 있다. 그러나 상업자 쪽에서 보면, 상점가에 '살지 않는다'는 가게에 딸린 집이 가정생활에 맞지 않으며(방음과 공조의 쾌적성에서 일반주택보다 열악하고, 가게와 창고인 만큼 거주 공간이 좁다), 또한 교외 단독주택에 살고 싶은 희망을 실현하고 있는 것일 뿐이다(다만 상점가의 인구는 줄어들고, 또한 상점주의 가족은 상점가에서 물건을 사지 않게 된다). 가게를 '열지 않는다'는 단지 물건을 팔지 않거나 열지 않아도 생계에 어려움이 없기 때문*이며, '임대하지 않는다'는 만일의 경우에 부동산의 처분이 어렵게 되기 때문이다. 실제로는 '임대하지 않는다'만이 아니라 임대인은 마을 만들기 관계자가 좋아하는 젊은이와 여성 기업가가 아니라 높은 임대료를 지불하는 전국적인 프랜차이즈 기업과

---

* 「世代間資産移轉の促進に関する檢討会報告(2013년 3월)」(国土交通省)에서. 이 보고에서는 "각 도시에서 공통하고 있는 것은 자산을 보유하고 있는 고령자의 다수가, 예컨대 교외에서 살고 있으면서 중심 시가지의 토지를 보유하고 있는 것 등에 의해, 특단의 보유자산을 활용할 인센티브를 가지고 있지 않은 상황이 많이 보이고, 이른바 '곤궁하지 않은' 상황에 있는 것이다"고 밝히고 있다.

패밀리 레스토랑, 술집 등이다. 풍속점(風俗店, 성 관련 업소)도 높은 임대료를 지불하기 때문에 간토關東 근처 현에서 대규모 제조업이 입지하는 교외도시에는 시내와 재개발된 역전의 거리까지 풍속가화하는 곳도 있다.* 손님이 모일 것으로 예상되는 장소는 개성이 없는 프랜차이즈 상점가로, 역에서의 도보권은 주택가로, 어느 것도 안 된다면 셔터 상점가(문 닫힌 상정감)로 되는 것은 이익을 찾는 부동산 경영의 관점에서 보자면 당연한 귀결이다.

교외도시에서 모든 산업이 부동산에서 얻는 이익, 토지의 처분 유혹과 싸우면서 그것에 해를 입어왔다. 농업, 상업, 공업 등의 산업과 경쟁해서 이긴 것은 부동산업(그리고 그것과 관련된 건축·토목업)이라고 생각된다.

하지만 그 부동산업의 번영의 배경에는 인구증가에 따른 토지·건물에 대한 수요가 있었다. 그리고 지금 그 조건은 사라지고 있다. 앞으로 인구감소에 따라 주택·토지가 남는 것은 확실하며, 산업으로서의 부동산업은 인구가 더 모이는 지역으로 옮겨갈 것이 예상된다. 그때 교외도시의 산업은 어떻게 될 것인가?

교외도시의 장래 – '쓰고 부수기'와 '쓰고 버리기'의 우려

교외도시에서, 특히 고도성장기에 만들어진 주택단지에서는, 단카이 세대의 비중이 돌출하는 인구구성이므로 앞으로 급속히 고령화가 진

---

* 상점주가 자녀들이 이어받지 않고 자신의 장사를 그만둘 경우에 임대 부동산 소유자가 되거나, 상속세가 적은 사업용 부동산으로 상속하기 위해 빈 가게로 남겨 놓을까를 저울질한다는 지적이 있다. 久繁哲之介『商店街再生の罠:売りたいモノから、顧客がしたいコトへ』, ちくま新書) 新書, 2013, pp.178~79.

행될 것이 확실하다. 사회자본의 노후화에 따라 주택단지의 주환경은 악화될 것이 예상된다.

현재 교외도시는 주택단지가 개발되고 약 40년을 지나서 확실히 세대교체의 시기를 맞고 있지만 이제까지 봤듯이 가족, 사회자본, 산업의 모든 것이 곤란을 안고 있다.

이미 성장한 자녀들은 도시의 밖으로 나가버리고 있다. 교외도시의 제1세대인 부모들은 자녀들이 계속 살지 않으면 투자를 하지 않으므로 주택과 그 주변 환경은 계속 악화된다. 먼 곳에 사는 자녀에게는 남아 있는 부모의 집과 가게는 부담일 뿐이며 관리를 방기하기 쉽다. 이대로 새로운 주민이 늘어나지 않고 인구가 계속 줄어드는 지역에서는 행정도 새로운 투자를 하기 어렵다. 인구가 줄고 지가가 내려가면, 부동산을 중심으로 돌던 지역의 경제력도 내려가고, 그러면 인구의 유출로 이어진다. 사회자본의 갱신도 할 수 없고, 환경의 악화는 멈추지 않는다.

1970년대에 들어온 교외도시의 최초 세대는 이미 70대를 넘어섰기 때문에 앞으로 10년 안에 심각한 상황에 빠질 것은 틀림없고 대책은 시급하다.

도시가 지속가능하기 위해서는 나무를 기르는 것과 같이 언제나 돌봐야 하며, 말라죽으면 바꿔 심듯이 갱신이 행해지지 않으면 안 된다. 그를 위해서는 밖에서 계속 사람과 자금이 들어올 수 있도록 사람을 끌어들이는 가치가 있지 않으면 안 된다. 그런 가치가 없다면, 주민이 도시를, 차세대에 대한 투자를 하지 않은 채로 쓸 수 있는 한 쓰는 '쓰고 부수기'와 다른 곳으로 옮겨가서 관리를 방기하는 '쓰고 버리기'를 하게 된다.

교외도시에서 '쓰고 부수기'와 '쓰고 버리기'를 피하고 세대교체에 성공하기 위해서는 쓰고 버려지는 토지·건물은 그 지역에 사람을 정착시키면서 가치를 유지하고, 버려진 토지·건물은 지역의 가치를 훼손하기 전에 차세대가 들어가도록 철거·재생할 필요가 있다.

교외도시에서 총유의 필요성

도시의 '쓰고 버리기', '쓰고 부수기'라는 말은 자극적이지만, 이미 쓴 것처럼, 가족, 주택, 산업구조의 변화와 인구이동의 결과에서 각자가 가장 합리적으로 선택한 행동을 나타내고 있다. 그리고 인구증가와 경제성장이 당연했던 시대의 제도와 사회정책이 이 '쓰고 버리기'와 쓰고 부수기'를 촉진하는 역할을 하고 있다.

그 대표적인 예가 개별 소유권의 절대성이다. 인구가 증가하고, 경제가 성장하고 있는 시대에서는 토지·건물을 늘리는 것이 도시 전체의 가치를 키우는 것이며, 도시를 가로로 세로로 넓히고, 그 공간을 잘라내어 배분하는 것이, 금융과 주택·건설산업을 끌어들이면서, 더욱더 성장으로 이어져갔다.

그러나 인구가 감소로 바뀐 때는 그 잘라낸 공간의 틀이 변화에 대한 대응의 장애가 된다. 개별 소유권의 절대성이 주위에서 일하는 것을 거부하고 '쓰고 부수기'와 '쓰고 버리기' 이외의 행동을 하는 것을 어렵게 한다. 그 결과 개축도 수선도 할 수 없는 맨션과 집합주택, 빈 가게, 빈 집, 빈 땅, 경작 포기지 등을 만들어내며 개별 소유권은 자신의 가치를 훼손하는 결과를 빚는다.

이웃도 빈 집(빈 집, 빈 가게), 그 이웃도 마찬가지인 상황에 빠지는 것이 예상되며, 그것에 대해 개인으로서 아무 것도 할 수 없게 되면, 하루빨리 그 지역을 떠나는 것이 가장 합리적인 선택이 된다. 이것이 면으로서 일어나면 고스트 타운(유령 도시)화가 삽시간에 진행된다.

빈 집에 관해서는 겨우 각 자치체에서 대책조례가 제정되고* 입법화도 검토되고 있다.** 그러나 빈 집과 분양맨션, 임대 아파트 등의 건축이 방치되어 주변 환경에 악영향을 미쳐도 행정도 다른 민간주체도 대응이 제한된다. 그 대응도 개별 건축물에 대해서 위험을 없애는 것에 한정되고,*** 주변을 포함한 면으로서 가치를 유지·향상시키는 관점은 없다.

빈 집 대책에서도 문제가 되었지만, 갱지(更地, 토지의 용도변경)로 하면 고정자산세가 건물이 있는 경우의 6배가 되는 등, 세제도 토지·건물의 유효활용을 방해하는 커다란 요인이다. 토지·건물의 소유권이 차차 분할되어가는 상속법도 이용의 의사통일을 방해하는 폐해가 커지고 있다.

인구감소와 세대교체의 시기를 맞아서, 이렇게 저렇게 구멍들이 열리듯이, 가치를 잃은 토지·건물이 생겨나는 교외도시에서 가치의 유지와 향상을 위해 그것을 다시 한번 한 곳으로 모아 운영할 필요는 분명하다.

잘라진 공간을 넓게 다시 모아 주택, 상점, 그 밖의 민간건축, 인프라의 최적 배치를 만들기 위해서는 소유권을 재편하는 '총유'의 개념

---

* 2013년 4월 1일의 시점에서 전국 211곳 이상의 지방공공단체에서 빈 집 등의 적정관리에 관한 조례가 제정시행되고 있다. (도도부현에 대한 조사결과, 2013년 4월, 国土交通省)
** '空き家, 自主撤去に税優遇 自民議連が法案骨子'『日本経済新聞』2013년 9월 6일. 동 지는 법안에는 시정촌에 관여 조사권을 부여하고, 관리상의 문제가 있으면 대책을 지도·명령하는 권한이 부여된다고 보도했다.
*** 건축기준법, 소방법, 폐기물처리법에 의한 명령·대집행, 밀집시가지 정비법에 의한 권고, 맨션의 개축의 원활화 등에 관한 법률의 '위험 또는 유해한 상황에 있는 맨션의 개축의 권고 대상'이 되면, 어느 정도는 대응할 수 있다고 한다.

이 유효하다.

총유의 구체적인 활용방법은 총유주체(마을 만들기 회사 등의 법인)을 만들고, 거기에 일정 지역에 존재하는 개별 소유권을 집중시켜 전체로서의 토지·건물 이용을 최적화하는 것이다. 제공한 개별 소유권자의 지분과 이용에서의 이익의 배분 등의 조정방법과, 이용을 사업으로서 행하는 것에서 그 사업에 대한 참가와 자치의 방법을 만드는 과제가 있다. 또한 개별 소유권을 전환하더라도 개인의 생계만이 아니라 인간관계와 공동체의 존재방식과 깊이 관계하고 있는 것이어서 총유에 관한 개인의 권리는 시장가격만으로 평가될 수 없다. 나아가 마을 만들기 회사 등의 총유 주체는 마을의 유지관리와 갱신, 산업진흥 등의 사업을 널리 행하는 것이므로, 협동조합과 미국의 주택관리조합 HOA*와 랜드 뱅크,** 영미의 BID*** 등의 운영방법에서 배울 게 많을 것이다.

개별 소유권이 총유 주체로 이전되는 것을 촉진하는 세제와 등기

---

* House Owner's Association. 柴田健,「HOAによる住宅地の統治」,『家とまちなみ』2012년 제65호 참조.

** 미국에서는 반공공조직인 랜드 뱅크(Land Bank)가 빈 땅 등을 사서 쌓아두고, 시기를 봐서 매각, 부동산 개발, 기존 건축물 철거·토지활용, 인접 구회에 대한 분양을 행하는 것으로 빈 땅의 이활용 등을 추진하고 있다(「オープンスペースの実態把握と利活用に関する研究」『国土交通政策研究』2012년 제106호, pp.427).

*** 미국의 BID(Business Improvement District)는 주법의 규정에 기초해서 주로 상업·업무지역 내에서 세금과 함께 부과금을 징수하고, 운영조직이 그 부과금을 활용해서 지역 내의 매니지먼트 활동과 행정의 범위를 넘어서는 서비스를 제공한다. 영국의 사례는「英国におけるビジネス改善地区(BID)の取組み」『Clair Report』2011년 No.366, 自治体国際化協會 참조.

제도의 창출도 필요하다. 덧붙여서 총유 주체로 의사결정을 한 토지·건물에 관한 이용방법을 도시계획에 위치지우는 절차를 제도화하는 것도 필수적이다.

 많은 과제가 있지만, '쓰고 버리기'와 '쓰고 부수기'가 아니라 지역을 다음 세대에게 남겨주는 무리 없는 선택지가 보통 사람들에게 부여될 수 있도록 법률과 정책, 사회 시스템의 구축이 강하게 요구된다. 총유의 사상은 그 중핵을 이룬다고 생각한다.

도시·마을 만들기에서 토지 공동관리의 시도

노구치 가즈오

'수세'와 '공세'의 마을 만들기

도시·마을 만들기의 현장은 언제나 세분화된 토지의 소유권을 조정하는 역사였다. 토지가 상품으로서 널리 유통되어 손바닥만한 토지도 소유 대상으로 당연시된 전후사회에서 토지는 한없이 세분화되었다. 사람들이 주택을 구입할 때 국가가 세와 융자로 지원하는 주택공급책은 여기서 한 가지 배경이었다. 가령 소규모 택지는 고정자산세가 저렴하다.

    도시·마을 만들기는 주로 건축 등의 토지이용을 규제하기 위한 토지이용 규제제도와 구획정리나 재개발 같은 구체적인 개발사업으로 이루어진다. 전자인 토지이용 규제제도는 건물을 올리겠다는 신청이

들어와야 비로소 효과를 발휘하니 '수세'의 제도라고 부를 수 있을 것이다. 한편 개발사업은 토지이용 규제제도와 달리 '공세'의 사업이다. 지권자를 설득하거나 이따금 강제해 택지를 조성하거나 건물을 재개발하기 때문이다.

그런데 '수세'의 토지이용 규제제도든 '공세'의 개발사업이든 간에 효과를 발휘하려면 전제가 한 가지 필요하다. 즉 수요가 있어야 한다. '대기'의 토지이용 규제제도는 건축을 하고 싶다, 토지를 이용하고 싶다는 지권자의 의사와 신청행위가 있어야 비로소 인허가를 할 수 있다. '공세'의 개발사업도 마찬가지다. 농지나 산림을 택지조성한들 수요가 모이지 않는다면 개발사업은 경제적으로 성립하지 않는다. 재개발을 해서 상업시설과 맨션을 크게 지어봤자 건축물로 세입자가 모이고 주택을 구입하겠다는 사람이 나오지 않으면 허사가 되고 만다.

대신 도심과 역전처럼 접근성이 좋은 곳은 출점과 주택 구입의 수요가 있어 토지이용 규제도 개발사업도 성립한다. 지권자는 토지이용 규제에 따르고, 개발에 따른 이익을 보장받으면 개발사업에도 찬동한다.

문제는 수요가 그다지 없는 곳이다. 지방도시, 도시 교외의 농지, 산림 등에서는 수요의 창출에 애를 먹는다. 간단히 말해 사회기반시설과 생명선 life line 의 정비뿐 아니라 거기에 거리풍경과 경관의 매력, 경제적 매력을 어떻게 부가시킬지가 중요해진다.

본고에서 소개하는 사례는 도시·마을 만들기 관련 전문가에게는 널리 알려져 있다. 따라서 다시금 언급하는 이유를 설명해야 할 것이다. 이제부터 소개할 사례는 수요가 활발하지 않거나, 지권자가 소규모로 개별적으로 개발해서는 수요가 모이지 않는 지역이었다. 수요를 일으키기 위해서는 사회기반시설과 생명선의 정비에 더해 거리풍경의 매력을 끌어올리고 비용은 낮추는 일이 중요 과제였다.

토지 공동관리의 새로운 역할

저출산, 고령화가 진행되면 인구가 감소하고 이어서 세대수가 감소한다. 고령자 부부만이 사는 세대, 혹은 단신 고령자 세대가 증가하며 복지시설과 서비스가 딸린 고령자주택의 수요는 늘어도 주택의 수요는 전반적으로 줄어든다. 상업도 IT사회에서는 물건을 인터넷으로 주문하니 점포가 불필요해진다. 가상상가나 버추얼몰virtual mall이라고 불리는 온라인숍을 모아둔 사이트상에서의 상업활동은 늘어나지만 현실의 가게는 매상이 감소한다.

요컨대 토지와 주택 등 건축수요가 전체적으로 줄어든다. 그때 거리 풍경, 경제적 비용이 모두 매력적인 거리라면 일정한 수요가 생긴다. 실제로 주택지로서 브랜드 힘이 있는 지역에는 수요가 모이지만, 그렇지 않은 지역은 빈집이 늘어난다. 이처럼 상가도 브랜드 힘이 점차 중요해지고 있다.

토지를 종래와는 다르게 이용하려는 수요도 증가할 가능성은 있다. 사람들은 점차 풍요로운 경치와 경관 속에서 산다는 것의 가치를 높게 평가하고 있다. 덧밭이 딸린 주택(또는 공동주택)도 시장성이 생기고 있다. 방치되고 방폐된 토지나 건물을, 재산권을 보전한 채로 싸게 임대할 수 있다면 방치·방폐의 증가세가 일정하게 완만해질 수도 있다. 이미 각지에서 상가로 활용하려는 움직임이 일어나고 있으며, 시민농원과 마을산림을 보전하려는 운동도 진행중이다.

하지만 역시 앞으로 예건되는 인구와 세대의 감소를 감안한다면 토지이용은 방치되리라고 전망할 수 있으며, 저출산과 단신자, 특히 생애 미혼 단신자가 늘어나고 토지 소유에 따르는 경제적 부하가 증대됨에 따라 토지 이용의 방치·방폐는 더욱 늘어날 것이다. 본고에서 소개하려는 사례는 바로 방치·방폐의 대책으로서 참고의 가치가 있는 것이다.

아울러 이 사례를 고른 데는 이유가 또 하나 있다. 도시·마을 만들기를 실시할 때 세분화된 토지나 부정형인 토지의 존재는 항상 문제가 된다. 우리나라 시가지에서 거리풍경이 추악해진 원인이기도 하다.

첫째, 건물과 토지 이용의 부조화 문제다. 주택지에 광고간판이 크게 내걸리고 요란하게 생긴 파칭코점이 들어선다. 저층의 주택지와 교외의 농지에 고층의 맨션이 세워진다. 농지와 주택과 점포가 무질서하게 입지한 거리가 형성된다. 모두 도쿄로부터 지방도시에 이르기까지 이미 익숙해진 광경이다.

둘째, 부지 규모와 부지 형태의 부조화 문제다. 대체로 주택지에 걸맞는 택지 비율이 되도록 구획정리가 이루어지지 않은 채 건축이 진행되었다. 꼬불꼬불 구부러진 농로에 건축 부지의 전면도로前面道路만 넓혀 건축이 진행되었다. 더구나 토지의 형상이 지극히 부정형이다. 삼각지, 안으로 깊은 단책지, 위아래의 폭이 다른 깃대형 부지 등등 열거하자면 한이 없다. 결과적으로 부정형 토지에 맞춰 건물이 세워지니 건축 디자인도 제멋대로다.

그리하여 지구의 매력을 끌어올리고자 토지구획정리사업이라는 도시·마을 만들기 방법을 활용해 시가지로서 필요한 조건인 사회기반시설과 생명선을 정비한 위에 토지의 공동 이용을 실시하는 것이다.

토지의 정리

사례 소개에 앞서 '구획정리' 방법을 간단히 살펴보자. '구획정리'란 토지구획정리법에 근거해 이뤄지는 개발사업이다. 그저 '구획을 정리한다'는 의미로도 사용되지만, 도시·마을 만들기에서는 택지의 정비를 목적으로 하는 토지구획정리사업을 가리킨다.

구획정리는 농지나 산림 등을 대상으로 대규모 주택지를 개발할 때 쓰인다. 그밖에 목조 밀집지역의 재개발, 화재나 지진재해 후의 부흥사업에서도 시행된다. 한신 아와지 대지진 이후 코베의 부흥에서도 활용되었다. 현재 동일본 대지진의 부흥사업에서도 활용되기 시작했다. 국토교통성에 따르면 우리나라 시가지의 약 3분의 1에 상당하는 면적이 구획정리로 정비되었다(2005년도 실적).

구획정리에 의한 개발사업에는 통상 국가, 도도부현, 시읍면으로부터 고액의 보조금이나 교부금이 지출된다. 구획정리조합이 사업주체가 되어 실시하는 조합 시행의 경우, 민간의 개발에 대해 고액의 보조금 등이 교부된다. 하지만 녹지나 농지 등이 개발되고 지권자의 토지가 반강제적으로 줄어 비판을 사기도 한다. 이러한 비판은 일면 타당하지만, 우리나라의 도시는 구획정리 덕택에 근대도시로 정비될 수 있었다. 뒤에서 자세히 다루겠지만, 이제 사람들 사이로 깊게 침투해 뿌리내린 '토지 소유의 절대성 신화' 아래서 우리나라의 도시가 근대도시로 정비될 수 있었던 것도 바로 구획정리 덕분이라는 사실은 부정할 수 없다.

구획정리의 효과 가운데 한 가지는 지권자가 여럿인 지구에서, 수십 헥타르에서 수백 헥타르 같은 넓은 영역에서도 도로, 공원·녹지라는 사회기반시설과 수도 등의 생명선을 일거에 정비할 수 있다는 것이다. 지권자 한 사람 한 사람이 개별적으로 사회기반시설과 생명선을 정비하려면 막대한 비용과 시간, 법률과 행정, 관계기관과의 조정이라는 수고가 들어가지만, 숙련된 디벨로퍼* 등의 민간기업이 구획정리조합의 대행자가 됨으로써 지권자에게는 집단화의 이점이 생겨난다.

---

* 디벨로퍼 지역 개발을 행하는 단체 내지 업자. 부동산에 대규모로 투자해 그 잠재력을 개발하고 택지의 조성·분양, 주택의 건설·판매를 행한다. - 옮긴이

또 한 가지, 이것이 본고의 포인트인데, 지권자가 선호하는 토지이용의 방식이 제각각이고, 더구나 써먹기가 까다로운 부정형의 토지가 혼재하는 조건이더라도 구획정리라면 해결가능하다. 구획정리는 분명 '마법의 지팡이'다.

우리나라에서는 한 사람의 지권자가 단독으로 수십에서 백 헥타르에 이르는 넓은 토지를 소유하는 경우가 산림을 제외한다면 몹시 드물다. 필자가 경험한 도쿄 근교의 도시개발에서는 농업지역임에도 불구하고 수십 헥타르의 토지에 지권자가 5백 명이 넘었다. 역전의 재개발 대상지역도 수 헥타르에 대략 5백 명의 지권자가 있었다. 이 수치는 저당권 등을 설정한 사람이나 가차인은 포함하지 않은 것이니 관계 권리자를 모두 포함하면 방대해진다. 게다가 가족구성도 가족 내 인간관계도, 장사의 현상태나 매상도 전혀 다른 지권자를 모아내지 못한다면 도시·마을 만들기는 불가능하다.

그러한 의향과 의견의 차이를 조정할 때 바로 구획정리라는 '마법의 지팡이'가 필요해진다. 구획정리로는 각 토지의 위치와 형상을 바꿀 수 있다. 도로나 큰 공원을 만들려면, 또한 지권자의 토지가 도로에 제대로 접하게 하려면 아무래도 토지의 위치와 형상을 손댈 필요가 있는 것이다. 이를 실현하는 방법이 '환지換地'다. 나아가 '감보減步'라는 방법으로 지권자가 보유한 토지면적의 일정 비율을 합법적으로 줄일 수도 있다. 줄인 토지는 도로와 공원 등의 용지와 '보류지'가 된다. 보류지란 조성공사 등의 사업비를 충당하기 위해 매각되는 토지다. 이 구조를 활용하면 다음과 같은 일이 생겨난다.

어느 지권자가 상업 빌딩을 올려 가게를 내려한다고 가정해보자. 점포는 입지와 상업 집적이 관건이다. 따라서 사람이 모이는 장소에 점포를 내고 싶은 다른 사람들, 혹은 빌딩 경영을 하고 싶은 다른 사람

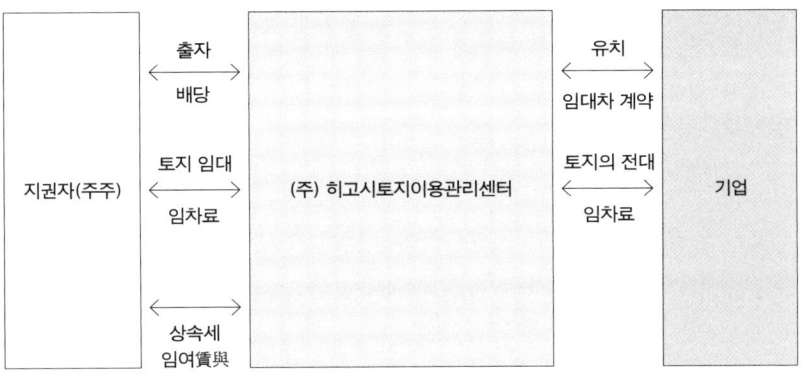

그림1   토지관리시스템

들의 토지를 모을 수 있다면 좋다. 또한 개인이 작은 면적으로 아파트 경영을 한다면, 보다 넓은 토지를 가진 사람이나 경영 능력이 있는 빌딩 경영자에게는 상대가 안 된다. 그러나 아파트 경영을 하고 싶은 사람들의 토지를 모아 경영노하우를 지닌 전문가에게 위탁한다면 승부가 가능하다. 한편 농지의 경작을 이어갈 요량에 택지화를 원치 않는 지권자도 있다. 그렇다면 계속 농지로 쓰겠다는 사람들을 모집해 포장정비를 실시할 수 있다. 택지조성 안에서 특정의 가구를 설정하고 농업용수로를 정비하고 밭이라면 농업용 우물을 판다. 농지에 걸맞게 시가지를 구획하는 일도 가능하다. 이처럼 토지구획정리사업이라는 제도는 여러 방법으로 운용될 수 있다. 만일 공동으로 토지건물을 경영하길 원한다면, 공동화를 바라는 지권자의 토지를 한 곳으로 모을 수도 있다.

자, 그렇다면 이제부터 구체적인 사례를 들여다보자. 히고시지구日越地区의 사례와 '농주단지農住団地'의 사례다. 니가타현新潟県 나가오카시長岡市 히고시지구日越地区에서는 지권자가 토지운용회사를 설립해 기업 유치에 나선 바 있다. 한편 '농주단지'란 농가가 공동으로 임대용

공동주택을 건설해 주택 경영을 하는 것으로 여러 사례가 있다.

토지의 공동경영

히고시지구는 구획정리로 약 64헥타르의 농지를 개발했을 뿐 아니라 고속도로 인터체인지에서 가깝다는 이점을 살려 지권자가 힘을 모아 공업계의 토지 이용을 이끌어냈다.*

먼저 마을 만들기의 비전을 실현하기 위해 구획정리로써 인프라, 생명선을 정비하는 데 그치지 않고 지권자의 토지를 '집약환지集約換地'했다. 인프라, 가령 도로는 주택지와 공업지대의 경우 도로의 폭과 패턴이 당연히 다르지만 토지 이용에 맞춰 정비했다. 또한 토지이용계획을 실현코자 지권자에게 단독주택지로 환지할지 집합주택지, 상업지, 공업지 혹은 농지로 환지할지 그 의향을 파악하고는 '환지'에 나섰다. 사실 여기까지라면 드문 사례가 아니다. 히고시지구의 진면목은 토지를 일원적으로 관리한다는 데 있다.

구획정리는 지권자가 설립한 구획정리조합이 맡는다. 구획정리조합은 토지조성의 실시를 목적으로 하는 공공법인으로서, 토지구획정리법에 근거해 토지조성과 정리를 실시하는 법인이지 토지 경영을 목적으로 하는 법인은 아니다. 그 대목에서 히고시지구에서는 구획정리조합과는 별도로 히고시토지관리센터라는 지권자 회사가 설립되었다. 구획정리에 참가한 지권자가 출자한 회사다. 이 회사는 지권자로부터 일단 토지를 차지한다. 차지기간은 35년이다. 이로써 회사가 일괄해 기업을 유치하고 관리할 수 있게 된다. 여기서 중요한 점은 유치하는 기업의 선정, 기업에 토지를 전대하는 조건의 설정, 그리고 지가 등의

---

* 『日越土地区画性理組合完工記念誌』, 日越土地区画整理組合, 1995.

수입을 지권자에게 분배하는 방식을 회사가 일괄해 매니지먼트한다는 것이다. 그리고 지권자가 출자해 법인을 설립하기 때문에 회사의 의사는 지권자의 총의로 간주된다. 그렇다면 보다 구체적으로 살펴보자.

사업개요

사업명	나가오카 도시계획사업 히고시토지구획정리사업
시행자	히고시토지구획정리조합
지구 면적	64.7헥타르
인가일	1988년 9월 30일
시행 연도	1988년도 ~ 1996년도
감보율	39.3%
총사업비	5,936,671,000엔

히고시지구

니가타현 나가오카시 히고시지구는 역전의 중심시가지로부터 약 5킬로미터 떨어진 전원 지역에 있다. 구획정리 전에는 논지역이었다. 칸에쓰 자동차도의 나가오카 인터체인지에서 가까워 근처에 유통업무단체가 있다. 이곳에서 마을 만들기의 이야기가 부상한 것은 1974년 무렵이다. 벼농사를 하는 농업취락은 대체로 촌락공동체가 뿌리 깊다. 이 일대에서 큰 개발프로젝트를 추진하는 경우 각자가 알아서 자신의 토지를 처분하는 것이 아니라 취락 차원에서 대처한다는 의식이 전통적으로 했던 것 같다. 이러한 의식은 회사를 설립해 토지를 공동으로 임대한다는 집단적 대응을 가능케 했으며, 더 나아가 구획정리에 수반해 수전경작도 공동화할 필요가 있다는 인식으로부터 히고시생산조합을 결성해 농업도 공동화했다.

구획정리조합과 토지의 공동화를 실시하는 주식회사 토지이용관리센터는 거의 동시기에 설립되었다. 구획정리조합준비총회는 1988년 7월에 열렸고 토지이용관리센터의 설립총회는 같은 해 8월이었다. 구획정리의 조합사무소는 건물의 1층, 토지이용관리센터의 사무소가 2층이다. 마을 만들기는 분명 일체적으로 진행되었다고 할 수 있다. 필자가 면담한 동센터의 이사장은 확고한 신념, 스스로 기업의 유치에 나서는 리더력, 그리고 회사가 얻은 이익은 현지로 공평하게 환원하며, 아울러 그 틀을 면밀하게 따진다는 지극히 현대적 리더라는 인상이었다.

구획정리의 구역은 약 65 헥타르로 총사업비는 약 70억 엔. 당시 구획정리의 사업비는 1평방미터 당 1만엔에서 2만엔 정도였으니 보통 사업이다. 총사업비 가운데 국가, 현, 시로부터 받은 보조금 등으로 약 45퍼센트, 나머지는 지권자가 '감보'로 공출한 보류지의 매각비로 조달했다. 보조금에는 원래 국가와 지방자치체가 사업으로 실시해야 할 공공시설의 정비가 포함되어 있으며 지역차가 있으니 높다 낮다를 한 마디로 말하기가 어렵다.

히고시지구의 구획정리에서 주목할 대목은 토지를 매각하고 싶은 지권자의 토지는 주택지로 모으고, 토지의 임대를 바라는 지권자의 토지는 업무지로 배치(환지)했다는 것이다. 이로써 토지이용관리센터가 일원적으로 토지를 관리할 조건이 마련되었다.

농가의 토지관리회사 설립

토지이용관리센터(이하 센터)는 지권자가 센터에 임차하는 면적에 따라 출자해 설립되었다. 설립 당시의 자본금은 2천만엔이었다. 기업을 유치하는 준공업지역의 택지 면적은 약 22헥타르인데, 센터는 총 15헥타르의 토지를 관리한다. 이 가운데는 농가지권자가 매각을 희망해

센터가 취득한 토지도 있다. 센터는 기업에 30년 계약으로 임대하고 있다.

그런데 센터가 관리하는 모든 토지에 기업이 진출해 있는 것은 아니다. 앞서 언급한 이사장에 따르자면 이는 "수요가 없어서가 아니라 유치할 기업을 고르고 있다"고 한다. 초기에는 입지하는 기업이 드물었지만, 센터 설립 후 1996년의 시점에는 센터가 관리하는 토지 가운데 98퍼센트를 임대하고 있었다고 한다.

기업이 입지한 토지와 입지하지 않은 토지가 있는 경우, 각각의 지권자에게 지가를 어떻게 배분할까. 원칙은 토지 면적에 따라 지권자에게 지가를 균일하게 배분하는 것이지만, 실제로는 약간 차이를 두는 모양이다. 이익은 회사를 통해 공평하게 배분한다는 시스템이 있는 까닭에 입지하는 기업을 선별할 수 있는 것이다. 아울러 지권자 입장에서 보자면 자신의 소유지에 기업이 입지하는지와 무관하게 정액의 수입을 확보할 수 있으며, 입지 기업이 늘어나면 배분되는 금액도 올라간다.

센터를 시작하면서는 조직의 방향성에 관해 다음과 같은 내용을 확인했다고 한다. 현물출자는 하지 않는다, 센터의 경비는 되도록 줄여 지권자에게 배분한다, 센터 스스로 토지 취득이 가능토록 한다, 그리고 도중에 임의로 탈퇴하는 것을 막는다, 등이다. 구획정리 이전의 수전 경영에서는 '반(약 990평방미터)에서 열 섬을 수확해 약 20만엔 매상'(이사장)이었던 것이 사업 후에는 수입이 약 열 배가 되었다고 한다.

히고시지구의 특징은 지권자 회사가 지권자의 토지를 일괄적으로 빌려 지역을 관리 운영하고 토지이용을 일원적으로 맡는다는 데 있다. 이러한 시스템은 수경경작을 하며 촌락공동체 의식이 뿌리 내려 있었기에 가능했다고도 말할 수 있다. 아울러 도시지역이 팽창하는 조류

속에서 지권자 회사를 세워 농업 수입을 대신하는 토지 활용으로 수입을 확보하겠다는 현실적 목표도 작용했다. 실제로 이러한 내용을 설명하는 자료가 지권자에게 배포되었다. 촌락공동체 의식이 존재하는 동안 이 시스템이 구축되었기에 도시화에 대응할 수 있었던 것이다. 그러나 다른 도시 근교 지역의 대규모 수전 지역은 소멸하든지 전작轉作과 휴경, 농지의 전용·전매 등으로 촌락공동체가 거의 붕괴되고 있다. 또한 개별·분산적인 택지 개발이 주종인 밭농사 지역에서는 집단적 토지이용과 농업 경영은 시도하기가 어렵다.

종래의 지연커뮤니티가 붕괴하고 있는 오늘날 히고시지구의 시스템을 어떻게 활용할 것인지는 분명 중요한 물음일 것이다.

농가의 아파트 공동 경영

농주단지

농가지권자는 지연, 혈연을 배경으로 전통적 지역커뮤니티를 형성해 왔다. 전후의 농지해방으로 창출된 영세한 자작농이 지가 앙등에 따라 토지소유에 더욱 집착하고(농업에 대한 집착보다 강하다) 도시화에 따른 커뮤니티 붕괴, 농업 수입과 농외 수입 차이의 확대 등으로 전통적 지역커뮤니티에 대한 귀속의식은 점차 희미해지고 있다.

이제부터 소개할 '농주단지農住団地'의 시도가 성공한 데는 히고시지구와 마찬가지로 지연, 혈연을 배경으로 한 전통적 커뮤니티의 존재가 관건적으로 작용했다고 풀이할 수 있다. 일반적으로 '농주단지'는 농가지권자가 농업 경영과 아파트 경영을 조합하여 안정된 수입을 확보하면서도 선조로부터 물려받은 토지라는 재산을 보전하고자 시도된다. 도시 근교에서 주로 JA(농협)이 주도해 전개되었다.

'농주단지'의 특징은 역전이나 중심시가지에서 이뤄지는 시가지 재개발과 달리 토지의 소유권이 지권자의 재산으로 보전된 채로 공동으로 아파트를 건설해 경영한다는 것이다. 통상 시가지 재개발 사업은 대부분 시가지 재개발법에 근거해 실시되어 토지(차지권이 설정된 토지)는 참가하는 지권자가 공유한다. 그러나 토지는 개인의 재산이며, 개별적인 이용과 처분이 가능하도록 보유해두고 싶다는 마음이 작용할 수 있다. 이것이 토지의 공동이용이 좀처럼 진행되지 않는 원인이다.

반면 '농주단지'의 경우는 거기에 참가하는 농가지권자들이 만든 법인이 농가지권자의 토지를 차지借地하는 방식이 일반적이다. 농가지권자로서는 자신의 토지를 명확하게 알고 있다. '농주단지'의 경영을 그만두었을 때는 자신의 토지가 되돌아온다는 '안심감'이 '농주단지'가 전국적으로 확산될 수 있었던 이유의 한 가지다.

그것만이 아니다. 주택의 대량공급이라는 중앙정부의 정책을 실현하기 위해 여러 제도가 동원되었다. 예를 들어 임대주택을 세우면 '대가건촌지貸家建付地'라고 하여 고정자산세, 상속세가 줄어든다. '농주단지'를 건설하려고 차입금을 일으키면, 상속세의 대상이 되는 자산평가액이 줄어든다(공제된다). 한편 수입은 지가, 지권자회사로부터의 배당, 임원보수 등으로 분산되어 농가지권자에게 돌아간다.

'농주단지'는 정책적 지원도 받았다. '농주단지'는 1963년에 행해진 지바현千葉県 기사라즈시木更津市 기요미다이 지구清見台地区의 구획정리로 시작된다. 그후 1968년 '농주도시 건설구상'(발안자의 이름을 따서 '이치라쿠一樂 구상'이라고도 불린다), '협동조합에 의한 농주도시 건설'로서 정식화되었다. 한편 정부 및 집권당에 의한 주택공급책이나 '농민 등 토지소유자에 의한 신주택단지 건설 구상'(자민당)도 있어 1970년 무렵부터 조사연구와 제도 마련이 이어졌다. 제도로서는

제4장 현대적 전개   219

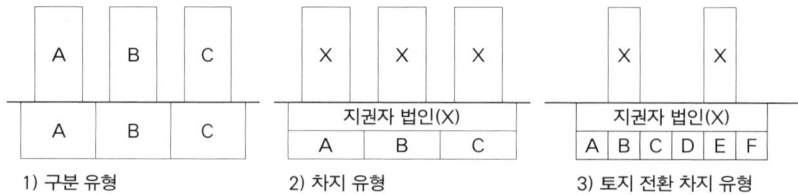

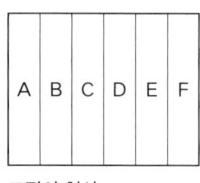

토지의 형상

그림2 '농주단지'의 유형

주택금융공고융자의 적용, 농주이자 보급제도, 특정임대주택건설 자금이자 보급제도, 농주단지건설기본계획 수립비용 지원제도 등을 들 수 있다. 이러한 제도화가 배경이 되어 '농주단지'를 건설하려는 시도가 여기저기서 일어났다. 대표적 사례로 고베 서^西농협 관할지역 시즈오카시^{静岡市} 다카마쓰 지역^{高松地区}, 나라현^{奈良県} 다테지구^{立野地区} 등을 거론할 수 있을 것이다.*

이러한 '농주단지'의 건설과 경영에서 간과해선 안 될 것이 JA(농협)의 존재다. 각지에서 JA는 관련 회사를 통해 아파트 건설에서 관리 운영까지의 업무를 맡는다. 이는 농가에 대한 영농지도, 공제사업 이상으로 JA의 사업에서 큰 축이다. JA는 농부의 자산을 파악해 그것을 관리 운영함으로써 융자, 수익 관리, 공제 업무가 모두 이어지고, 아울

---

* 石川賴房·波多野憲男·野口和雄 ほか, 『郊外地土地区画整理の計画的土地利用転換手法に関する』, 住宅総合研究財団, 1993.

러 아파트 입주자의 임대료 징수를 통해 도시 주민으로 네트워크를 넓혀갈 수 있다.

농가지권자가 스스로 아파트를 건설하고 경영하기란 쉽지 않다. 이때 JA가 농가의 자산 관리자로서, 은행으로서, 그리고 부동산 사업자, 건축업자로서 등장한다. 첫째, 평소 농가지권자의 재산을 관리하고 있는 JA가 농가의 어떤 토지의 몇 평을 아파트 경영으로 돌리라고 조언한다. 둘째, 농가지권자의 개념을 이해하고 있는 JA가 행정, 민간 개발자와 협력해 구획정리에 나선다. 그때 농가의 토지 활용 의향이나 가족 설계를 파악하고 있는 JA라면 구획정리 중 '농주단지' 용지를 어느 정도 확보할 수 있는지를 알 수 있다. 셋째, 아파트 경영의 경제적 효용을 밝혀내고, 이를 기반으로 융자 등을 통한 건설자금 조달, 아파트 관리와 운영, 그리고 구획정리의 시행자인 구획정리조합에 대해 대출 및 자금 관리를 실시한다.

농주단지의 유형

'농주단지'의 소유형태에는 몇 가지 유형이 있다. 하나는 '협조형'이다. 권리관계로서는 단순하다. 관리는 공동으로 한다. 소유 형태는 개별이지만 단지 형태로서는 공동이다. 입주 조건은 동일하기 때문에 입주자로서는 자신의 아파트를 누가 소유하고 있는지는 문제가 안 된다. 이 유형은 언제든지 '농주단지'에서 이탈할 수 있기 때문에 필자는 공동이 아닌 협조형이라고 부르고자 한다.

다음으로 차지 유형이다. 이 방식은 '공동형'이라고 말할 수 있다. 농가지권자는 각각 자신의 소유지를 갖지만, 지권자 회사가 각각의 토지를 임차하고 거기에 지권자 회사가 아파트를 건설하고 경영한다. 농가지권자는 토지의 지대수입을 얻고, 그 밖에 지권자 회사로부터 배당 등을 받는다. 농가지권자로서는 토지(저지*)를 개별적으로 확고히 갖고 있다는 안정감이 든다. 하지만 이는 지권자가 개인의 의향으로 '농주단지' 경영에서 이탈할 수 있다는 뜻이기도 하다.

그리하여 들어가는 입구가 좁고 안길이가 긴 단책형短冊型으로 토지로 만드는 방식이 있다. 토지는 공유하는 것이 아니라서 각각의 소유가 분명하지만, 자신의 것만으로는 토지가 쓸모없어지니 사실상 토지 이용은 부자유해진다.

그렇게까지 토지이용을 부자유하게 할 바에야 '공유로 하면 어떨까?'라는 생각이 드는 게 사실이다. 그런데도 공유로 하지 않는 데는 농가지권자의 의식 말고도 사정이 있다. 공유로 하면 토지의 담보가치가 떨어지기 때문이다. 공유를 해도 법률상으로는 토지의 분할 청구가 가능하며 공유 상태로부터 언제든 이탈할 수 있지만, 간단한 일은 아니다. 그래서 개인에게 융자하는 은행은 공유 부동산의 담보가치를 낮게 책정된다. 실은 같은 일이 시가지 건물의 재개발 사례에서도 일어난다.

재개발

구획정리는 주로 도시 근교에서 이뤄지는 반면, 역전이나 중심시가지에서는 구획정리가 아닌 시가지 재개발로써 도시·마을 만들기가 진행된다. 구획정리가 택지를 가지고서 조성을 실시해 지권자의 토지를 이동하는 평면적인 도시·마을 만들기인 데 비해 시가지 재개발은 보다 입체적이다. 토지라는 자산을 건물의 지반床으로 대신한다는 복잡한

---

* 저지底地 차지권이 붙어 있는 토지나 차지인이 거주하고 있는 택지를 말한다. - 옮긴이

과정이기 때문이다. 이러한 시가지 재개발에서도 앞서 소개한 '차지방식'이나 '농주단지' 같은 방식이 사용된다. 토지의 소유는 그대로 두고 지권자의 토지를 차지한 위에서 시가지 건물을 재개발하는 것이다. 이 방식은 사례로는 결코 많지 않지만, 본서 제1장에 소개된 다카마쓰시 마루가메마치의 시가지 재개발로 주목을 받았다. 그러나 시가지 개발 사업의 경우 사업의 본질적 특징으로 인해 몇 가지 문제가 불거진다. '농주단지'처럼 일원적 관리를 하기란 어렵다는 것도 그 하나다.

시가지 재개발을 사업화하려면 '권리지반權利床'이라는 재개발 조합의 조합원=지권자가 입주할 지반床 말고도 시가지 재개발의 사업비를 짜내기 위해 '보류지반保留床'을 마련할 필요가 있다. 이 '보류지반'을 매각해 사업비를 확보하는 것이다. 그런데 권리지반은 공동사업으로 추진한다는 취지에서 지권자의 동의를 받아 공유지반으로 삼을 수 있지만, 매각할 '보류지반'은 권리지반과는 달라 '구분소유'로 하지 않을 수 없다. 하물며 '보류지반'을 분양 맨션으로 한다면 두 달마다의 '구분소유'가 되지 않을 수 없다. 여기서 공동이라는 사고방식은 무너지게 된다.

시가지 재개발 사업으로 건설한 건물을 상업시설로 삼는 경우, 건물(빌딩의 지반)의 소유는 구분 소유보다 공유지반으로 하는 편이 바람직하다고들 한다. 간단히 말해 분양 맨션처럼 가게가 벽으로 나눠져 있기보다 쇼핑센터나 백화점처럼 하나의 플로어에 점포가 몇 개씩 배치되는 편이 점포를 매력적으로 만들 수 있다는 것이다. 통일적인 내장, 상품 구성, 접객이 가능해진다. 더구나 점포를 정기적으로 개장改裝할 수도 있다. 쇼핑객의 소비 패턴을 보면서 점포의 배치, 출점, 규모 등을 바꿀 수도 있다. 일원적 관리가 가능하기 때문이다.

한 동의 빌딩 속에서 생선가게 바로 옆에 애완동물숍이 있다면 쇼

평객은 어떻게 생각할까. 그에 반해 공유의 빌딩이라면 상업시설을 관리해 운영하는 전문기업이 점포 구성을 매력적인 방향으로 유도할 수 있다. 가령 서점 속에 문구점만이 아니라 카페가 있는 형태다. 이제 여성 패션가 일각에는 으레 세련된 카페가 있다.

하지만 공유지반 방식으로 일원적 관리를 하는 게 필요하다는 것을 알더라도 시가지 재개발 사업에 참가하는 지권자의 상당수는 공유지반보다 구분 소유지반을 희망한다. 시가지에서 이뤄지는 재개발 사업에서는 상업자가 고액의 차입금을 들여 종전의 토지에 저당권이 설정된 경우가 많다. 이 토지를 재개발 건물로 옮겨놓을 때(권리 변환) 공동지반으로 해놓으면 앞서 말했듯이 은행은 '담보가치가 떨어진다'고 평가한다. 권리변환이란 재개발 건물을 세우기 이전의 토지가 지닌 재산적 가치를 평가해, 지권자에게 토지 대신 재개발 건물의 지반에 걸맞는 토지의 공유 지분을 건네주는 방식이다. 이러한 시가지 재개발 사업은 사업 전의 토지 가격과 재개발 후의 빌딩 지반의 가격이 동일하다는 것을 전제로 하지만, 은행으로서는 공유라면 지반의 처분성이 약해져 '등가교환'이 되지 않는다. 덧붙여 상품 구성, 상품의 진열, 접객 대응, 그리고 매상까지 일원적으로 관리하는 공유지반에서라면 종래의 장사를 이어가지 않겠다는 상업자도 생길 수 있다. 이렇듯 시가지 재개발에서는 구획 정리나 '농주단지'와는 다른 까다로운 문제가 불거져 '현대 총유형' 재개발은 실현되기가 수월치 않다.

마치며

서두에서 '도시·마을 만들기의 현장은 언제나 세분화된 토지의 소유권을 조정하는 역사였다'고 말했다. 이를 해결하고 공동화를 실현하고자 지금껏 살펴본 시도가 나왔던 것이다.

이러한 시도는 수요가 있는 지역, 혹은 시대의 도시·마을 만들기 사례다. 따라서 토지 이용의 공동화는 지권자에서는 경제적 메리트가 있었다. 그러나 인구감소 시대는 토지 수요가 줄어드는 시대이며, 지역에서는 토지 이용, 건물 이용이 방치되는 시대다. 재정파탄난 디트로이트의 풍경이 우리나라의 도시로 퍼져가는 시대다(디트로이트에서는 폐허가 된 빌딩의 활용이 진행중이라고 들었다)*.

인구감소 시대에 토지 건물의 공동 사업을 벌이고자 할 때 장애가 되는 것이 절대적 토지 소유권이다. 방치, 또는 방폐될 위험이 있는 토지와 건물을 제삼자가 관리해야 할 필요가 생겨나고 있지만, 토지·건물에는 반드시 소유자가 있어 재산권이 장애가 되는 것이다. 그리하여 토지·건물에는 이용 의무가 있음을 전제 삼아 토지 소유권(저지권)에는 손을 대지 않고 이용은 공동화하는, 혹은 이용을 제삼자에게 맡기는 제도 만들기가 요구되고 있는 것이다.

---

* 矢作弘, 「デトロイト破綻の教訓」, 『日経新聞』, 2013년 8월 7일.

전원도시와 현대에서 총유의 도시공간

와타나베 쇼도

시작하며

도시에서의 총유는 반드시 그 주체가 되는 커뮤니티가 존재한다. 그리고 커뮤니티의 활동 가운데 중요한 것 하나는 공유되는 공간과 환경의 유지관리다. 여기에는 공유되는 공간으로서의 도시미, 경관미도 포함된다.

지금부터 다룰 총유의 도시는 모두 뛰어난 도시경관을 오랫동안 지켜왔다. 또한 세대를 이어 총유의 주체가 되는 커뮤니티를 유지하며, 활기로 넘치는 시민의 생활이 면면히 이어지고 있다. '서스테이너블sustainable, 지속가능성'이라는 말이 다양한 분야에서 거론되고 있는데, 도시에서의 서스테이너블과 공간 구성을 생각하는 데서도 '총유'라는 개념은 분명 중요한 요소일 것이다.

일본에서 토지는 거의 자유롭게 매매되어 부정형으로 분할되거나 통합된다. 도시는 사유재산의 집합이며, 건축 자유라는 전제 위에서 규모도 용도도 다른 건물이 올라선다. 그리고 도로·공원 등의 인프라는 자치체가 관리한다. 토지, 도로, 건축이 일체가 되어 기능하는 것이 도시로서 이상적인 모습이라고 한다면, 일본 도시의 현상태는 혼돈된 모습이다.

2000년 2월에는 OECD가 일본은 불충분한 규제, 도시 경관의 난잡함, 협소한 토지구획 등 여러 도시문제를 안고 있다고 지적해 여덟 항목의 「대일도시정책권고對日都市政策勸告」*로써 시급한 대처를 요구하기에 이르렀다. 그 안에는 '개인의 권리와 공공 이익의 조화'가 항목의 하나로 거론되었으며, 사권私權을 법으로 과잉보호하는 것이 도시 개선을 지연시킨다고도 지적받고 있다. 이미 절대적 소유권과 건축 자유의 원칙은 일본 특유 도시문제를 양산해 세계적으로 우려를 사고 있는 것이다. 지금도 법으로 규제와 완화를 거듭하는 가운데 도시문제는 점점 복잡해지고 있으며, 해결의 실마리는 찾기 어렵다.

본론에서는 이러한 도시문제를 해결하는 데 보탬이 될 만한 총유의 사상을 도입하여 성립한 영국의 '전원도시'를 중심으로 도시에서의 총유의 과정과 그 공간 구성을 고찰하고자 한다. 그로써 총유에 근거해 재구축한 도시 공간과 총유로부터 산출되는 새로운 공간의 구성을 생각해보고자 한다.

---

* OECD(경제협력개발기구)에 의해 2000년 11월 공표된 일본의 도시정책에 대한 권고. OECD는 국제협력기관으로서 구미 선진국을 중심으로 한 가맹국의 경험 등 풍부한 데이터를 바탕으로 국제적 관점에서 각국의 도시 정책을 심사해 권고를 공표한다.

'전원도시'의 성립 – 오웬에서 하워드로

근현대에서 총유 형체의 도시라면 그 사상과 운영, 계획에서 에버니저 하워드*가 주도한 '레치워스 전원도시'를 필두로 들 수 있을 것이다. 그러나 소규모이긴 하나 레치워스 이전에도 총유의 사상을 가진 도시는 존재했다. 19세기 초두, 산업혁명으로 등장한 기업가 가운데 자선 기업가로 불리는 자들이 생산시설을 기반에 두는 '총유도시'를 건설했던 것이다.

그 중에 가장 유명한 것이 로버트 오웬이 스코틀랜드의 아름다운 계곡에 방적공장을 중심으로 만든 이상도시 '뉴래너크New Lanark'다.

1786년, 스코틀랜드인 기업가 데이비드 데일David Dale이 클라이드 강의 수력을 이용한 방적공장과 주택을 건설하고 이후 사위인 오웰이 협동체 사회를 형성해간 이 작은 도시에는, 최대 2,500명의 노동자가 일할 수 있는 방적공장 등의 생산시설 말고도 주거, 학교, 상점(조합원 출자, 이익 분배 등의 방식으로 생협의 원점이 되었다), 식당, 도서관 등의 생활시설이 건설되었다. 건물은 모두 그 지방에서 나오는 사암을 활용한 조지안 양식으로, 계곡을 따르는 좁은 부지를 알뜰하게 이용해 정연하게 지어졌다. 그 모습은 계곡의 암면과 나무들의 녹음, 급류의 하얀 거품과 훌륭히 어우러져 빼어난 경관을 만들어내고 있다.

이처럼 빼어난 환경 아래서 오웰은 상호부조에 기반하는 조합조직의 터가 될 협동체 도시를 만들어냈다. 당시 영국 노동자가 처한 환경을 고려한다면 이상적이라 할 만했지만, 그 풍족한 자연환경과 비견한다면 노동자의 생활은 가혹한 것이었다. 뉴래너크는 다른 곳보다 노동

---

* Ebenezer Howard, 1850-1928. 런던 교외의 레치워스(Letchworth)는 하워드가 전원도시(Garden City)의 이념에 근거해 건설한 최초의 전원도시.

조건이 개선되었다고는 하나 노동자들은 하루 10시간, 주 6일을 일했으며, 주거는 보장되었지만 전형적인 싱글엔드$^{single\ end}$로 30평방미터 정도의 방에 열여덟 명에서 스무 명이 동거해야 했다. 그런데도 청결한 침구와 식사가 약속되어 많은 노동자는 자신들의 처지에 만족했다고 한다.

'오웰식 사회주의'는 17세기 말 퀘이커교도이자 사회개혁가인 존 벨러스$^{John\ Bellers}$의 『산업학교 설립제안』(1695년)에서 촉발을 받은 오웰이 뉴래너크에서 실천하고 성공해 세상에 널리 알려졌다. 벨러스의 '산업학교'는 산업의 주역을 교육하는 시설로 고안된 것으로 16세기 토마스 모어 이래의 유토피아 사상을 계승하고 있다. 모어의 유토피아는 전원노동을 원칙으로 삼는다. 그에 따라 실업자나 여성들도 구성원으로서 노동에 참가하면 공평한 생활이 보장되고 그로써 생산력이 크게 향상해 윤택한 물자가 무상으로 오갈 수 있다. 또한 사람들은 농촌과 도시에서 번갈아가며 생활하고 교양을 존중하며 정신적 쾌락의 추구를 최고의 행복으로 안다. 모어의 이러한 사상은 오웰니즘의 선구로 여겨진다.

1824년에 오웰은 미국 대륙에서 새로운 이상도시 뉴하모니를 건설하고자 영국을 떠난다. 그런데 바로 그 해에 런던협동조합이 창설된다. 오웰은 이후 미국과 런던을 자주 오가며 런던협동조합과 함께 장대한 계획을 세운다. 그것은 런던으로부터 50마일 권내에 협동조합을 주체로 하는 새로운 커뮤니티를 건설한다는 것이었다. 비록 자금부족으로 실현되지 못했지만 이후의 '전원도시'로 이어진다는 점에서 주목할 만하다.

오웰이 세상을 떠난 이후에도 뉴래너크는 회사와 조합이 유지, 관리해 공동조합의 성지로서 전세계로부터 방문자가 끊이지 않았다. 공장의 조업은 1968년까지 이어졌고 이후로도 주민이 남아 생활하고 있다. 1998년에는 뉴래너크 보전 트러스트가 설립되어 지역 전체가 그 관리 아래 들어가고, 2001년에는 세계문화유산으로 등록되었다.

오웰 이후 영국 안에서는 공동, 공유를 통해 이상도시로 향하려는 기운이 고조되었다. 또한 윌리엄 모리스*가 시도한 아트 앤 크라프트 Arts & crafts 운동의 영향으로 전원생활, 교외주택에 대한 동경이 환기되어 런던 등 대도시의 교외에 주택지가 계획된다. 또한 같은 시기에 도시 문제(환경 문제)와 토지 이용 문제(소유 문제)를 두고 영국 내의 경제학자와 철학자 사이에 여러 논의가 전개되기도 했다.

토마스 스펜스**가 뉴캐슬철학협회에서 "토지는 인류가 자유롭게 공기, 태양의 빛과 열을 향유하듯 그 혜택을 평등하게 향수할 수 있어야 한다. 구체적으로는 각 교구(패리시parish)가 하나의 자치적 공동조직이 되고, 모든 주민이 구성원이 되고, 토지는 거기에 부속되는 모든 것을 포함해 교구의 재산이 되어야 한다. 사람들은 각각의 지가를 교구의 공고公庫에 불입하고, 의회에서 할당된 금액을 각 교구가 정부에 불입한다. 즉 지가는 모든 공공의 부담을 포함하고 있으며 토지의 공유야말로 국가의 근간이다"***라는 강연을 했던 것이 1775년의 일이며, 이 내용이 1793년 『진정한 인권』으로 간행되었다. 스펜스 등의 이러한 토지공유사상이 하워드의 전원도시론에 영향을 끼쳤음은 자주 거론되

---

*   Wliam Morris, 1834-96. 영국의 시인, 디자이너. 기계가 만드는 양산품을 부정하고 수공예품을 존중하는 디자인 운동(Arts and Crafts Movement)을 실천해 신예술(art nouveau)과 일본에도 영향을 끼쳤다.

** Thomas Spence, 1750-1814. 1775년의 강연에서 토지 공유를 주장해 뉴캐슬 철학협회에서 제명당했다.

*** トマス・スペンス, 『近代土地改革思想の源流』, 田野宮三郎訳 御茶の水書房, 1982.

는 바다.

1901년에는 헨리 비비안*이 협동조합방식을 통한 최초의 '전원교외'를 건설했다. 공동조합방식이란 투자가와 거주자가 공동으로 출자한 비영리법인의 주택회사가 토지를 소유해 주택을 건설하고 운영하는 것으로 거주자는 지구의 계획과 관리, 운영에 함께한다. 비비안은 이후 레치워스 전원도시의 사업에도 참가한다.

그리고 1898년에 에버니저 하워드$^{Ebenezer\ Howard}$는 『내일, 진정한 개혁에 이르는 평화로운 길』을 출간해 전원도시론에 근거한 도시 건설의 첫 걸음을 내디뎠으며, 이듬해인 1899년에는 전원도시론의 보급 단체 '전원도시협회'를 설립하고 그 보급에 힘을 쏟았다.

하워드가 지향하는 전원도시는 윌리엄 모리스의 아트 앤드 크라프트 운동이나 미국의 소설가 에드워드 벨라미$^{Edward\ Bellamy}$의 근미래 소설과 공명하는 것이었다. 농촌 안에 도시를 건설하되 농촌으로부터의 인구유출을 억제해 도시의 과밀화를 차단한다. 토지의 소유와 사용을 관리해 산업혁명 직후의 열악한 환경에 시달려온 도시의 노동자를 일반 시민으로서 고용·흡수하고, 도시 안에 녹음으로 우거진 빼어난 거주환경을 만든다. 또한 도시를 둘러싸는 농지로부터 식량을 공급받는 자급자족형의 커뮤니티 도시를 지향한다.

아울러 하워드는 일반 시민이 도시의 주인공이라는 사고 아래 실제로 저소득자와 사회적 약자 전용의 쉐어하우스형 공동주택도 건설했다. 당시 영국에서 기업과 공장이 중심이 되는 도시는 있었지만, 어디까지나 해당 기업과 공장의 노동자가 지낼 수 있었을 뿐 일반 시민

---

* Henry Harvey Vivian, 1868-1930 공동조합방식(Co-Partnership) 구축에 기여했다.

에게 폭넓게 개방된 것은 아니었다. 하워드의 전원도시는 이러한 의미에서 그저 도시를 만들어낸 것이 아니라 '사회운동'의 요소를 머금고 있으며, 따라서 동시대의 사회학자 루이스 멈포드Lewis Mumford는 전원도시를 '20세기의 위대한 발명'이라고 불렀다. 이 사회운동은 자본주의의 예찬과 마르크스의 계급투쟁 중간 지대에서 찬동자가 늘어나 1902년에는 당시 사회적으로도 영향력이 있던 소설가인 허버트 조지 웰스Herbert George Wells가 부총재로 취임했다.

하워드는 1903년 런던에서 북쪽으로 50킬로미터 정도 떨어진 레치워스에 1,500헥타르의 토지를 취득해 '레치워스 전원도시'의 건설에 나선다. 취득한 토지의 3분의 1에 해당하는 500헥타르를 도시지역으로 삼고 나머지를 농지와 공동이용지 등으로 사용한다는 계획이었다. 인구는 도시지역에 3만 명, 농지 등에 2천명이 상정되어 도시부와 그 주변부에 사업소가 유치되고 주민들은 직주근접職住近接과 녹음으로 둘러싸인 거주환경을 약속받았다. 일본으로 치자면 꼭 '정町'의 규모다.

레치워스에서 특기해야 할 것은 다음과 같은 대목들이다.

소유형태

레치워스의 가장 중요한 특징은 우선 토지의 소유와 이용의 형태에 있다. 레치워스의 토지는 기본적으로 마을을 관리운영하는 제1전원도시회사(토지소유자로 구성. 현재는 재단)가 모두 소유한다.

이 마을의 주민은 물론이거니와 상점, 공장의 경영자, 농민도 토지를 소유하지 않으며 회사로부터 빌려서 사업하고 농사짓는다. 지가는 원칙으로서 시장 임대가격을 적용한다. 그러나 저소득자를 위해 세입자와 투자가가 함께 출자하는 '공동출자형 주택방식'이라고 불리는 독자적 시스템을 채용해 초기비용을 경감하며 공동주택을 건설했다. 회사는 지주이기 때문에 자치체보다 큰 권한을 행사할 수 있다. 예를 들어 건축의 디자인을 통일하고, 상업지구의 활성화를 꾀해 용도를 제한하고, 회사가 정한 정관을 위반하여 이뤄지는 양도와 전대를 금지할 수 있다. 즉 지역을 위해 주민참가로 만들어진 지역공동체로서의 회사가 지역의 규칙을 정해 스스로 마을을 계획하고 경영한다는 의미에서 일본의 '총유'와 가깝다고 말할 수 있을 것이다.

수익의 환원
아울러 눈여겨 볼 대목은 토지의 총유로 얻게 되는 개발이익을 주민에

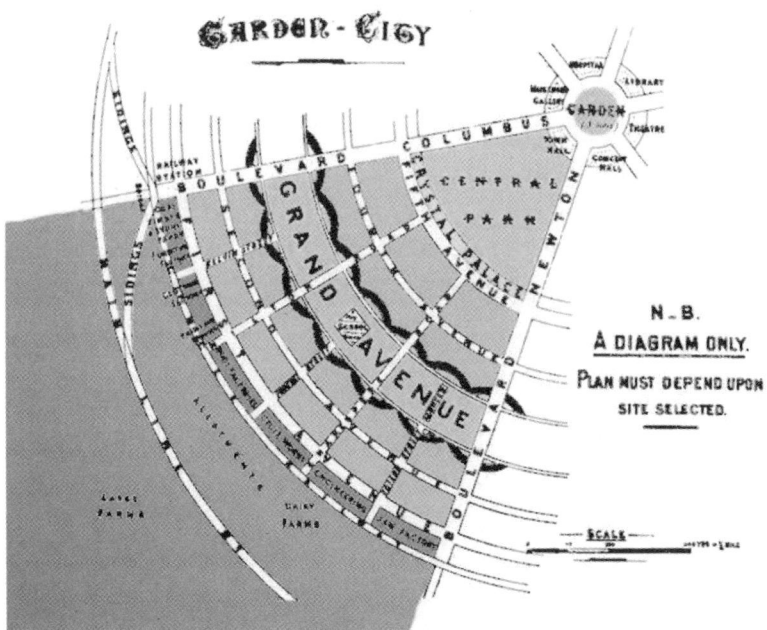

출처 : To-Morrow, Ebenezer Howard, Cambridge University Press

그림1 하워드의 전원도시 다이어그램

게 환원한다는 것이다. 일본에서 회사는 개발한 주택을 주민에게 매매해 이익을 얻지만, 그 개발이익은 세금으로 자치체와 국가에 지불되고 현지로는 공공사업 등으로 배분된다. 공공사업의 기준은 전국이 일률적이며 현지의 고유한 사정은 고려되지 않는다. 그러나 레치워스에서는 회사가 스스로 개발이익(임대료)을 흡수해 인프라 정비(학교, 공원과 그 밖의 공공시설에 관한 정비와 유지관리)를 실시한다. 또한 잉여가 생기면 주주이기도 한 토지 소유자, 즉 주민에게도 배당금으로 배분한다. 덧붙여 회사는 '비영리'가 전제이며 인프라 정비 말고도 역사적 건축물의 보존, 여가, 오락 시설 등 공유시설의 정비, 커뮤니티 활동이나 자선단체에 대한 조성도 맡는다.

출처 : 위키피디아

그림2 퀴드사크형의 가로

도시의 계획과 디자인

전원도시의 형태적 특징으로 농지가 도시부를 둘러싸듯이 퍼져있다. 이는 도시부에 신선한 농산물을 저렴하게 공급한다는 이점 말고도 도시부의 마구잡이식 확장을 억제하는 기능을 맡는다. 녹음으로 도시를 둘러싸 환경적으로도 의미가 크다. 당연하게도 시간이 흐르더라도 농업지대가 주택지나 공업지대로 바뀌는 일은 일어나지 않는다. 왜냐하면 거기는 회사 소유고, 회사는 그러한 개발을 인정하지 않기 때문이다. 농지로는 산책용 트레일이 달리고 주민들이 이용한다. 이러한 '총유'의 구조가 전원도시의 형태, 경관도 지켜내고 있는 것이다.

레치워스의 주택지 계획을, 하워드의 사상에 기반해 현실적이고 매력적으로 가다듬은 것은 도시계획가이자 건축가인 레이몬드 언윈 Raymond Unwin이다. 윌리엄 모리스의 사상에 영향을 받았으며 페이비언협회의 회원으로 사회주의자기도 한 그는 중세적 공동사회를 이상으로 삼았다고 알려져 있다.

언윈은 레치워스를 계획할 때 기존의 식생을 중시해 수목을 피해 도로를 내고 수목과 건물이 조화를 이루도록 디자인했다. 자연을 살리는 사상은 그 지역의 전통적 소재를 건축에 활용하는 데서도 잘 드러난다. 건재는 되도록 지방에서 조달하며, 지역 직인의 기술을 활용하는 것이 우선시되었다. 이러한 발상은 바로 모리스의 아트 앤드 크라프트 운동의 사상 그 자체라고 말할 수 있다.

레치워스 주택지의 특징은 주택의 밀도를 1에이커(약 4천 평방미터) 당 12호를 넘기지 않도록 정하고 슈퍼블록이라는 새로운 배치 양식을 채용한 것이다. 슈퍼블록이란 블록을 대형화해 불필요한 도로를 만들지 않음으로써 주택지의 건설비용을 낮추는 방식이다. 언윈은 슈퍼블록을 채용할 때 두 가구씩 함께 있는 세미데탓치드하우스나 연동

連棟의 연립주택식으로 설계하고, 막다른 도로를 따라 스무 호를 단위로서 계획했다. 그리고 이것들을 5단위마다 모아낸 100호의 집합주택군을 하나의 지역사회집단으로 간주해 공공시설을 배치했다. 또한 슈퍼블록의 밀도를 높이고자 에워싸는 형상(쿼드사크)의 공동주택도 채용해 저소득자, 사회적 약자가 식당 등을 공유하는 생활공간으로 삼았다.

레치워스와 그 후의 주택지 건설을 계기로 1909년에 영국 주택·도시계획법(존 번즈법)이 제정되었다. 제안자 번즈는 의회에서 "도시계획이란 건전한 가정이 있고 아름다운 주택이 있고 즐거운 거리가 있어 도시가 위엄으로 충만하고 교외는 활력의 장소가 되도록 하는 것"* 이라고 설명해 이것이 이후 영국의 도시계획에서 기본이념이 되었다.

'전원도시'는 영국 국내뿐 아니라 전 세계로도 큰 영향을 끼쳤다. 이 실적을 오늘날의 시각에서 보자면, 거기서는 공동, 공유, 박애라는 '총유'의 사상이 짙게 깔려있다. 그리고 레치워스는 백년이 경과한 현재도 그 이념을 계승하는 활기 넘치는 마을로서 건재하며 총유 도시의 지속가능성을 증명하고 있다.

현대 도시에서의 총유, 영국에서의 새로운 시도

1970년대 영국에서 개발트러스트로 불리는 지역 조직의 활동이 시작되었다. 커뮤니티 수준의 작은 개발이나 유지 프로젝트를 민간의 트러스트가 실시하고 거기서 발생한 이익을 조직운영에 충당한다는, 지속가능한 재정 운영의 틀이 이 활동으로 마련되었다.

1984년에는 런던의 사우스뱅크 지구에서 '전원도시' 이래 영국에서의 '마을 만들기' 역사를 전환하는 프로젝트가 시작된다. 개발 트러

---

* 西山康雄, 『アンウィンの住宅地計画を読む』, 彰国社, 1992.

스트의 하나인 '코인 스트리트 커뮤니티 빌더^{CSCB}'가 탄생한 것이다. 이는 1970년대 주민들의 마을 만들기 운동에서 발단했다. 사우스뱅크 지구는 오래 전부터 창고, 공장과 노동자 계급의 주택이 혼재해 쇠퇴해가는 지역이었지만, 70년대의 경제성장기에 이 땅에도 개발의 바람이 불었다. 코인스트리트 지구의 5.5헥타르의 토지는 원래 민간업자와 자치체인 '그레이터 런던위원회^{GLC}'*가 반반씩 소유하고 있었다. 1974년 민간업자가 복합적인 대규모 개발계획(고층빌딩이 연이어지는 계획으로 주민들은 '베를린장벽'이라고 비아냥댔다)을 수립하자 주민들은 상업주도적인 개발에 맞서 격렬한 반대운동을 일으켰다. 이 운동은 1976년 주민과 지역의 단체가 연합하는 형태로 설립된 AWG$^{Association\ of\ Waterloo\ Groups}$을 중심으로 십년간 전개되어 '코인스트리트의 투쟁'이라고 불렸다.

1977년에는 주민들이 자신의 손으로 지역의 미래상을 그리는 '코인스트리트 액션 그룹'을 조직해 마을 만들기 계획에 착수한다. '노동자가 살아가고 일하는 거리'가 그들의 청사진이며, '또 하나의 길이 있다'가 슬로건이었다.

1984년, 민간업자는 소유지를 GLC에 매각했고 AWG는 모든 토지를 구입해 도시재생 사업을 위한 비영리 법인으로서 CSCB를 설립했다.

그런데 놀라운 사실은 GLC는 용도를 한정한 위에서 5.5헥타르에 이르는 토지 전체를 시장가격의 20퍼센트로 CSCB에 양도했다는 점이다. GLC로부터 이러한 양보를 얻어낸 CSCB는 저렴하게 입주할 수 있는 주택 400호, 1200명에게 직장을 제공하는 공장, 상업시설 등을 포

---

* Grater London Council. 런던 광역구의 행정 기구로서 1965년에 성립해 20년에 걸쳐 광역 자치체로서 기능하다가 대처 정권 하에서 86년에 폐지되었다.

함하는 총건평 약 2만 평방미터의 복합 시가지 재생을 목표로 세워두고 있었다. 주택은 주민참가형의 주택협회가 건설하면, 이후 거주자가 조합방식으로 운영한다. CSCB는 주택 이외의 시설 건설도 스스로 실시하고 관리운영은 CSCB가 설립한 운영회사가 담당해 현재까지 4개의 조합주택을 포함한 8개의 프로젝트가 이어지고 있다.

CSCB는 커뮤니티에 기반을 둔 비영리법인으로 전원 지역 주민으로 구성된다. 부동산을 소유하고 경영에서 발생하는 수익을 모두 사회적 서비스로 돌린다. 주된 사업의 하나가 사회 주택의 건설인데, 주택협회를 설립해 저렴하게 입주할 수 있는 주택을 공급한다. 주택은 모두 조합방식으로 집을 빌린 자가 주식을 갖도록 하여 관리, 운영을 의무화하는 독자적 구조를 취한다. 이 주택으로 입주자를 받을 때는 소득 수준뿐 아니라 입주자의 인종, 직업 등도 고려한다. 런던의 인종별 인구 비율에 고려해 입주자를 결정하는 등 자선적 요소도 적잖이 포함한다.

CSCB는 지금까지 4동의 조합주택을 건설해 각각 독립한 주택조합으로 기능하고 있다. 1988년에 입주가 시작된 최초의 조합주택인 마르베리 주택은 도합 56호이며, 이 가운데는 6인 가족용의 침실 세 개짜리가 46호로 가장 많고, 장애인 전용 주택을 2호 마련하고 있다. 레드우드 주택(1995)은 전 78호 가운데 48호가 침실 두 개짜리로 거주자의 평균 연령도 낮다. 그밖에 연금생활자 전용의 주택도 있다.

이렇듯 CSCB는 주민의 다양성을 중시하는데, 이는 1962년 전원도시의 사상에 근거해 핀란드에서 건설되었던 '타피오라 전원도시'에서 실증된, 주민의 다양성이 도시의 지속성으로 이어진다는 이론에 따른 것이리라. 또한 주택 밀도는 1헥타르 당 68주거로 하는 등, 도시 내에서의 어메니티에도 배려를 게을리 하지 않는다. 아울러 CSCB의 마을 만들기는 디자인에 최대한 공을 들인다. 디자인이 거리의 쾌적성과 지위를 높인다고 이해해 구래의 공장과 창고의 전환에도 적극적이다. 상업시설에서 생긴 집세를 조합 주택의 경영으로 돌리는 등 커뮤니티 중시의 사업을 강조하고 있다. 나아가 CSCB는 사우스뱅크 지구 전체의 활성화를 지원하는 활동에도 나서 매년 여름에 열리는 페스티발은 이제 런던에서 이름이 알려진 이벤트가 되었다.

CSCB의 이러한 구조는 확실히 하워드가 『내일의 전원도시』에서 제창해 레치워스에서 실행하려던 것이었다. 그리고 그 사상, 틀, 운영의 뼈대가 되고 있는 것이 총유다. 이렇게 영국에서는 백년의 시간이 지나 하워드와 오웰의 이념이 주민의 힘을 통해 행정을 움직이고 있다.

일본의 전원도시와 새로운 전개

일본에도 하워드의 영향을 받은 여러 전원도시가 존재한다. 그런데 레치워스와 같은 전원도시가 일본에서 왜 확산되었을까. 그 배경에는 1920년대 대도시에서 주택지가 교외로 퍼져나갔다는 사회 현상이 자리잡고 있다. 아울러 1920년대 샐러리맨층의 증대라는 사회조류도 큰 요인으로 꼽을 수 있다. 그들은 얼마간의 자산과 교양을 갖추고 문화적인 생활을 영위하고자 하는 중산계급의 대표자들이었다.

이러한 배경 아래서 일본에서는 철도회사를 중심으로 하는 민간기업이 도쿄 교외에 주택지를 차례차례로 개발해갔다. 1923년 관동대지진으로 도심에서 인구가 유출되자 이 흐름은 가속화되었고, 이로써 샐러리맨층의 상당수가 교외의 분양지를 구입해 주거지를 짓게 되었다. 이러한 상황 아래서 당시 재계에서 영향력이 크고 지진재해 부흥에도 진력한 실업가였던 시부사와 에이이치渋沢栄一는 세계적으로 확장세를 보이던 하워드의 '전원도시'에 관한 정보를 입수하고자 아들 히데오秀雄를 레치워스로 시찰을 보냈다. 그리고 1918년에는 전원도시주식회사(현 도쿄급행전철)를 설립한다. 동시기에 쓰쓰미 야스지로^{堤康次郎}(현 세이부 그룹의 창업자)도 도쿄의 교외에 비슷한 형태의 도시를 개발한다.*

그들은 하워드의 전원도시 다이어그램(233쪽 그림1 참조)을 참조해 역전 광장 등을 통해 중심성을 강조하는 동심원형의 가로^{街路}와 방사선형으로 늘어선 가로를 전형으로 하는 가구^{街區}를 계획했다. 이처럼 일본에서는 건설업체와 철도회사가 손을 잡아 역사와 역전 광장을 중심에 두고 주택지를 배치했다. 이는 구미적 거리의 분위기를 연출하기에 적합한 형태였는데, 지금도 고급주택지로서 남아있다는 사실은 위대한 공적이라고 말할 수 있다. 전후 고도성장기의 대규모 단지를 개발할 때도 일본의 도시계획, 주택지 계획은 영국에서 비롯된 뉴타운정책, 그린벨트계획 등의 방식을 일정하게 채용했다.

그러나 유감스럽게도 일본에서 이러한 계획은 대체로 하워드의 이념과는 괴리가 컸다. 특히 하워드는 회사가 토지를 소유하고 주민은 출자자로서 토지를 임대해 어디까지나 총유적인 토지 이용을 지향했지만, 일본에서는 회사가 토지를 개발해 그저 분양지로 매매했다는 점에서 크게 달랐다. 일본에서는 영리 혹은 자본주의라는 관념에서 개발을

---

* 일본의 대표적인 전원도시로서는 시부사와(渋沢)계의 전원도시주식회사(田園都市株式会社)(현재 도큐(東急) 계열)의 센조쿠(洗足) 전원도시(1922년), 다마가와다이(多摩川台) 전원도시(현재 덴엔초후(田園調布) 1923년)와 테이堤계의 하코네토지주식회사(현재 세이부(西武) 계열)의 오이즈미 학원 도시(大泉学園都市)(1924년), 고다이라 학원 도시(小平学園都市)(1925년) 등을 들 수 있다. 하코네 토지는 전원도시에 대항하는 형태로 학원도시로 형성되고 있다. 전원도시가 유럽형의 중심성을 가진 방사형 계획인데 비해 학원 도시는 미국형의 균질성을 가진 격자형 계획이다.

진행하지만, 하워드는 사회개량을 지향했다는 점도 앞서 살펴본 바다.

이러한 상황에서는 하워드의 이념을 바탕으로 언원이 기도했던, 성숙한 커뮤니티를 위한 이상적인 도시공간을 만들어내기란 불가능에 가깝다. 총유에 기반을 둔 도시에서는 건설회사가 만들어놓는 도시에서는 불가능한 '마을 만들기'가 가능해진다. 디자인 코드를 책정하면 어렵지 않게 건축의 형상 등을 유도할 수 있다. 나아가 도시에서 중요한 것은 도시 내 여러 시설(주거, 오피스, 점포, 학교, 병원 등)의 인터페이스를 어떻게 만들 것인지다. 여기서 한 가지 흥미로운 계획을 소개해 총유로 구성되는 공간을 검증해보도록 하자.

1992년부터 1994년에 걸쳐 나고야시영名古屋市営 지구사단지千種台団地의 재건축이 진행되었다. 당시 지역주민은 고층주택으로 재건축하겠다는 시 측의 방침에 반대해 저층주택으로 재건축할 것을 주장했다. 주민은 스스로 미국의 건축가 크리스토퍼 알렉산더에게 의뢰해 대체안도 제시했다. 알렉산더는 지역주민을 면밀하게 청취조사한 다음 자신이 제창한 패턴랭귀지*에 의거해 시의 고층안에 견줘도 호수가 부족

---

* 빈의 건축가, 알렉산더(Christopher Alexander, 1936-)는 사람들이 '기분 좋다'고 느끼는 환경(도시, 건축물)을 분석해 253가지 패턴('몇 명이서 모일 수 있는 곳' '앉을 수 있는 계단' '가로를 내려다보이는 발코니' 등)을 얻어냈으며, 이는 주거 설계, 도시계획 등에 참조가 되고 있다. 이러한 패턴은 각국의 아름다운 거리와 거주지에 공통되는 보편적인 것이지만, 근대도시 계획에서는 무시되고 잊혀지고 말았다. 패턴랭귀지는 기존의 건물을 철거한 새로운 토지에 직선의 넓은 가로를 깔고 고층빌딩을 세운다는 근대도시 계획의 발상과는 정반대된다. 이미 존재하는 거리의 문맥을 읽고 좁은 골목과 눈이 머무르는 식물 재배, 창에서 내다보이는 경치 같은 휴먼 스케일의 요소를 중시한다. 패턴랭귀지는 일본에서 가와고에시(川越市) 일번가 '마을 만들기 규범'(1988년), 마나쓰루마치(真鶴町)의 '미의 조례'(1993년) 등에 채용되었다.

하지 않도록 좁은 부지를 최대한으로 활용하는 계획안을 만들어냈다.

여기서 알렉산더가 중시한 것이 도시의 인터페이스인 도로다. 그는 단지 내 도로의 폭을 10미터 이내에 할 것을 주장했다. 도로가 넓어지면 도로가 지니는 '커뮤니케이션이 생겨나는 광장'으로서의 기능이 사라지기 때문이다. 이것은 알렉산더도 게스트로서 참가한 '팀10'*이 전개한 '생활공간으로서의 가로'와도 닿아있다. 아울러 가로나 그 연장으로서의 광장이 집들 사이에서 생활기능의 인터페이스로서 서로를 잇는 역할을 맡아 콤팩트한 도시가 성립한다는, 콤팩트시티의 사상과도 통하는 것이다.

하지만 유감스럽게도 알렉산더와 주민의 안은 실현되지 않았다. 그러나 여기서 제안된 패턴랭귀지와 콤팩트시티 구상은 총유의 도시공간을 계획할 때 키워드가 될 수 있을 것이다. 알렉산더에 따르면 인간관계에 직접 영향을 주는 건물, 광장의 물리적인 배치를 결정할 힌트는 전통적인 커뮤니티와 자연 속에 있다. 패턴랭귀지는 주민들이 이를 명확하게 자각하도록 돕는 도구가 될 수 있다. 그렇다면 패턴랭귀지는 분명히 주민의 전원 참가를 근간으로 하는 총유에도 안성맞춤의 도구가 될 것이다.

아울러 콤팩트시티는 총유도시의 본질이라고도 말할 수 있다. 총유도시는 그 주체가 되는 조합 등의 관리, 운영이 원칙이며, 그 규모는 일정하게 제한된다. 콤팩트시티화는 필연이라고도 할 수 있는데, 그렇다면 기성의 대도시에서 지구, 지역마다 총유 주체가 존재해도 좋지 않을까. 그것은 하워드가 고안한 전원도시의 다이어그램(233쪽 그림 1

---

* 1953년에 결성된 건축가 그룹. CIAM를 해체해 모더니즘 건축 이후 건축 양식의 기초를 만들어냈다.

참조)으로 구현되는 도시 연결의 이론으로 이어지는 것이기도 하다.

현대에서 총유의 도시 공간을 어떻게 만들 것인지를 생각할 때, 영국의 CSCB와 나고야의 지구사단지라는 두 사례 모두 주민이 주역이었다는 점을 잊어서는 안 된다. 레치워스나 뉴래너크가 하워드와 오웰이 떠난 이후에도 존재할 수 있었던 것 역시 주민이 주역이었기 때문이며, 이것이 전원도시의 본질이다.

'전원도시'의 형태와 이념은 오늘날에도 변함없이 보편적 가치를 지니고 있으며 계승되고 있다. 본서에서 논의한 '현대 총유'도 오웰과 하워드가 그러했듯이 전환기를 맞이하는 사회의 개량을 지향해야 할 것이다. 이를 위해서는 여러 제도의 개혁과 동시에 여기에 참여하는 주민 의식의 개혁도 요구된다. 총유로 성립하는 도시는 '전원도시'가 그러하듯 아름다우며 보편성과 지속성을 갖고서 앞으로도 존재할 것이다.

세계유산과 총유
- 이와미의 실험

사이토 마사미

세계유산의 마을 '이와미긴잔'

시마네현島根県 오오다시大田市 산간에 16세기 무렵의 중세시대부터 세계에서 유통되는 은의 약 3할을 생산한 은광산 마을인 오모리정大森町를 비롯한 유적군이 '이와미긴잔石見銀山 유적과 그 문화적 경관'으로서 유네스코 세계유산에 등록되어 5백년 만에 우리나라의 현대사에 등장했다.

2007년 6월, 크라이스트처치Christchurch에서 개최된 세계유산위원회(유네스코)*는 일단 '현저하고 보편적인 가치'**를 증명하지 못했다

---

* 세계유산조약에 근거해 조직되며 특정 지역 및 문화를 치우치지 않도록 선택된 21개국으로 구성된다. 원칙적으로 매해 한 차례 개최되며 세계유산 신규 등록, 위기유산 등록 및 삭감, 유산 모니터링, 기술 지원, 세계유산 기금의 용도 등을 심의, 결정한다.

** '현저하고 보편적인 가치'로서 아홉 가지 기준이 있다.

며 등록 연기의 판정을 내렸다. 그러나 일본 측이 '회취법灰吹法'*이라는 질 높은 제련기술을 사용하고, 삼림을 벌채하는 게 아니라 도구로써 파내는 등 이 광산이 자연환경을 고려해 독특한 방식으로 채굴했음을 강조해 유네스코총회에서 등록을 받는 데 성공했다.

이와미긴잔은 16세기부터 20세기에 걸쳐 채굴부터 제련까지 행해졌던 은광산적銀鉱山跡, 무가武家·상가·사원 등 여러 신분·직업의 사람들이 혼재하는 은광 마을이 있는 오모리정大森町, 광산으로부터 총연장 7.5킬로의 도모가우라도鞆ヶ浦道와 총연장 12킬로의 이와미긴잔 유노쓰温泉津·오키도마리도沖泊街道, 그리고 은광석 적출항인 도모가우라항鞆ヶ浦港·오키도마리항沖泊街港·유노쓰를 구성자산으로 삼고 있다.

일본에서 세계유산이라고 하면 곧 관광으로 직결되어 그 방면에서 떠들썩해지곤 하는데, 세계유산의 목적이 반드시 거기에 있는 것은 아니다. 세계유산으로 등록해 유산의 파괴(최대가 전쟁. 그밖에도 지진 등의 재해, 낙후화 등)를 막아 바야흐로 '평화에 기여'**하는 것을 지향하고 있음을 잊어서는 안 된다. 확실히 세계유산은 세계평화를 향해 유네스코가 내놓는 최대의 메시지라 할 것이다. 달리 말하자면 세계유산 등록만이 아니라 최종적으로 세계의 평화로 이어지도록 보전하는 데 책임져야 하는 것이다.

특히 이와미긴잔처럼 '과소지過疎地'에 있는 세계유산, 더구나 나라의 호류지처럼 한 채의 건물이 아니라 길과 항구를 포함한, 말하자면

---

* 은광석을 깨서 납과 망간 등의 용제를 넣고 용해해 떠오르는 철 등의 불순물을 없애고 귀연(은과 납의 합금)을 만들어 '회취상(灰吹床)'으로 용해해 은과 납으로 함유물을 분리하는 방법.

** 유네스코 헌장 전문에 "전쟁은 사람의 마음속에서 자라나니 사람의 마음속에 평화의 벽을 올려야 한다"고 명기되어 있다.

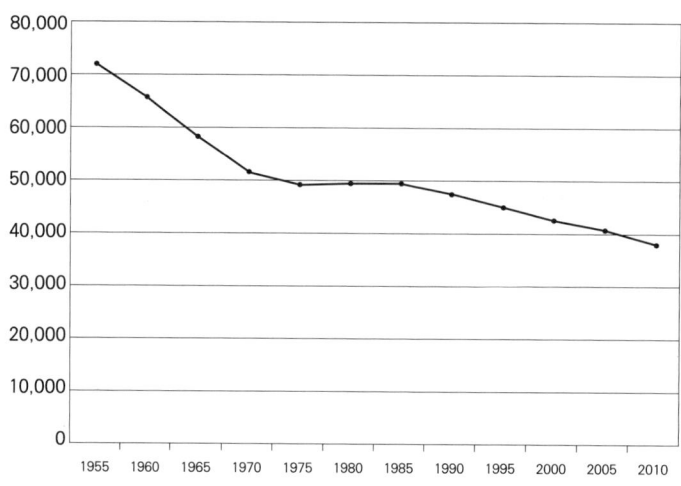

출처: 国税調査資料에서 필자 작성, 단위는 인

그림1 시마네현 오오다시 인구의 추이 (1955년~2010년)

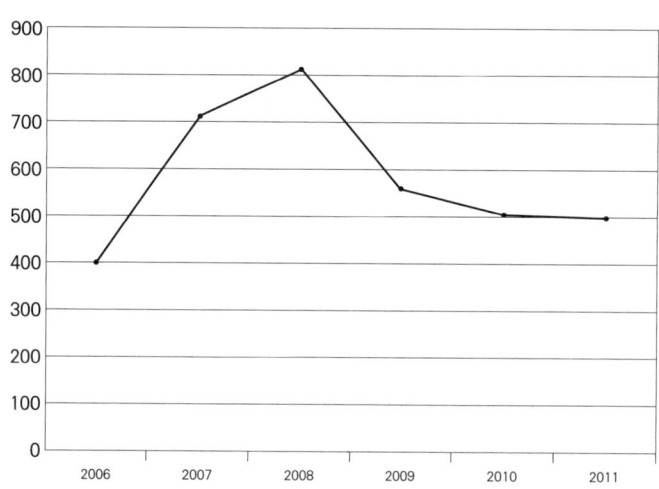

출처: 島根県統計データベース에서 필자 작성, 단위는 인

그림2 이와미긴잔 관광객수 (2006년~2011년)

마을 전체에 이르는 유산을 누가 어떻게 보전할지는 몹시 까다로운 문제다. 아울러 이는 저출산·고령화를 맞이한 우리나라에서는 보편적 문제라고 할 수 있다. 이와미긴잔뿐 아니라 전국의 지역을 어떻게 유지해갈 것인지와 닿아있는 문제인 것이다.

본고에서는 이러한 '유지관리'를 넓은 의미의 '마을 만들기'로 파악해 우리나라가 직면한 토지의 제도적 문제를, 세계유산에 등록한다는 새로운 대처방식으로 어떻게 해결했는지를 검토할 것이다.

세계유산의 '유지관리'

지역사회의 유지관리는 앞으로의 지역사회에서 관건이 될 것이다.

세계유산은 1972년의 세계유산조약* 체결 이후 등록 건수가 964건에 이르고 있다(2012년 기준). 유네스코 세계유산위원회에서는 세계유산 등록을 심사할 때 각각의 구성자산만이 아니라 주변부까지를 일체적으로 관리하는 '포괄적 보존관리 계획'의 책정을 요구한다.

우리나라에서 지금까지 등록된 세계유산은, 이와미긴잔이 전형적으로 보여주듯 복수의 구성자산이 광역에 점재하는 까닭에 이러한 유산군을 일체적으로 관리·보존해 다음 세대에게 제대로 물려주려면 포괄적 관리계획을 수립할 필요가 있다. 이처럼 복수의 구성자산을 유기적 또는 효과적으로 관리·운용하려면 공통의 보존관리기본방침과 개별의 보존관리계획을 아울러 자산 전체를 포괄하는 보존관리계획을 책정해야 한다. 또한 개별 원가요소의 규모·형태·성질에 부합하는 구

---

* 1972년의 제17회 유네스코 총회에서 채택. 문화유산과 자연유산을 인류 공통유산으로 삼아 보호·보존해 나가고자 국제적 협력 및 원조의 체제를 확립하기 위한 조약. 일본은 1992년에 체결.

체적인 보존관리의 방법도 정해야 한다. 그리고 자산 전체가 지난날 토지 이용의 양식을 간직한 채 지역 사람들이 생활하는 장소로 이어지고 있는 만큼, 개개 원가요소의 진실성을 지켜나가는 일과 더불어 문화적 경관으로서의 완전성을 유지하는 보존관리의 방법이 제시되어야 한다.

그렇다면 광대한 이와미긴잔의 현상황은 어떠한가. 구성자산이 은광산적과 은광마을, 은을 실어나르는 항구도시, 거기로 통하는 가도, 이렇게 세 가지로 이뤄지며, 면적은 구성자산이 529헥타르, 그 완충지대가 3194헥타르라는 대규모 지역이니 '유지관리'를 어떻게 해나갈지는 처음부터 관건이었다.

유지관리의 중요성은 세계유산조약의 조문에도 담겨 있다. 세계유산조약 4조는 "문화 및 자연 유산의 인정, 보호·보존·정비 및 다음 세대로의 전승은 체결국의 책임이다"라고 정하고 있다. 그리고 2012년 교토에서 개최된 세계유산조약 40주년 대회에서 정리된 '교토비전'에서는 여기에 새로운 개념을 더한다. 즉 "유산의 운용에서 얻어지는 이익을 공평하게 공유하는 것은 사람들의 귀속의식이나 타자와의 상호존중, 집단 전체로서의 목적의식을 강화하고, 나아가서는 커뮤니티에 사회로서의 결속이 형성되도록 이끈다". 이를 위해 "유산에 사회생활 속에서의 역할을 부여할 것이라면, 커뮤니티의 관심과 요망을 유산의 보존과 관리에 맞춰야 한다".

이제 이러한 관점에서 이와미긴잔을 살펴보자. 먼저 마을의 역사를 되돌아보겠다. 세계유산으로 등록된 이와미긴잔은 시마네현 오모리정에 소재한다. 시마네현의 많은 지역에서는 인구 감소로 과소화가 진행중이다. 1954년 오타정太田町, 구테정久手町 등 두 정과 초큐촌長久村, 도리이촌鳥井村 등 여섯 촌을 합병해 오오다시가 발족했지만, 시의 통계를 보면 조사가 개시된 이듬해 1955년부터 인구 감소가 확인된다. 지금으로부터 50년 넘게도 전에 오모리정은 이미 과소화 현상에 노출되고 있었다. 세계유산이라는 가치를 인정받은 마을이지만, 현재는 인구가 약 400명으로까지 줄어들었다.

시로 발족한 이후 이 마을을 새로 일으킬 목적으로 '오모리정 문화보존회'가 결성되었다. 지금으로부터 반세기도 전인 1957년의 일로서, 정민의 모든 호가 가입해 발족했다. 그러나 이 일대는 벌써 과소화가 진행되어 영화를 누렸던 광산 주변으로는 황폐해진 집이 늘어서 있었다. 마을사람이 모두 참여해 문화보존회가 결성된 것은 우리나라에서 처음 있는 일이지만, 이미 작은 마을이 노력한다고 어찌할 수 있는 상황이 아니었다. 과소화는 급속히 진행되고 마을은 황폐화되어 손쓸 도리가 없었다. 지역경제도 농림수산업에 기반을 둔 산업구조로부터 좀처럼 벗어나지 못해 이러한 부의 연쇄가 과소화에 박차를 가했다.

이와미긴잔은 토쿠가와막부가 성립한 시대부터 막부의 중요한 재원으로서, 이를 에워싼 대도시에는 20만 명이 살았다고 하지만, 메이지 이후 은의 산출량이 감소하자 인구가 줄어들어 현재는 과소 지역이 되었다. 그러나 은광으로부터 번창한 오모리정은 작은 마을이기는 하나 지역 주민들의 노력으로 마을에 활기가 돈다는 평가를 받는다. 지역은 하나가 되어 마을 보전에 힘쓰고 있다.

중요전통적건축물군보존지구의 지정

오모리정은 '과소지' 대책으로 농림수산업에 힘써 진흥을 꾀했지만 이렇다 할 변화를 이뤄내지 못했다. 오랜 역사를 품은 마을이지만, 경관은 이미 폐옥의 진열장이 되고 있었다. 그러던 중 문화재로서 가치를 인정받아 1967년 이와미긴잔 유적이 현지정 유적으로 지정받고, 1969

년에는 광산 유적을 중심으로 그 일대가 국가지정의 유적으로 지정되었다. 1975년에는 문화재 보호법*이 개정되어 전통적건축물군 보존제도가 설정되었는데, 그 가운데 가치가 높은 것은 중요전통적건축물군 보존지구(이하, 중전건지구)로서 선정하게 되었다. 그리고 1987년에 오모리정의 오래된 시가지가 중전건지구로 지정되었다. 2004년에는 은광산에서 옮겨진 은을 적출하던 유노쓰도 추가지정되었다.

지정받은 중전건지구 내의 건축물들은 대체로 목조 건물이라서 개조와 복구를 하는 경우 본래 지니고 있던 전통적 형식을 고려해야 했다. 나아가 전통적 건축물군과 어우러져 가치를 형성하는 가로, 수로, 우물 등 현재의 생활·생업 활동에서 기능하는 옛 건축물의 잔존물들은 원칙적으로 현재 모습을 유지하되 필요에 따라 복구·수리를 실시하기로 정해졌다.

그러다가 중전건지구로 지정되기 전부터 마을의 중요한 거점이었던 건축물의 해체를 두고 문제가 일어났다. 도쿠가와 이에야스가 1600년 이와미긴잔 접수를 목적으로 거점으로서 쌓아올린 대관소(代官所) 터에 1902년 니마(邇摩)군청이 들어섰다. 이 건물은 이후 마을 재생의 상징이 되는데, 1976년에 철거해 문제가 일어나자 현지의 유지(有志)들이 보존운동을 전개해 복구재생하게 되었다. 오모리정 문화보존회를 중심으로 한 정민의 유지들이 건물을 매입하고 복구비용도 자신들이 거출했다. 현재는 이와미긴잔 자료관으로서 오오모리 지구의 중심을 이루는 건물이 되어 고지도와 미술품 등 중요 자료가 수장되고 일반 공개되고 있다.

중전건지구로 지정된 구성자산은 문화재보호법에 따라 중요문화

---

* 1949년의 화재로 호류지 금당벽화가 소실되자 이를 계기로 문화재 보호에 대한 종합적인 입법으로서 1950년에 의원 입법되었다.

재와 사적의 보존관리, 수리, 공개에 대해서는 소유자 또는 관리 단체가 적절히 실시하는 것을 원칙으로 하고 있다. 일상에서는 시마네현島根県 오오타시太田市가 제휴해 '이와미긴잔 보존관리위원회'*가 주도해 민간사업자 등에 대해 적절한 지도와 요청을 실시하고 있다.

현지의 '오모리정 문화보존회'는 자산의 보호를 짊어지는 지역 주민 모두가 조직해 일상 속의 시가지를 보전하고 있다. 동시에 자산 및 완충지대에 거주하거나 이와미긴잔에 관심을 갖는 시민이 2005년에 '이와미긴잔 협동회의'**를 발족해 모든 구성자를 대상으로 조직화를 시도하고 있다.

1987년에는 오오다시에서도 전통적건축물군보존조례가 시행되었는데, 중전건지구로 지정된 지역 안에서 현상을 변경하려면 오오다시 교육위원회의 허가가 필요하다. 전문가의 시가지 조사를 바탕으로 보존계획을 책정하는 까닭에 보존 지구의 거주자로서는 어떤 규제가 내려지고 조성제도는 어떻게 될지 등에 관심이 집중했다.

중요문화재로 지정된 건축물의 복구에 관해서는 국가가 65퍼센트, 시가 17.5퍼센트의 보조금을 교부하게 되었다. 중전건지구에서 소유자인 개인 등에 대해서는 필요에 따라 오오다시가 정한 기준에 근거해 경비의 50~80퍼센트에 해당하는 보조금을 교부하고 있다. 이 밖에도 조례에 따라 이와미긴잔 보호를 위한 기금을 마련해 오오다시가 자금을 제공하고 있다.

---

* 지금까지는 현과 시가 각각의 조직으로 보존관리했지만 세계유산 등록을 계기로 통일된 조직이 만들어졌다.
** 2005년 세계유산 등록을 지향하는 이와미 은광 유적을 관민 협동으로 보전 활용하기 위한 방책을 검토하고자 공모로 200명의 시민 플래너와 시마네현 오오다시의 직원을 모아 조직되었다.

오모리정의 지정 지구에는 대상이 되는 건물이 500동 가량 있는데, 그 절반이 시가지를 구성하는 전통적 건축물이며, 보존 대상으로 특정되어 있다. 복구의 현상황은 전통적 건축물(신사 포함) 가운데 정비가 끝난 것이 135건이고, 조성에 관해서는 제한된 자금 속에서 차례로 진행중이다. 그로 인해 지정 지구의 정비율은 5할을 웃도는 정도에 머물러 있다. 이처럼 행정에 의한 조성제도는 보호 활동을 촉진시키면서도 예산이라는 틀에 매여 진행된다는 한계를 갖는다.

이 한계에 대한 도전이야말로 이와미긴잔 유적 보호의 특징이라고 할 것이다. 구 대관소 유적의 복구 때처럼 행정이 주도하지만 현장에서 자금과 자료를 모으는 일은 정민의 유지들이 맡고 있다. 문화보존회는 구 오모리정*가 시로 발족하고 나서 결성되었는데 당시와 비교하자면 인원은 크게 줄었지만, 이후 결성된 협동회의는 시가지를 보호하기 위해 전구성원이 참여했다. 이러한 정민의 노력이 시가지 복구로 결실해 2007년 '세계유산 이와미긴잔'의 탄생으로 이어진 것이다.

그런데 시가지 복구는 만만찮은 사업이다. 인구 감소가 현저한 오모리정에서는 건물의 소유자 가운데 젊은층이 생활의 장소를 도시로 옮겨 현지에는 주로 고령자만이 남아 있다. 전국 공통의 지역구조인 것이다. 또한 복구가 끝나더라도 건물이 그대로 방폐되는 경우가 나오고 있다. 이 문제를 해결하려면 일손이 필요한데, 지역은 이를 위한 인재가 부족하다는 최대의 고민을 떠안고 있다. 이를 극복하고자 마을은 지역 부흥을 견인할 인물이 등장하기를 기다리고 있었다.**

---

*   합병 이전 구 오모리정은 오모리정과 근처의 미나카미마치를 합쳐 구 오모리정을 구성하고 있었다.

** 이와미 은광 유적의 세계유산 등록에 관해서는 현지에서 마쓰바 다이키치(松場大吉)·도미(登美) 부부가 중요한 역할을 맡았다. 마쓰바 부부는 현재 오모

향토 재생에 정열을 바치는 사람들

과소화가 진행되던 이 마을에 한 사람의 구세주가 나타났다. 현지 출신의 기업가인 나카무라 도시로우中村俊郎다.

나카무라는 합병되기 이전의 구 오모리정 출신으로 교토와 미국에서 의족과 의수 같은 의지 장비 제작의 연수를 마치고 고향인 오오다시로 돌아가 1974년 '나카무라 브레이스'를 창업했다. 개업 당초에는 주문이 별로 없었지만 창립한지 십년이 지나 실리콘 고무제의 깔창이 히트를 치며 전환기를 맞이한다. 이 최초의 베스트셀러 상품으로 경영 기반을 마련하고 구미 9개국에서 특허를 취득했다. 이후 의수, 의족, 코르셋, 보조밴드 등을 개발하고 실리콘제 인공유방과 재생 보정도구를 상품화해 일본은 물론 해외로까지 지명도를 넓혀 말레이시아에서도 사무소를 설립했다. 현재 청년층을 중심으로 약 100명 가까운 종업원을 고용하고 있다. 그리고 나카무라는 오모리정 재생의 중심을 맡게 된다.

과소화 현상이 뚜렷한 고향을 세계유산의 마을로 재생시키겠다는 나카무라의 발상은 소년기 체험에서 비롯되었다. 나카무라의 일가는 전전에 조선반도에서 살다가 패전 후 인양해왔다. 나카무라가는 현지에서 대대에 걸친 명문가였지만, 전후의 농지해방으로 자산 대부분을 잃었다. 토지도 자산도 잃어 가세가 기울었지만, 부친은 나카무라에게 자주 세계의 기업 이야기, 이와미긴잔의 장래에 대해 말했다고 한다. 그것은 '은광은 마르코 폴로로부터 생각하지 않으면 재미가 없다'는 독특한 것이었다. 모친도 인도네시아에서 무역상을 하던 오빠(나카

리정의 시가지 지구에서 아베가를 십년 동안 개축해 호텔을 경영하면서 '이와미긴잔 생활문화 연구소'를 주재하고 있다.

무라에게는 외삼촌)의 이야기를 들려주었다. 소년기에 부모로부터 전수된 이야기가 후년 개화한 것이다.

하지만 나카무라의 인생은 순탄치 않았으며 차라리 우여곡절의 연속이었다. 고등학교를 졸업한 나카무라는 집안 형편으로 진학의 뜻을 접어야 했다. 18세에 교토의 오오이제작소라는 의지 장비의 회사에 취직해 일하면서 면학을 이어간다.* 그러다가 1971년, 한 달의 휴가를 얻어 홀로 미국을 향한다. 향한 곳은 샌프란시스코의 세계적 부품 제조사인 호스머사. 부사장 후리타 씨가 산타모니카의 모던오소페틱사를 견학하게 해주었다. 이 회사는 10명 정도가 일하는 의지 공방으로 오너는 토시 이시바시라는 와카야마현 출신의 일본계 2세였다.

이시바시와의 만남은 나카무라의 전환점이었다. 이시바시의 자택으로 초대를 받아 거기서 부인의 양친인 시마네 이와조島根岩造, 아야코 후사이綾子夫妻와 만난다. 두 사람은 시마네현 출신으로 동향의 젊은이인 나카무라에게 미국에 온 이유, 매일 어떻게 지내는지를 물었다. 그리고 '토시, 이런 청년이야말로 미국에서 공부해야 하지 않겠는가'라고 이시바시에 제안했다고 한다. 나카무라는 이처럼 미국에서 여러 선의어린 사람들과 만났다.

최초의 미국행으로부터 1년이 지나 나카무라는 다시 미국으로 갈 계획을 세운다. 그러나 비자 문제로 언제까지 체류할 수 있을지 모르는 채로 출발했다. 영어를 몸에 익히려고 야간은 영어회화학교에 다녔다. 교통비를 아끼려고 자전거로 통학하던 어느 날 밤, 뺑소니를 만나 전신타박으로 캘리포니아 대학의 부속병원에 실려갔다. 출혈로 양쪽 귀가 들리지 않았다. 죽음의 일보직전까지 갔다.

---

* 나카무라는 19세에 긴키대학의 통신교육과정에 입학했다.

나카무라는 이때의 체험을 두고 '이상하게 화가 나지 않았다'고 말한다. 배움의 기회를 얻었다는 감사의 마음이 컸기 때문이라는 것이다. 이리하여 미국에서 여러 선의를 받으며 나카무라는 귀국한다.

나카무라가 귀국한 1974년은 현과 국가로부터 사적으로 지정받은 오모리정의 시가지 지역을 문화청이 조사하기 시작해 정민의 의식에 완만한 변

그림3 쇼와 30년대의 오모리정 시가지 지구(구 오모리정 제공)

화가 일던 시기였다. 중전건지구로 지정받기에 앞서 과소화한 지역에서 마을을 재생하려면 어떻게든 사람을 모아내야 한다. 무엇보다 많은 건물이 이미 빈집 상태이니 이를 복구해 예의 활기 있는 시가지의 구성시설로 만들어야 했다.

실제로 세계유산으로 향하는 기운이 나오기 시작한 것은 1998년 무렵이다. 세계유산으로 등록되기 위해서는 이와미긴잔의 '현저하고 보편적인 가치'를 증명해내는 일이 과제였다. 자료는 벌써 흩어져 사라진 상황이었으니 나카무라는 고지도, 고초긴*, 도래인친원찬渡来人陳元贇의 발견 등 자료 구축에 힘썼다. 이리하여 일찍이 마르코 폴로가 지팡구Zipangu라고 불렀던 우리나라 광산의 화려한 역사가 조금씩 소

---

* 고조긴(古丁銀) 무로마치(室町) 막부 말기에 게이초조긴(慶長丁銀)이 발행되기까지 각지에서 주조된 조긴(丁銀)의 총칭이다. – 옮긴이

생했다. 이러한 충실한 노력에 힘입어 2001년, 염원하던 세계유산 등록의 제1단계인 잠정리스트 게재가 결정된다.

잠정리스트 게재에 이르는 과정에서 마을의 유지들은 1976년에 착수된, 구 대관소로부터 류겐지마부龍源治間歩에 이르는 2.8킬로의 가도를 복구했다. 이 또한 마을사람들이 복구한 이와미긴잔자료관으로부터 시작되는 시가지 지구에 들어서면 가장 먼저 닿는 곳이 '구마가이가熊谷家 주택'이다. 구마가이가는 이 지역에서 대대로 도시요리역*을 맡아온 오랜 가문으로 현재의 건물은 한 번 화재로 소실된 것을 문화연간(1804-18년)에 재건한 것이다. 형식은 기와지붕을 인 이층건물로서 폭 9간, 안길이 8간의 안채와 저택 안에는 창고가 4동 지어져 있다. 이 건물은 중전건지구로 지정받아 쇼와 말년에서 헤세이에 걸쳐 속도를 낸 일련의 공사의 일환으로 2001년에 복구되기 시작했다. 약 4년의 세월을 걸렸고 연인원 18,000명이 보존수리 공사에 참가했다.

시가지를 구성하는 또 하나의 요소로서 절과 신사가 있다. '샤이소지西性寺'에는 이 지역의 특산품인 석주주와石州赤瓦 지붕을 인 본당이 있고, 여기에 이 지방의 이와미 미장이가 그린 '고테에鏝絵'가 있다. 고테에는 민가나 토장의 회반죽벽에 인두를 사용해 여러 도안을 부조로써 그려낸 것으로, 이와미 미장이의 솜씨는 전국적으로도 평판이 나 있다. 샤이소지 경당의 고테에는 '미장이의 신'이라 불린 마쓰우라 에이키치松浦栄吉(1858-1927)의 작품으로 정면에는 봉풍鳳風이, 그 외의 삼면에는 모란과 국화의 꽃이 그려져 있다.

'아베가阿部家 주택'은 1601년 은광 대관소 역인役人으로 고용된 이

---

* 도시요리역(年寄役) 은광, 금광에서 재료로 쓰이는 금속의 비율을 감정하거나 시금석 등의 보관을 담당했다. - 옮긴이

래 오늘날까지 그 일을 이어가는 오랜 가문의 것이다. 현존하는 안채는 에도 중기로 거슬러 오른다고 한다. 안채는 맞배지붕의 단층 구조로 폭 7·5간, 안길이 5간이다. 입구로 들어가 가장 안쪽에 상좌부上座敷가 있는데, 처마루妻床에 창호가 안과 밖을 가르고 있다. 각실은 모두 중인방中引枋을 가져 천정은 높고 중앙의 기둥과 들보들은 모두 굵다. 220년 전에 지어진 이 건물은 10년 걸쳐 복구되어 현재는 방문자가 많은 경우를 위한 숙박시설로 이용되고 있다.

'가나모리가金森家 주택'은 긴잔고료고야도이즈미야銀山御料郷宿泉屋의 구택旧宅으로 긴잔고료 내 육조육간六組六軒의 하나다. 팔작집지붕으로 가도街道와 평행하는 상점 부분과 거기에 붙어 후방으로 늘어진 주거 부분으로 구성된다. 이 건축물은 에도시대의 공법을 고스란히 전하며, 독특한 고안으로 채광과 환기에 각별히 신경 썼다.

'다카하시가高橋家'는 덴메이 연간(1781-89년)에 가나야마정에 자리잡아 초토시요로야마구미町年寄山組의 장으로까지 오른 집안의 구택이다. 현존하는 안채는 안세이 연간(1858-60년)에 건설된 것으로 맞배지붕의 2층 건물로, 1층이 폭 6간 안길이 9간, 2층은 4간과 2간 반. 바깥을 감싸는 격자틀로부터 지난날을 떠올릴 수가 있다.

그리고 마지막으로 류겐지龍源寺에서 절정에 이른다. 이것이 현재 오모리정의 시가지 지구다. 과소화가 진행하는 마을은, 곧 고령화가 진행되는 마을이다. 그런데 나카무라 브레이스의 종업원 가운데 반 이상은 전국에서 온 2, 30대의 젊은이들이었다. 그들의 숙소를 마련해야 했는데, 쇼와 50년대부터 복구 사업으로 재생시킨 무가武家저택 등의 옛 민가를 젊은이들의 숙소로 이용해 젊은이들이 유입될 수 있는 거점을 확보했다.

나카무라가 돌본 가장 새로운 건물은 영빈관 '유즈리하ゆずりは'다.

제4장 현대적 전개 **257**

유즈리하는 정원수 등으로 사용되는 상록나무의 이름으로 이와미에서도 출토되는 에도시대 은화는 한 가지 형태가 그 잎에서 유래한다. 영빈관은 '나카무라 브레이스'에서 일하는 젊은이들의 거점인 동시에 방문자에게 휴식처가 되고 있다. 숙박시설이 부족한 오오모리 지구에서는 건물의 복구와 활용이 지금부터 진행될 것이다.

이처럼 중전건지구로 지정되고, 나아가 세계유산의 잠정리스트에 게재되는 과정에는 나카무라를 비롯한 정민의 충실한 복구 작업이 있었다. 과소화는 지역 전체의 심각한 문제이며, 시가지의 복구 과정은 협동이 중요하다는 사실을 다시금 확인할 수 있을 것이다.

이와미의 실험, 일인 총유

나카무라는 40년간 현지의 시가지 복구에 정열을 쏟았다. 쇼와 50년대 이후 오모리정의 시가지 지구에서 복구된 약 100건 가운데 43건을 그를 거쳤다. 이 성공은 나카무라가가 전전의 지주이고 일대 토지의 소유자였다는 내력, 나카무라에 대한 지역민의 신뢰감이 바탕하고 있었다. 지방에서 이른바 명망가의 존재는 마을 만들기에서 의미가 크다. 나카무라는 그 조건을 활용해 옛 민가의 소유자와 대화를 쌓아가며 30수건의 민가를 매입해 복구해냈다.

시가지 복구를 위해 한 채씩 소유자를 설득하러 나설 때 소유자가 부재해 직접 교섭할 수 없는 빈 집이 많다는 것은 그를 힘들게 만들었다. 일본에서 토지에 관한 정보는 모두 등기부상에 기재되어 있지만, 현실에서 소유자의 주소를 알기란 쉽지 않다. 수소문해도 거처를 알아내지 못하는 상황이 이어졌다. 개중에는 일본에서 살지 않는 소유자도 있었다. 편지를 주고받느라 많은 시간을 써야 했다.

지방에서 토지를 다루는 일은 무척 어렵다. 선조가 물려준 토지, 가

옥에 대한 고령자의 애착은 무척 크다. 더구나 역사가 있는 마을에서 토지 매매 운운은 금기에 가깝다. 오오모리에서는 명망가 출신인 나카무라이니 난관을 극복할 수 있었던 것이다. 그리고 그에게는 아이디어가 있었다. 소유자가 매매에 대해 거부감을 갖는다면 집이나 토지를 매수하는 것이 아니라 소유명의는 그대로 두고 집을 '빌리는'(임대차 계약) 방식을 제안했던 것이다.

부재지주와의 교섭에 할애되는 막대한 시간과 토지의 소유권이라는 제약 속에서 시가지를 최대한으로 복구해낼 수 있는 제도로서 '총유'를 생각해봄직하다. 일본에서 토지는 선조에게 물려받은 것일 뿐 아니라 가장 큰 재산이기도 하다. 토지를 끌어안고 있으면 어떻게든 살아갈 수 있다는 신화는 도시뿐 아니라 지방에서도 뿌리가 깊다. 그래서 매매를 원치 않는 토지의 소유자에게는 임대차를 실시하고, 대주貸主에 대해서는 '임대료'라는 형태로 대가를 보장한다. 그 결과 소유권은 바뀌지 않고 집, 토지도 그대로 있게 된다. 이런 안심감이 빈집 복구를 촉진시켰다.

지금껏 토지에 관한 제도는 소유권자의 권리를 우선시했다. 우리나라에서 시가지 복구가 순조롭지 않은 것은 이러한 토지 제도가 한 가지 원인인데, 이를 타파하는 새로운 제도 마련이 시급하다. 거기서 소유하는 사람의 권리보다 이용하는 사람에게 초점을 맞춘 제도로서 '소유와 이용의 분리'라는 발상을 도입할 수 있을 것이다. 이 발상으로 오모리정에서는 임대차에 의한 시가지 복구가 촉진되었다.

오모리정에서는 중전건지구로 지정된 이후 국가와 자치체에 의한 보조금 제도가 마련되었고, 결과적으로 그 보조로 많은 주민이 시가지 재건에 참가했다. 나카무라도 당연히 이 보조금을 수급할 권리가 있었지만 일절 받지 않았다. 중전건지구로 지정된다고 재생이 가속되는 것은 아니다. 그러한 현실 속에서 나카무라는 보조금이라는 제도의 틀에 한계를 느끼고 있었다. 그리하여 나카무라는 조금이라도 재생의 속도를 끌어올리고자 자신의 기업에서 얻은 수익금을 쏟아 시가지를 복구했던 것이다.

이는 기업의 성장으로 가능할 수 있었다. 그리고 그 성장을 떠받친 이념은 "지역과 함께 살아가는 것이 현지 기업의 사명이며, 지역에서 신뢰받는 실업가가 되는 것이 기업가의 사명이다"라는 것이다. 미국에서 배우던 시대, 자신을 위해 애써준 사람들의 은혜를 여러 방법으로 선용한다는 공공정신은 그가 미국에서 기른 철학이었다. 이를 지역에서 실천하고자 1992년에 '나카무라 스칼라쉽'으로 교환유학생 제도를 마련했다. 아울러 이와미긴잔문화상*도 창설했다. 이러한 지원 제도는 기업과 현지의 공존공영으로 이어져 지역 주민의 자주성을 기르고 있다. 이렇게 자신의 성장기에 나카무라는 새로운 관점과 사명을 얻었던 것이다.

그림4 현재 오오타시 시가지 지구

마을 만들기는 결코 한 사람의 힘만으로 실현되지 않지만, 모든 정열을 바쳐 이끌어가는 존재가 있어야 비로소 결실을 볼 수 있다. 그것이 2007년 세계유산의 등록으로서 결실했다.

---

* 이와미긴잔문화상은 지방을 거점으로 연구를 하거나 현지에서 활동하는 사람들을 지원하기 위해 나카무라가 창설한 보장제도다.

등록이 되자 국내는 물론 전세계에서 관광객이 쇄도해 시골 마을이 갑자기 출현한 인파로 문전성시를 이뤘다. 오모리정은 당초 세계유산의 등록에 관해 단합된 상태였다고는 말할 수 없다. 세계유산 등록 이후 밀어닥칠 관광객이 마을에 긍정적으로만 작용하는 것은 아니기 때문이다. 오모리정은 산간의 조용한 마을인데, 그 정경을 해칠까봐 불안해하거나 지역 자원이 훼손될까봐 걱정하는 주민의 소리도 높았다.

이와미긴잔에서는 세계유산 등록 이후 예상되는 관광객 증가에 대해 미리 교통규제를 실시해 지금껏 없었던 보호체제를 구축하고 있다. 이러한 규제를 처음부터 시행할 수 있는 것이야말로 지역이 하나가 되어 세계유산 등록을 지향했던 바다.

세계유산으로서의 가치는 지역 전체에 걸쳐 보전되는 환경과 경관, 그걸 뒷받침하는 역사성 등의 다양한 구성자산이 있어야 인정받을 수 있으며, 이와미긴잔은 광대한 지역에서 이러한 자산을 매력적으로 지켜낼 수 있었다. 이것이야말로 최대의 특징이다. 이를 위해 파크앤드라이드*를 본격 도입하고 관광객수를 억제해 관광자원의 장기적 이용을 꾀했으며, 고용을 포함해 지역 사람들의 영속적인 '생활의 장'으로 삼을 수 있도록 노력했다.

일찍이 은광산 마을로서 번창한 오모리정이지만, 산업구조가 전환해 폐광되고 과소의 마을로 전락했다. 그러나 은광산의 역사는 관광이라는 새로운 형태로 지역 주민에게 살아가는 혜택을 안긴 것이다.

---

* 파크앤드라이드(park-and-ride) 역까지 자동차로 가고 거기서부터 버스나 전차를 타는 통근 방식이다. - 옮긴이

마치며 – 마을 만들기는 계속된다

오모리정에서는 산간의 고요함과 관광객이 자아내는 활기가 조화를 이루는 환경이 만들어지고 있다. 쇼와 50년대 시작된 건물의 복구도 지금까지는 점点으로서의 사업이었지만, 그것이 면面이 되어 광대한 시가지의 재생으로 이어졌다. 가도를 흥청거리게 하는 기념품 가게, 음식점은 복구된 건물이 풍기는 복고풍 분위기 아래서 방문자들을 맞이하고 있다.

과소화한 지방의 마을에 이처럼 다시 활기가 돌 줄이야 누가 알았겠는가. 세계유산을 향하는 과정에서 지역에 싹튼 새로운 사고 – 그것은 지역에서 무엇이 중요한지를 으뜸으로 생각하고 서로 협력한다는 것이다. 한 사람이 시가지 재건을 이끌었지만, 지역의 모든 성원이 함께 힘을 쏟았기에 실현될 수 있었다.

행정에 기대지 않았다. 자신들이 지닌 시가지라는 지역 자원, 재생을 뒷받침하는 인적자원, 그리고 '유이結い'*로 대표되는 지역의 연대, 이렇게 세 가지 자원으로 훌륭한 결실을 보았다. 이것들이 삼위일체가 되어 지역에서 강력한 자치가 만들어진 것이다.

글로벌리즘의 진전으로 작은 지역마저 자유주의적 경제체제로 편입되어 인간관계 대부분이 경제원리로 환산되는 시대다. 작은 시골마을인 이와미긴잔의 실험은 이처럼 살벌한 우리나라의 현상황에 희망을 줄 것이다. 토지는 지역 전체에서 활용하고 거기서 얻는 이익은 지역으로 환원한다. '현대총유'는 어느 기업가의 '이타' 정신에서 시작되었지만, 세계유산의 유지관리는 이리하여 젊은이가 이어받아 '확실하고 강고'한 것으로서 미래로 이어지고 있다.

---

* 유이(結い) '맨다'는 뜻으로 두레처럼 서로 돕는 관계를 가리킨다. – 옮긴이

후기

이가라시 다카요시

총유라고 하면 거의 반사적으로 법학상의 '입회권^{入会権}'이 인용되곤 한다. 우리는 그것과는 질적으로 다른 현대적인 개념으로서 '현대총유'를 제시해 일본 안에 널리 퍼뜨리고자 한다. 이것이 집필자 일동의 염원이다.

  우리는 전문 영역이 다르지만, 일본 사회가 직면하는 '저출산·고령화'와 사회 해체의 위기(재정위기 말고도 원전 사고로 인한 방사능 오염 등 복구가 어려운 사태를 포함한다)를 감당할 수 있을지 함께 불안을 느끼고 있다. 또한 이론적 내지 정치사회적으로 거의 아무런 준비를 못한 채 당면한 문제를 임기응변식으로 대처하고 있는 일본사회, 사태의 경과를 관찰하는 데서 머무는 학문 상황과 마주하며 부끄러움을 간직하고 있다.

그러고 보면 그토록 자주 패러다임 전환을 운운하던 '개혁'도 어느덧 대지진으로부터 세월이 지나자 실태가 공허해졌다. 거꾸로 전후체제의 개혁이라는 구호 아래 역회전하는 움직임이 농후해지고 있다.

이러한 폐색적 상황을 타개해나가고자 하나의 사상, 아울러 실천을 수반하는 방법론으로서 제기한 것이 '현대총유론'이다.

근원적으로는 어떤 조직된 집단이 토지·공간을 공동이용하면서 연대성을 모색하고, 사업을 벌여 운동성을 발휘해 자치를 획득해간다. 이러한 문제제기를 학문 세계의 한구석에서, 더구나 거의 '이단'에 가까운 형태로 연기를 피우는 데서 그칠 것이 아니라 사회에 널리 보급하고 싶다. 이를 위해서는 무엇보다도 많은 국민이 그 의미를 이해할 수 있는 '일본어'로 만들지 않으면 안 된다.

원자력발전 사고에 대한 '원자력발전 반대'라는 언어화는 원자력발전 정책에 의사를 명확하게 표명하고, 나아가 이후의 대응, 가령 자연에너지의 구축을 재촉한다. 마찬가지로 현대총유도 국가나 개별 시민은 하지 못하는 일 - 농업, 어업, 상가의 부활, 공동화하는 마을이나 아파트 단지의 재생 등에 대처하면서 점차 그 유효성과 필요성을 공유해 나가야 할 것이다.

그 돌파구를 열고자 본서 『현대총유론』을 내놓았다. 본서로 일본에서 학제적 연구가 개시되었을 뿐 아니라, 본서는 노벨경제학상의 계보를 잇는 미국 학자의 찬동도 얻었다. 이를 계기로 '현대총유'의 개념이 사회로 퍼져 최종적으로는 입법화로써 정당성과 체계성을 획득하가는 것, 이것이 우리가 앞으로 노력해야 할 목표이자 기대이다.

본서는 집필자들의 공동연구를 거쳐 꾸려졌으며, 나의 호세이대학 법학부 교수의 퇴직을 기해 출판하게 되었다. 집필해주신 분들 그리고 출판에 다대한 노고를 들인 주식회사 북엔드 대표 후지모토 유키코 씨에게 심심한 감사를 바친다.

2014년 봄 이가라시 다카요시

필자 소개(게재순서)

이가라시 다카요시五十嵐敬喜

1944년 야마가타현 태생. 호세이대학 법학부 교수, 변호사, 전 내각 관방 참여. 저서로『미의 조례: 살아있는 마을을 만든다美の条例:いきづく町をつくる』(공저, 学芸出版社, 1996), 『아름다운 도시를 만들 권리美しい都市をつくる権利』(공저, 学芸出版社, 2002), 『아름다운 도시와 기도美しい都市と祈り』(공저, 学芸出版社, 2006), 『도시 재생을 묻다都市再生を問う』(공저, 岩波新書, 2003), 『도로를 어떻게 할 것인가道路をどうするか』(공저, 岩波新書, 2008), 『국토강인화 비판国土強靭化批判』(岩波ブックレット, 2013) 등 다수.

다카무라 가쿠토高村学人

1973년 이시카와현 태생. 리쓰메이칸대학 정책과학부 교수, 전문사회조사사. 전공은 법사회학. 저서로『아소시아시온으로의 자유アソシアシオンへの自由』(動草書房, 2007, 제25회 시부사와·클로델상 LVJ 특별상 수상), 『커먼즈로부터의 도시 재생コモンズからの都市再生』(ミネルヴァ書房, 2012, 제39회 후지타상 수상) 등.

히로카와 유지慶川祐司

1984년 시즈오카현 태생. 기타큐슈시립대학 지역창생학군 강사. 전공은 법사회학, 지역자원관리론(커먼즈론). 저서로『커먼즈와 공공공간コモンズと公共空間』(공동편찬, 昭和堂, 2013년). 「'법'을 '학습'하는 지역주민에 의한 커먼즈의 제도 설계」(『법사회학』, 2011년 75호)로 같은 잡지의 최우수논문상 수상.

모기 아이이치로茂木愛一郎

1949년 도쿄도 태생. 게이오학술사업회 고문. 일본정책투자은행을 거쳐 현직. 공저로『사회적 공통자본 : 커먼즈와 도시社会的共通資本：コモンズと都市』(東京大学出版会, 1994),『사회적 공통자본으로서의 강社会的共通資本としての川』(東京大学出版会, 2010), 공역으로『커먼즈의 드라마コモンズのドラマ』(E. Ostrom 외 편저, 知泉書館, 2012) 등.

아키미치 도모야秋道智彌

1946년 교토부 태생. 종합지구환경학연구소 명예교수. 전공은 생태인류학. 저서로『나와바리의 문화사なわばりの文化史』(小学館, 1995),『커먼즈의 인류학コモンズの人類学』(人文書院, 2004),『커먼즈의 지구사コモンズの地球史』(岩波書店, 2010),『생태사로부터 해독하는 환·경·학生態史から読み解く環·境·学』(昭和堂, 2011),『어로의 민족지漁撈の民族誌』(昭和堂, 2013),『바다에 살다海に生きる』(東京大学出版会, 2013) 등 다수.

무로타 다케시室田武

1943년 군마현 태생. 도시샤대학 경제학부 교수, 경제학자, 에콜로지스트. 저서로『에너지와 엔트로피의 경제학エネルギーとエントロピーの経済学』(東洋経済新報社, 1979),『전력 자유화의 경제학電力自由化の経済学』(宝島社, 1993),『지역·병행 통화의 경제학地域·並行通貨の経済学』(宝島社, 2004),『글로벌 시대의 로컬·커먼즈グローバル時代のローカル·コモンズ』(편저, ミネルヴァ書房, 2009),『입회 임야와 커먼즈入会林野とコモンズ』(공저, 日本評論社, 2004) 등.

마가렛 A. 매킨Margaret A. McKean

1946년 일리노이아주 태생. 듀크대학 교수(정치학, 환경정책). 저서 및 주요 논문 : Environmental Protest and Citizen Politics in Japan, University of California Press, 1981. People and Forests, MIT Press, 2000; "Management of Traditional Common Lands (Iriaichi) in Japan," Making the Commons Work, Institute of Contemporary Studies, 1992

다케모토 도시히코武本俊彦

1952년 도쿄도 태생. 지바대학 원예학부 비상근 강사, 식食과 농農의 정책 분석가, 전농림 수산성 농림수산 정책연구소 소장. 전공은 현대 식량정책론. 저서로 『일본 재생의 국가 전략을 서둘러라!日本再生の国家戦略を急げ!』(공저, 小学館, 2010), 『식과 농의 '붕괴'로부터의 탈출食と農の「崩壊」からの脱出』(農林統計協会, 2013) 등.

하기와라 쥰지萩原淳司

1960년 사이타마현 태생. 공익 재단법인 사이타마산업경제진흥재단 주석연구원. 공저로 『도시 법개정 : 토지 총유의 제언都市法改正 : 土地総有の提言』(法政大学出版会, 2009), 『공공 서비스 개혁의 본질公共サービス改革の本質』(自治総研叢書他, 2014) 등.

노구치 가즈오野口和雄

1953년 가나가와현 태생. 도시 플래너. 저서로 『마을 만들기 조례의 작법まちづくり条例の作法』(自治体研究社, 2007), 공저로 『마을 만들기・도시계획 뭐든지 질문실まちづくり・都市計画なんでも質問室』(ぎょうせい,

2002) 등.

와타나베 쇼도渡辺勝道
1962년 도치기현 태생. 건축가. 호세이대학 대학원 공공정책연구과 박사과정 재적. 공저로 『사회주의 경제의 개혁과 규제社会主義経済の改革と規制』(ロシア科学アカデミー, 1997).

사이토 마사미斎藤正己
1959년 지바현 태생. 호세이대학 대학원 공공정책연구과 박사과정 재적. 저서로 『오키나와현 다케토미정에서의 내방자의 의식 조사 : 환경세 도입에 관한 연구沖縄県竹富町における来訪者の意識調査 : 環境税導入に関する研究』(法政大学地域研究センター, 2012년), 공저로 『국립 경관 소송 : 자치가 심판되다国立景観訴訟 : 自治が裁かれる』(公人の友社, 2012) 등.

역자 소개 (게재순서)

최현
제주대학교 사회학과 교수.『인권』, 공저로『Contested Citizenship in East Asia』, 공역으로『공동자원론의 도전』등이 있다..

김자경
제주대학교 SSK연구단 공동연구원. 주요 논문으로「로컬푸드 지원조례와 공동자원의 운영원리 : 지원조례를 둘러싼 쟁점과 함의」, 공저로『로컬푸드, 제주를 말하다』, 역서로『환경경제학』등이 있다.

정영신
제주대학교 SSK연구단 전임연구원. 공저로『오키나와로 가는 길』, 공역으로『공동자원론의 도전』,『오키나와 현대사』등이 있다.

이병천
강원대학교 경제학부 교수. 저서로『한국 경제론의 충돌』,『한국 자본주의 모델』,『한국 사회에 주는 충고』등이 있다.

홍성태
상지대학교 문화콘텐츠학과 교수. 저서로『일본의 환경문제와 환경운동』,『위험사회를 진단한다』,『생태사회를 위하여』등이 있다.

윤여일
제주대학교 SSK연구단 전임연구원. 저서로『동아시아 담론』,『사상의 원점』,『상황적 사고』등이 있다.

역자 후기

최현

제주대학교 SSK연구팀은 한국연구재단의 지원을 받아 "자연의 공공적 관리와 지속가능한 삶의 방식"이라는 주제로 5년에 걸쳐 연구해왔다. 우리의 연구는 자연의 혜택을 인류가 불평등하게 나누어 누군가는 빈곤에서 헤어오지 못하고 누군가는 엄청난 부를 무기로 타인을 지배하는 한 자연 파괴를 막을 수 없다는 문제의식에서 출발했다.

　부유한 사람들은 보다 많은 부를 쌓고자 자연을 파괴한다. 더구나 보다 많은 부가 자신을 환경오염에서 지켜줄 것이라고 믿기에 자연을 파괴하는 데 거리낌이 없다. 울리히 벡이 지적했듯이 자본주의는 부를 축적하기 위해 더 많은 '위험'을 감수하면서까지 자연과 인간을 파괴하는데, 때로 그 파괴는 회복할 수 없을 지경에 이른다. 다른 한편 빈곤에 허덕이는 사람들은 자연을 수탈하면 빈곤에서 벗어날 수 있다는 부자들의 유혹을 뿌리치기가 쉽지 않다. 이처럼 자본주의는 불평등을 통해 부유한 사람들이 자연 파괴를 끊임없이 기획하도록 이끌고, 빈곤한 사람들이 이러한 기획을 떠받치도록 유도한다. 거기에 정부와 전문가 집단이 권력과 정보를 독점하자 이러한 기획과 공모가 초래할 위험은 통제되기는커녕 증폭된다. 한국의 4대강 개발, 일본의 원전사태 등은 이러한 '위험'이 바로 우리 곁에 있는 '위협'임을 분명히 보여주었다. 따라서 자연을 공공적으로 관리해 자본에 의한 자연의 수탈을 제한하고 자연을 함께 이용하는 일은 시민들의 복지를 확대할 뿐 아니라 인간과 자연의 호혜적 관리를 회복해 지속가능한 삶을 모색하는 데서 관건이라고 말할 수 있다.

이러한 문제의식에서 출발한 우리는 문제해결의 실마리를 커먼즈(또는 공동관리자원: common pool resources)에 대한 연구에서 발견했다. 커먼즈에 대한 연구는 공동체의 관리를 통해 자본주의적 수탈로부터 자연을 지켜온 많은 사례를 제공하며 이 과정에서 나타나는 문제들을 이해할 수 있도록 도와준다. 커먼즈는 이윤을 위해 모든 것을 상품화해온 자본주의를 대신할 경제, 공동체 구성원들의 필요를 충족할 뿐 아니라 자연과 공존할 수 있는 경제를 구현하는 데 풍부한 시사점을 제공할 수 있다. 그런데 안타깝게도 우리나라에서 커먼즈에 대한 관심은 매우 부족하다. 그리하여 남아있는 커먼즈들이 상품화되어 팔려나가고 대자본이 그 혜택을 독점하는 상황이 여전히 확산되고 있다.

이러한 문제의 확산은 커먼즈를 법적으로 보호할 수 있는 장치가 거의 없다는 제도적 문제와 무관하지 않다. 물론 현재 우리나라 민법에는 커먼즈를 법적으로 보호할 수 있는 제도인 총유가 들어 있지만 거의 활용되지 않고 있다. 심지어 법학계에서는 총유제도가 낡은 관계의 흔적일 뿐이니 이제 민법에서 없애야 한다는 주장이 영향력을 키워가고 있을 정도다. 우리는 총유제도가 남아 있는 커먼즈를 보호하는 데만 아니라 앞으로 토지 등 사유화된 대부분의 커먼즈를 다양한 공동체가 공동으로 관리하는 자원으로 되돌리는 데도 활용될 수 있다고 본다. 따라서 총유제도를 현대적 또는 탈근대적으로 발전시켜야 한다고 주장한다.

이런 맥락에서 최근 일본에서 발간된 『現代總有論序說』(五十嵐敬喜 編, 東京: ブックエンド, 2014)을 이번에 번역 출간하게 되었다. 이 책은 일본에서 총유의 현대적·탈근대적 재생을 모색하는 나름의 연구 성과를 담고 있다. 우리는 이 책이 한국에서 커먼즈의 공공적 관리와 법적·제도적 뒷받침에 대한 관심과 연구를 촉진하기를 기대한다.

번역 과정에서 용어의 선택에 많은 어려움이 있었다. 이전에 번역했던 『커먼즈의 도전』에서는 common pool resources와 commons를 모두 커먼즈로 옮겼지만 학계에서 구분되는 용어임을 감안해 이번에는 나눠서 옮겼다. commons는 오래 전부터 일상에서 사용된 용어로 소유권 관계가 분명하지 않은 상태에서 관리 주체가 분명한지 여부, 경합성을 갖는지 여부와 상관없이 많은 사람이 함께 이용해온 자원을 의미한다. 따라서 공동이용물(자원) 또는 공용물(자원)로 옮기는 것이 바람직할 것이다. 한편 common pool resources는 commons를 연구하는 과정에서 정립된 추상적 개념으로 경합성과 비배제성을 가지며 관리(보존과 이용)의 주체가 나름대로 정립된 자원을 지칭한다. 따라서 common pool resources는 공동관리자원 또는 커먼즈로 옮기는 것이 정확할 것이다. 그런데 일본에서는 따로 번역어를 두지 않고 commons를 그대로 커먼즈라고 부르고 있다. 특히 anti-commons(반공동이용물)나 commoning(공동이용), commoner(공동이용자) 등을 어떻게 옮길 것인가를 둘러싸고 역자들 사이에 이견이 있었다. 고민 끝에 이 책에서는 commons를 커먼즈로, common pool resources를 커먼즈로 옮겼다.

  이 책의 서문과 1장은 최현, 2장은 김자경, 3장은 정영신, 4장의 첫 번째 논문은 이병천, 두 번째 논문은 홍성태, 나머지는 윤여일이 옮겼다. 최현은 모든 원고를 읽고 번역투의 문체를 되도록 한글식 표현으로 고치기 위해 노력했다. 하지만 최종적으로는 윤여일이 전체 글을 읽고 다듬는 수고를 마다하지 않았기 때문에 지금과 같은 책으로 탄생하게 됐다. 끝으로 커먼즈 연구를 지금껏 지원해준 한국연구재단에 감사의 말을 전한다.

2016년 6월

역자들을 대표하여
최현

:::지은이
이가라시 다카요시五十嵐敬喜(호세이대학 법학부 교수)
다카무라 가쿠토高村学人(리쓰메이칸대학 정책과학부 교수)
히로카와 유지廣川祐司(기타큐슈시립대학 지역창생학군 강사)
모기 아이이치로茂木愛一郎(게이오학술사업회 고문)
아키미치 도모야秋道智彌(종합지구환경학연구소 명예교수)
무로타 다케시室田武(도시샤대학 경제학부 교수)
마가렛 A. 매킨Margaret A. McKean(듀크대학 교수)
다케모토 도시히코武本俊彦(지바대학 원예학부 비상근 강사)
하기와라 쥰지萩原淳司(재단법인 사이타마산업경제진흥재단 주석연구원)
노구치 가즈오野口和雄(도시 플래너)
와타나베 쇼도渡辺勝道(건축가)
사이토 마사미斎藤正己(호세이대학 대학원 공공정책연구과 박사과정)

:::옮긴이
최현(제주대학교 사회학과 교수)
김자경(제주대학교 SSK연구단 공동연구원)
정영신(제주대학교 SSK연구단 전임연구원)
이병천(강원대학교 경제학부 교수)
홍성태(상지대학교 문화콘텐츠학과 교수)
윤여일(제주대학교 SSK연구단 전임연구원)

현대총유론

초판 1쇄 발행 | 2016년 6월 30일

지 은 이 | 이가라시 다카요시 외 11인
옮 긴 이 | 최현·김자경·정영신·이병천·홍성태·윤여일
편　　집 | 배원일
발 행 인 | 김영진
발 행 처 | 진인진
등　　록 | 제25100-2005-000003호
주　　소 | 경기도 과천시 별양동 1-14 과천오피스텔 614호
전　　화 | 02-507-3077~8
팩　　스 | 02-504-3079
홈페이지 | http://www.zininzin.co.kr
이 메 일 | pub@zininzin.co.kr

ⓒ 진인진 2016
ISBN 978-89-6347-292-8 93300

이 저서는 2014년 정부(교육부)의 재원으로 한국연구재단의 지원을 받아 수행된 연구임(NRF-2014S1A3A2044381).